安徽省哲学社会基金项目
AHSK07 - 08D26，AHSK09 - 10D18

家庭承包制视角下农户合作金融制度研究

On Farmers' Financial Cooperative System from the Perspective of Household Contract Responsibility System

范迪军　著

中国财政经济出版社

图书在版编目（CIP）数据

家庭承包制视角下农户合作金融制度研究/范迪军著．—北京：中国财政经济出版社，2011.4

ISBN 978 - 7 - 5095 - 2772 - 6

Ⅰ.①家…　Ⅱ.①范…　Ⅲ.①农户 - 经济合作 - 金融制度 - 研究 - 中国　Ⅳ.①F832.1

中国版本图书馆 CIP 数据核字（2011）第 032409 号

责任编辑：李　冰　　责任校对：徐艳丽
封面设计：陈　瑶　　版式设计：董生萍

中国财政经济出版社出版

URL：http：//www.cfeph.cn

E - mail：cfeph @ cfeph.cn

社址：北京市海淀区阜成路甲 28 号　邮政编码：100142
发行处电话：88190406　财经书店电话：64033436　54041336
北京中兴印刷有限公司印刷　各地新华书店经销
787×1092 毫米　16 开　24 印张　289 000 字
2011 年 12 月第 1 版　2011 年 12 月北京第 1 次印刷
印数：1—5 000　定价：48.00 元
ISBN 978 - 7 - 5095 - 2772 - 6/F · 2359
（图书出现印装问题，本社负责调换）
本社质量投诉电话：010 - 88190744

作 者 简 介

范迪军，安徽滁州人，南京大学管理学博士，中国人民大学经济学博士后，曾任安徽滁州学院教师，滁州市委办公室副主任，凤阳县委副书记、县长等职，现在国家行政学院供职。受聘北京外国语大学、安徽财经大学、合肥师范学院等兼职教授。在《光明日报》、《新华文摘》和《经济学动态》等报刊发表学术论文多篇。主要研究领域：县域经济、“三农”问题、大学生新农村创业等。

序

凤阳是中国农村改革的发源地，经历30多年的发展，又在农村金融改革上做出了大胆尝试。时任凤阳县县长的范迪军博士对这一改革进行了深入思考，并将这一问题作为博士后研究课题，在理论研究的基础上，将研究成果运用到实践中，最终形成了这本专著。

近年来，农村金融的发展成就很大，无论是机构设置、产品创新、服务改善，还是贷款数量的增加，都可圈可点。但是，农民贷款难的问题始终没有从根本上解决。“三农”的金融支持不足，已经成为制约农村发展和农民致富的一大瓶颈。为什么金融界讲农村金融改革付出很大努力、迈出很大步伐、取得很大成就，但农民还是说“不行”？究其原因，农村金融有几个问题需要我们深入思考：

第一，政府支持问题。“三农”贷款增长如此困难，不能完全责怪金融机构，银行已经是股份制了，追求高利润是银行的主要目标。政府要让银行做事，就要给银行创造条件，给予相应政策支持和优惠。

第二，银行自身问题。银行至少在机构、人员以及制度安排上，不能适应农村、农业和农民的需求。另外，如果银行没有服务“三农”的情结，要搞好农村金融根本不可想象，这是一场脱胎换骨的改革。

第三，关于农地抵押问题。现在大家谈论最多的，是农村土地承包经营权和宅基地使用权“两权抵押”。这是一个值得关注问题。农民土地承包经营权和宅基地使用权的获得，都是以自身作为集体经济组织的成员为基础的。因此，抵押的土地承包经营权和宅基地使用权，表面看是物权，实质却是农民作为集体经济组织的成员权。一旦失去了抵押的“两权”，农民还有没有集体组织的成员权？失去土地和住房的农民会不会流离失所？非本集体的成员通过拍卖获得了“两权”，是否也可以获得该集体组织的成员权？这些问题都关系到农村经济、社会组织的稳定。在韩国、日本以及一些其他小农户的国家中，正规的商业银行拿农户的小块土地和住房来做抵押的现象也不多。而像日、韩等国，因为农民的合作金融组织发达，政府对农业的政策性金融相当完善，因此商业金融一般都进不了农村。因此，我国担保法明确规定农民的土地承包经营权和宅基地使用权不得抵押。法律明确规定不允许的事，为什么一些地方还要试？只能说明农村金融体制改革的严重滞后。从这个角度说，农村金融体制改革要通过其他途径大胆创新。

中央对农村金融体制改革，一直是相当重视的。应该说，最近这些年，有一些实质性的进展，但是从农民和农业这个角度去讲，从农村对金融服务的需求角度来讲，差距还是非常大的，存在着不少问题。说到底，最大的问题是新增贷款有多少到了农村，到了农民手中。实际上，大部分贷款都是给了大项目，因为做大项目的金融成本低，而且很多大项目是国有的，又有政府做担保，所以银行不害怕。而多数农民搞的是小项目，贷款额度小，经营成本高，金融机构的积极性不高。我觉得，破解这个问题，必须要有一些大的制度方面构想，包括体制改革和制度创新等。现在整个银行机构的设置，是不适合农村的。有实力的银行都是大银行，要一竿子插到乡镇，进村入户为农民服务，现实上很难做到。解决农村金融问题，除了发挥现有的商业银行、政策银行作用外，还是要多发展地区性的、地域性的能够适应农村草根需求的中小金融机构和组织。

凤阳县农民自己搞起来的村级资金互助组织，可以说是农村金融制度的一个创新。政府不仅成立专门的管理服务组织，还成立了担保公司与金融部门对接。这既不同于当年的农村基金会，又不同于国家银监部门批准的资金互助社。从安全规范角度考虑，县里选择了有条件的村先行试点，并在试点基础上总结推广。针对这一金融创新，范迪军从理论上进行了研究，提出了建立以村庄为边界、农户为主体、生产为基础、资金为内容的合作金融组织的可行性和必要性。他认为，农村金融的最基础性制度安排，必须与家庭承包经营制相匹配才有生命力。这种政府支持下的草根金融组织必须具备几个特征：一是以农户为主体，农户之间开展资金合作、资金互助；二是以村庄为边界，村庄是农户之间的信息和交易成本最小化的边界；三是以产业合作为基础，使农户之间的合作是建立在生产协作的基础上。这种金融组织最大的特点就是，依托村庄这个熟人社会的文化信用，具有交易成本低、信息对称的成本优势。这也是国有银行根本做不到的。这一制度不仅可以解决农户之间的资金互助需求，而且可以与外部金融组织如农信社、村镇银行等合作对接，形成新的金融合作优势。农信社、村镇银行可以将农民资金互助社作为自身的分支机构，向这些分支机构开展资金服务业务，解决原来与农户一对一的交易成本高、信息不对称问题，形成新的信贷模式。据悉，凤阳农村的金融改革实践取得了一定成效，得到了广大农民的拥护和欢迎。我们期待着这一改革实践能给我国的农村金融创新提供有益的借鉴。

迪军同志多年在基层工作，对农村社会经济了解深入，善于研究问题，这本书是他在人民大学博士后期间的研究成果。由于工作关系，我曾多次到凤阳调研，对那里的情况比较了解，特别是对小岗村，建立了深厚的感情。与迪军同志认识多年，给我的印象是勤奋而好学，在基层一线繁忙工作之余，尚能够坚持学习，用心做学问，精神可嘉。尤为难能可贵的是，他学以致用，把工作中的问题带到学术中研究，将研究成果运用到农村实践中去，为推进农村经济发展做出积极的尝试。希望迪军同志在新的岗位上，继续为农村经济的健康发展深入研究，取得更多更好的成果。

是为序。

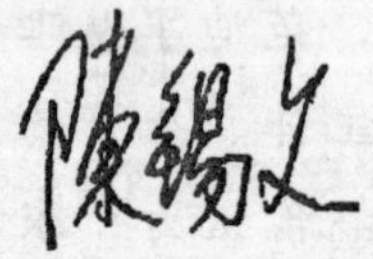

2011年11月8日

摘 要

自2004年以来，中央连续发出五个一号文件中都对农村金融问题作出了专门要求。2008年党的十七届三中全会通过的《中共中央关于推进农村改革发展若干重大问题的决定》明确指出："农村金融是现代农村经济的核心。创新农村金融体制，放宽农村金融准入政策，加快建立商业性金融、合作性金融、政策性金融相结合，资本充足、功能健全、服务完善、运行安全的农村金融体系。""允许农村小型金融组织从金融机构融入资金。允许有条件的农民专业合作社开展信用合作。规范和引导民间借贷健康发展。加快农村信用体系建设。建立政府扶持、多方参与、市场运作的农村信贷担保机制。"这是新形势下党中央推进农村改革发展作出的重大决策，为深化农村金融改革、推进农村经济社会健康发展和新农村建设指明了方向。

毫无疑问，农村经济社会发展和新农村建设的主力军是农民，而发展农村经济、增加农民收入的首要问题就是要解决日益扩大的金融需求。自1978年我国农村经济改革以来，农村金融为适应农村经济发展需要先后推行了一系列改革，形成了我国现有的农村金融体系，即以农业银行、农村信用社和农业发展银行为代表，按照商业性金融、合作性金融和政策性金融三种制度供给模式进行运营的"三足鼎立"局面。但仔细分析一下，我们不难发现当前农村金融面临的问题依然十分突出，主要表现在农户贷款难、农村资金外流严重和农村金融机构萎缩等方面。目前，商业银行基本上撤离农村，农业发展银行也只是承担国家的粮油棉收购任务，仅剩下农村信用社一家可以向农户提供贷款，实际上农村金融基本上处于供给失灵状态。源于2003年8个省试点的新一轮农村信用社改革，以产权改革为核心，即花钱买机制，解决历史包袱，建立新的治理结构和管理模式，并于2004年推向全国。这些试点取得了一定的效果，特别是在机制转换上迈出了实质性步伐，但由于这一新的制度变迁不是来自内部动力，而是从上到下的外部压力，即强制性制度变迁，因而在变迁过程中不可避免地暴露出一些问题，如合作金融制度优势落空，机制上的逆向选择以及“三农”服务目标边缘化等。正如刘明康同志所说：“农村金融是我国整个金融体系中最薄弱的环节，农村金融服务远远不能适应社会主义新农村的需要”。农村金融改革任重道远。

分析我国农村金融制度变迁的过程和绩效，我们可以深刻认识到，破解农村金融问题的关键在于：能不能设计一个与我国现阶段实行的农村基本经济制度相匹配的农村金融制度。对此，制度经济学已经证明，只有激励相容机制的制度才是有效的。我国现阶段实行的农村基本经济制度是家庭承包制，30多年来的改革实践已经说明了家庭承包制的有效性。而与家庭承包制相匹配的金融制度，现阶段只能是以农户为主体的、具有信息和交易成本优势的农户合作金融，即农民资金合作社，或农民资金互助组织。这种合作金融组织具有的主要特征有四个：一是以农户为主体，农户之间开展资金合作、资金互助；二是以村庄为边界，村庄是农户之间的信息和交易成本最小化的边界；三是以产业合作为基础，即农户之间的合作是建立在生产协作的基础上；四是资金合作的信用基础是村庄文化，同一村庄里的农户，具有村庄文化和道德约束的力量。显然，这种合作金融制度与已有的但已经异化的以农信社为代表的合作金融制度是有本质区别的。

本书主要以制度经济学的激励相容机制理论和交易成本理论为基础，结合现代金融发展理论、合作经济理论、小农经济理论研究成果，立足于家庭承包制的视角，从农户金融需求和供给两方面分析入手，建立一个制度供给绩效分析框架来揭示了农村外生金融制度（正规金融制度）的无效性和内生金融制度（农户合作金融制度）安排的必然性，而且给出了农户合作金融制度的两种模型，通过绩效分析和博弈分析，并结合国外农村合作金融制度的经验和凤阳县案例研究，证明了农户合作金融制度下的产物——农户资金互助社和农户资金互助社联合会的有效性。最后，在理论分析和案例研究的基础上，得出相应的结论和政策建议。

本书分为十章：第一章，导言，提出问题，研究国内外农村金融文献，概括提出本文的框架与主要内容，介绍本书的研究方法和可能的创新，提出进一步研究的方向和研究的主要问题。第二章，阐述本书的主要理论基础，包括金融发展理论、合作经济理论、小农经济理论、制度变迁理论和激励相容理论。第三章，分析家庭承包制前提下农户金融需求，主要分析农户的经济行为、储蓄行为、借贷行为以及农户金融需求约束。第四章，从农村外生金融制度安排的动因与目标分析入手，通过对农村外生金融制度供给的绩效分析，包括新金融制度供给，如村镇银行、贷款公司等的绩效，揭示农村外生金融制度的激励不相容性。第五章，从历史视角，审视分析了农村内生金融制度的演化轨迹，揭示在国家金融制度偏好下的农村内生金融制度抑制动因。第六章，以激励相容机制为理论基础，提出农户合作金融制度的两种模型，即农户资金互助社和农户资金互助社联合会。第七章，从农户合作金融制度的信用基础（乡村文化）、与家庭承包制的相容性、农户与外生和内生金融制度安排的博弈分析、交易成本和竞争力的比较分析入手，揭示农户合作金融制度的有效性。第八章，分析国际上一些典型国家的农村合作金融制度，总结经验，提出我国农户合作金融制度的应借鉴之处。第九章，将制度模型运用到实践，开展实验活动，考察了我国农村经济改革发祥地

——安徽省凤阳县农户资金互助社和农户资金互助社联合会的建立过程与运行情况，通过与农村信用社、村镇银行的绩效比较分析，证明了农户合作金融制度的有效性。第十章，在理论研究和案例分析的基础上，得出结论，并提出相应的政策取向。

Abstract

Since 2004, the rural financial issues have been specifically requested in the five 1st Documents issued by the central government. In the 17th Third Plenary Session of the Party in 2008, *The CPC Central Committee's Resolutions on the major issues in Pushing Forward the Rural Reform* was passed which clearly states that rural finance is the core of the modern rural economy, that the rural finance system should be innovated and that the rural financial access policies should be introduced so as to combine commercial finance, financial cooperation and policy finance and speed up the establishment of the rural financial system with capital adequacy, sound features, perfect services and safe operation. According to the *Resolution*, small – scale rural financial institutions are allowed to raise money through financing from other financial institutions and the qualified professional farmers' cooperatives can develop cooperation credit. The *Resolution* also suggests to regulate and guide the healthy development of private lending, to speed up the establishment of the rural credit system and a rural credit guarantee mechanism with the government's support and multi – party participation in the operation of the market. This is a resolution made by the CPC Central Committee in a new situation to promote the rural reform and development. It has set the orientation and direction in furthering the rural financial reform, promoting the healthy development of rural economy and the new countryside.

There is no doubt that farmers are the main force in rural economic and social development and in building a new countryside. In order to develop the rural economy and increase farmers' revenue, the primary task is to meet their increasingly growing financial needs. Since the launching of China's rural economic reform in 1978, in order to meet the development needs of the rural economy, a series of reforms have been implemented in the old rural financial system and the current rural financial system has been formed. In the new system, agricultural banks, rural credit cooperatives and the agricultural development banks are taken as the representative and operate with the supply from commercial finance, financial cooperation and policy finance. But with a careful study, we can easily see that the problems in the current rural finance are still very prominent, including the difficulties in farmers' loans, a serious outflow of capital in rural areas and the contraction of rural financial institutions. At present, commercial banks have largely evacuated the rural areas and the agricultural development bank is only responible for the state's acquisition of cotton, grain and oil, leaving only the rural credit cooperatives to provide loans to farmers. The rural finance is essentially in a state of supply failures. A new round of pilot reform of rural credit cooperatives began with eight provinces in 2003. Focusing on property rights reform and engaged in the establishment of a new governance structure and management model, it tried to throw off the historical burden through the purchase of mechanism and was introduced to the whole country in 2004. Since the pilot reform, certain achievements have been accomplished and substantial progress has been made particularly in the mechanism conversion. However, this new system is not a result from the internal driving force, but from top - bottom external pressure, so it is a mandatory system change and in the process, a number of problems have been inevitably exposed such as the failure of the supposed advantages of the financial cooperatives, the adverse selection of the mechanism as well as the marginalization of the goal of the "three rural" services. It is just as Mr. Liu Mingkang said, "China's rural finance is the weakest link in the financial system as a whole and the financial services in rural areas lag far behind the needs of a new socialist countryside." The financial reform in rural areas still has a long way to go.

Analysing the evolution and performance of China's rural financial system, we can draw a conclusion that, to solve the problems in rural finance, the key issue is the design of a rural financial system to match the basic rural economic system of our country at this stage. Institutional economics has proved that only an incentive compatible system can be effective. At this stage, the basic rural economic system in China is the Household Contract Responsibility System, whose effetiveness has been proved by the over 30 years' reform. Under the Household Contract Responsibility System, the Rural Cooperative Fund is the only effective one under which the households are the subject, which has advantages in information and transaction. Such a cooeperative financial organization has the features as follows: 1. farmers are the subjects and they develop financial co – operation and assistance among themselves; 2. villages are taken as the border to minimize the information and transaction costs among the villagers; 3. industrial cooperation is taken as the basis under which the cooperation between farmers is based on their collaborative production; 4. village culture is the basis for such a cooperative fund because the households living in the same village share the same cultural and moral strength, which is the basis for credit cooperation. Obviously, it is essentially different from the one represented by the existing but alienated financial cooperatives.

In this paper, Based on the incentive compatible mechanism in institutional economics and transaction cost theory, combining the achievements in the study of modern financial theory, cooperative economic theory and the small - scale peasant economy, this paper studies farmers' financial needs and supplies. It attempts a framework for the evaluation and analysis of the system performance and effectiveness from the perspective of the family contract system. Revealing the invalidity of the exogenous financial system (the formal financial system) and the inevitability of endogenous financial system (farmers' cooperative financial system) in rural areas, it proposes two models in the organization of farmers' cooperative financial systems. And through the performance and game analyses, in the light of the experience of rural cooperative financial systems in other countries and the case study of Fengyang County, it proves the validity of the farmers' cooperative financial system - farmers' union funds and union federation. Finally, conclusions are drawn and policy recommendations are offered on the basis of theoretical analysis and case study.

This paper covers ten parts altogether. Part I is an introduction in which the central issue has been put forward and a survey has been made on the rural financial documents at home and abroad. It has outlined the framework and contents of the paper and introduced the research methodology and possible innovations. And it has also proposed the direction and major issues for further research. The second part illustrates the main theories of the paper, including the theory of financial development, cooperative economic theory, small - scale peasant economy theory, institutional change theory and the compatible incentive theory. The third part analyses farmers' financial needs under the Household Contract Responsibility System and it studies farmers' economic behavior, savings behavior and credit behavior. It also deals with the study on how to restrain farmers' financial needs. From the motivation and goal of the exogenous financial system and also through the analysis of its performance, the fourth part reveals the incentive incompatibility of the rural exogenous financial system. The fifth part, from a historical perspective, looks at the evolution of the endogenous financial system and reveals the causes and motivation of its inhibition in the preference of the national financial system. On the basis of incentive compatible mechanism, Part VI puts forward two models of farmers' cooperative financial system, namely, farmers' union funds and union federation. From rural culture, the credit basis of cooperative financial system, and the compatibility of the family contract system, Part VII proves the validity of farmers' cooperative financial system from the analysis of the game between farmers and the exogenous and endogenous financial systems and also from a contrastive analysis of transaction costs and competitiveness. The eighth part makes an analysis of the typical rural cooperative financial systems of some countries, sums up their experience and suggests what should be learnt from them in the construction of China's rural financial system. The ninth part tries to apply the model of the system to practice. Through experimental activities, it studies the establishment and operation of the farmers' union funds and union funds federation in Fengyang County of Anhui Province, the birthplace of China's rural economic reform. With a comparative analysis of the performance of rural credits and town/village banks, it proves the effectiveness of the farmers' cooperative financial system. The tenth part, based on theoretical research and case studies, draws a conclusion, and proposes policy – orientation.

目　录

第一章 导 言

第一节 问题的提出

“农村金融问题不仅是中国发展面临的问题，也是一个世界性的难题”（温铁军，2006）。从学术角度看，在网上使用 Google 引擎搜索一下与之相关的条目就达 131 万多条，万方数据网上的关于农村金融问题的研究文献自 1989 年以来已有 6900 多篇（部），可见学术界对这一问题的关注程度。从实践来看，随着我国新农村建设全面开展，农村金融问题越来越受到社会各界的重视，其现行制度和体制存在的问题已被看作影响新农村建设的主要瓶颈。原全国人大常委会副主任成思危把当前我国农村金融问题归结为：政策金融力度不足，商业金融嫌贫爱富，合作金融名存实亡，地下金融相当猖獗①。中国人民银行行长周小川认为，目前农村金融体系的结构与运作机制还存在缺陷，与解决“三农”问题对金融服务的要求还有差距，适应农民生产与生活需求的金融产品与金融组织创新不够，农民贷款难的问题没有根本解决②。自 2004 年以来，中央连续发出 5 个 1 号文件中都对农村金融问题作出了专门要求。2008 年党的十七届三中全会通过的《中共中央关于推进农村改革发展若干重大问题的决定》指出：“农村金融是现代农村经济的核心。

① 参见《上海证券报》，2006 年 12 月 6 日。

② 参见新华网，2007 年 1 月 2 日。

创新农村金融体制，放宽农村金融准入政策，加快建立商业性金融、合作性金融、政策性金融相结合，资本充足、功能健全、服务完善、运行安全的农村金融体系。”“允许农村小型金融组织从金融机构融入资金。允许有条件的农民专业合作社开展信用合作。规范和引导民间借贷健康发展。加快农村信用体系建设。建立政府扶持、多方参与、市场运作的农村信贷担保机制。”由此可见，中国农村金融问题已经不是一般意义上的学术探讨问题，而是一个迫在眉睫的体制创新与制度重构问题，其新的制度设计将直接关系到农村经济的健康发展，关系到新农村建设的顺利推进，而农村经济能否顺利发展又将关系到中国现代化发展的目标实现。因此，研究这一问题不仅具有很强的现实意义，而且具有更为重要的战略意义。

一、研究的背景和现实意义

1. 破解农村金融问题是解决新农村建设难题的需要。新农村建设是新时期党和国家解决“三农”问题的一项战略决策，也是解决中国经济发展中所面临的城乡差别、贫富差别和区域差别问题的有效决策。从实践上看，尽管新农村建设给出了农村经济社会发展的一个美好愿景，但是新农村建设伊始就面临重重困境，中央给出的“以工补农，以城带乡”的解决措施在欠发达地区难以推行，因为这些地区的城市经济不发达、工业基础较差，“以工补农，以城带乡”的措施最终只能演变成单一的中央财政的公共支出，以这种模式难以求解新农村发展问题的方程。农村经济发展、环境改善和基础设施建设需要大量资金的投入，农业生产、农民创业需要大量的资金投入；农村二、三产业的发展特别是中小企业的发展同样需要大量的资金，这些投入从哪里来？应该是主要依托市场、依靠金融资本而不是公共财政资金。

因而，从长效机制看，新农村建设的关键是如何让农民成为建设主体，如何使农民成为投资人，通过生产发展增加收入，提高生产力。2006 年中央一号文件提出新农村建设任务后，2007 年的中央一号文件将现代农业作为核心内容提出，2008 年中央一号文件则将农民增收作为核心问题提出。而农民发展现代农业除了面临的信息不对称和技术短缺问题外，最重要的问题就是生产资金短缺。一般来说，传统农业由于投入少，农民可以通过简单再生产予以维持，但现代农业属于高投入、高风险的生产领域，农民如果没有金融资本的支持，就根本不会选择该生产领域，现代农业发展和农民增收都将落空。农民增收解决不了，新农村建设则无从谈起。现实的问题是，现有的农村金融体系虽然建立了，但既不能解决农民发展现代农业所面临的资金短缺问题，更解决不了新农村建设所面临的资金短缺问题。

2. 破解农村金融问题是解决农村信贷不对称现状的需要。自改革开放以来，我国广大农村一方面面临着严重的信贷资金投入不足问题，另一方面却存在着严重的资金外流现象。有关资料显示，1998 年以来，四大国有商业银行县级及以下机构每年以吸储上存的方式从农村流出资金达 3000 亿元左右（张婕，2002）。作为专门为农村服务的农村信用社平均每年转移资金 2000 亿元左右（马忠富，2001）。1979—2000 年，我国农民通过农村信用社的资金净流出量达 8722 亿元，通过邮政储蓄机构净流出量 1612 亿元（宋宏谋，2003），已成为名副其实的农村金融抽水机。不仅储蓄资金大量流出农村，而且国有银行大批撤出农村，中国工商银行 2000 年撤并各类机构和网点 4000 多家，撤销了 13 家二级行、242 家县支行，2001 年继续进行了大幅度的机构撤并工作。中国农业银行的某些省级分行从 1997 年初就开始了机构撤并工作。1998—2001 年四年间，中国银行机构总数由 1997 年底的 15251 家下降到 2001 年末的 12529 家，减少了

2722家，机构总数减少了17.8%。其中2000年和2001年减少机构1839家。1998年以来，中国银行采取撤销、降格等方式共撤并县支行246家，县支行总数比1997年末减少22%（褚福全，2005）。特别是农业银行，自20世纪90年代大规模撤出农村机构后，到本世纪初为推进股改，再次对基层机构进行撤并，到2000年底，农业银行撤并网点5759个，县支行级机构降格为办事处89个，仅2003—2006年的3年时间就先后分流16.9万人，撤并机构2.25万个。可以说，农业银行除了挂着“农业”旗号外，在信贷业务上已经彻底脱离了农业。

3. 破解农村金融问题是推进城乡一体化改革的需要。改革开放以来，我国农村金融一直在探索改革中，总体而言，先后经历了多次调整和变革，初步建立了一个集合作、商业与政策为一体的金融体系。但问题是这些金融组织并没有发挥我们所期望的应有作用。著名农村问题专家段应碧认为，农村金融问题的症结在于现代金融制度是按照城市社会和工商业设计的，与农村实际情况、农业的自身特点有差距[①]。从社会经济结构来看，我国存在着典型的城乡分割的二元结构，这种结构不仅严重地阻碍了我国构建统一的市场化体系，而且造成了资源配置的极大浪费，城乡资源缺乏对流效应。由于农村的储蓄资本单项流出，抑制了农村经济的发展，农民生产不仅停留在传统农业上，缺乏资本的大量农民在土地就业日趋严重的压力下，还选择了外出打工，形成了大量农民工奔赴沿海城市现象，加剧了农村经济的凋敝。厉以宁认为，长期以来，我国农村金融以农建工的政策和长期存在的城乡二元结构，导致了金融市场城乡分割的二元结构的形成，农村金融抑制特征较为明显，尚不发达的农村金融严重制约了农村经济的发展。这种城乡二元结构导

① 参见《金融时报》，2008年12月15日。

致了我国农村金融市场的缺陷及其负面效应①。由此可见，农村金融问题既是城乡二元结构的产物，更是加速城乡二元结构的推进器。新时期中央政府提出了统筹城乡发展、推进城乡一体化进程战略，实现这一战略的一个重要内容就是农村金融必须进行体制创新和制度创新。

二、研究的理论意义和实践意义

从理论层面说，农村金融问题是一个富有挑战性的课题，国内外学者对此问题的研究成果可以说是汗牛充栋。因而在理论上能否创新以及这种创新是否具有实践价值，是每一位涉足农村金融理论的研究者必须面对的问题。本书在研究这一问题时基于以下几个方面的理性思考：

1. 新的研究视角。这个视角是以我国现行的农村经济基本制度为前提，以农户的金融需求为逻辑起点，研究和分析构建什么样的金融制度最有效率。为了使这一视角更有观察力，本书将制度安排拓展到家庭承包制，分析这一制度安排的绩效与内在机制问题。这个视角既不同于传统研究以农村金融市场理论为依据，分析需求与供给的不均衡以找出优化路径，也不同于一般研究者从现有的农村金融现状出发来分析问题，以优化金融的体制来实现目标函数。

2. 新的理论分析框架。运用制度经济学分析家庭承包制下安排何种金融制度与之相匹配，这种匹配是以实现这种制度的激励相容机制为核心的，即如何设计一个激励相容的机制来满足新的制度安排。为实现这一目标函数，提出了建立一个交易成本最小、信息最完全最对称、具有正向激励机制的、与家庭承包制最匹配的农户

① 参见《人民政协报》，2008 年 10 月 17 日。

合作金融制度构想。虽然以制度经济学来分析农村金融不乏研究文献，但是在制度安排问题上，多数文献的分析框架仍然是建立在以制度的供给与需求关系的讨论上，使得一些制度失灵的现实问题缺乏理论解释。作为2007年诺贝尔经济学奖的制度经济学创新理论——激励相容的机制理论，对制度经济学作出了重大贡献，将这一理论带入原有的制度经济学分析框架，可以更好的解释了农村金融发展中存在的问题，从而为求解这一复杂方程提供了解析的方法。

3. 新的模型构建问题。本书在分析现有农村金融失灵、找出问题症结的基础上，提出了构建一个具有激励相容机制的农户合作金融制度——农户资金互助社和农户资金互助社联合会组织形式。

本书不同于一般理论工作者的研究，我们还通过研究理论推广下的实验案例来阐述其实践意义。本书选择了我国农村改革发祥地——凤阳县作为样本，将研究的成果直接运用到实践中，并通过实践进一步总结提炼，形成规范的制度设计。在此基础上，为优化制度环境、更好地提高制度的绩效，提出了相应的政策建议。概括起来说，其实践意义有两点：

（1）制度模型的提出与运用。本书从解决实践问题出发，基于理论分析，提出了一个具有激励相容机制的农村金融制度模型——农户合作金融制度。这个制度能否实现预期的目标函数，关键要在实践中得到验证。本书不同于别的研究在于，这一模型被直接运用到实践中，并在实践中不断对制度的绩效进行检验。通过实践，这一模型不仅证明了现阶段农村已有的金融制度短缺问题，而且也证实了新的农户合作金融制度满足了农村金融需求的目标。

（2）样本点的试验与推广影响。与一般研究者不同，本研究从一开始就立足于理论与实践的结合，并在合作导师温铁军教授的亲自指导下，选择中国农村改革发祥地——凤阳县，作为农村金融制度的试验区，从理论与现实问题出发，设计了一个覆盖全县的农户合作金融制度，同时在试验中不断总结原有理论设计中的不足，对检验的制度模型进行矫正。通过这个制度试验，不仅让近年来中央关于一系列的农村金融制度设想得到了实践①，同时还因制度的创新和改革的风险因素在社会上产生了很大的影响②。

4. 基于实践层面的政策建议。本书基于农户合作金融制度的安排，提出了农村金融制度优化和制度重构的政策建议。这些政策不是从单一的理论层面提出，更多的是从我国现有的金融制度体系兼容性出发，立足于我国乡村现状，依据本书研究的制度设计及制度推广绩效分析，给出了一个优化制度供给的系列建议。虽然本书提出的模型运用到实践，并做出了成功案例，但是，受到制度试验区的影响，没有在制度体系中得到制度集合效应从而形成新的制度绩效。通常一个制度的创立，无论是诱致性还是强制性，都会对原有的制度体系产生连带影响，使原有的系统产生新的集合，实现制度的最佳绩效。因此，一项单独的制度的创立与实施，必须对原有的制度体系进行调整。本书正是以农户合作金融制度的绩效最大化为目标函数，对现有的农村金融制度表达了制度优化和重构的政策取向。

第二节 国内外农村金融文献研究评述

目前，国内外关于农村金融研究的文献汗牛充栋，研究观点可以说是诸子百家，众说纷纭，难以一一述及。但如果从研究的视角来看，可以归结为以下四类：一是发展模式论。如何构建金融发展

① 作者关于农村金融改革文章被收录2008年国务院参事室调查报告集。

② 参见《农民日报》，2009年5月4日。

模式，实现金融资源配置的帕累托均衡？国内外学者从现代金融理论出发，以构建市场化模式的标准为参照体系，提出了发展中国家构建农村金融的理论模型，即市场化、非市场化、市场化与非市场化结合的三种类型。市场化强调信贷自由化，非市场化强调政府的作用，而两者结合理论则强调在市场失灵的情况下，以市场为主体、辅之以政府干预性的金融供给来构建农村金融发展模式和体系。二是信贷供给论。主要观点是运用古典经济学的传统理论，分析金融市场的供给与需求关系，研究并求证农村金融市场是供给还是需求或者二者兼而有之的问题，提出通过改进市场供求关系、优化供给结构来满足信贷市场需求函数的办法。三是农户信贷需求论。通过研究农户储蓄与信贷特征，分析农户信贷需求的目标函数，提出农户需求型的金融组织结构设计理论。四是制度设计论。主要观点是以制度经济学理论为基础，以产权理论为分析工具，研究农村金融市场制度安排的合理性问题，并在制度设计上综合最新的经济学理论，提出以制度供给的绩效与激励机制为核心的目标函数。

一、农村金融发展模式理论

代表性的理论主要有三类，即农业信贷补贴论、农业金融市场论和不完全竞争市场论。

1. 农业信贷补贴论。农业信贷补贴论又称农业融资论。20 世纪 80 年代以前，这一理论处于主导地位。1966 年 Patrick 在《欠发达国家的金融发展和经济增长》一文中，首次把建立金融发展与经济增长之间因果关系的方向问题提了出来，同时也是首次构思了供给领先和需求追随现象的假说。该理论支持信贷供给领先的农村金融战略，认为农村居民，特别是贫困阶层，没有储蓄能力，面临的是资金不足的问题。并且由于农业的产业特征，如收入的不确定性、投资的长期性和低收益性等，使得金融机构对农业的融资利率必须比其他产业低，因而农业不可能成为以利润为目标的商业银行的融资对象。该理论认为，为增加农业生产投入、缓解农村贫困、缩小农业与其他产业间的结构性收入差别，并促使农村非正规金融消亡，有必要从农村外部注入政策性资金，并建立非营利性的专门金融机构来提供资金支持。

根据这一理论，发展中国家广泛实行了相应的农村金融政策，虽然在一定时期内促进了农村经济的发展，但其弊端也很快暴露出来。由于政府承担了商业借贷的功能，造成资金投放后回收率低，容易导致借款者产生道德风险。同时，由于该项贷款利率较低，常常是农村大户或少数人获得，多数人的需求难以得到满足，加上金融机构也因低利率而无法弥补其交易成本带来的损失，直接导致了该模式的不可持续。

2. 农村金融市场论。主要代表人物是罗纳德. I. 麦金龙（Ronalde. I. McKinnon）、爱德华. S. 肖（Edward. S. Shaw），其主要观点是认为发展中国家存在金融抑制，需要金融深化。麦金龙认为，发展中国家政府干预和管制金融造成了“金融抑制”，阻碍了经济增长，加剧了金融市场的“二元化”，导致了金融资源配置的低效率。消除金融抑制必须放松政府管制，实现金融深化，通过金融自由化来解决经济增长。

这一理论体现在农村金融理论上则表现为农村金融市场论，该理论提出后逐渐取代了农业信贷补贴论的地位，它强调市场机制的作用，提倡利率市场化，鼓励农村金融机构吸收储蓄。与农业信贷补贴论相反，该理论认为农村居民及贫困阶层是有储蓄能力的，因此没有必要由外部向农村注入资金。导致贷款回收率低的重要因素是农村金融机构运用资金的外部依存度过高，低息政策妨碍人们向金融机构存款，抑制了金融发展。

该理论完全依赖市场机制的作用，反对政策性金融对市场的扭曲，主张通过利率市场化，使贷款利率弥补农户贷款风险和高交易成本，没有必要实行为特定利益集团服务目标的贷款制度。同时该理论还认为，非正规金融市场具有合理性，不应一概取消。这一理论在市场经济国家至今仍占主导地位，但是能否通过市场化利率来解决农村金融贷款体系的绩效问题，仍然值得怀疑。

3. 不完全竞争市场论。20 世纪 90 年代后，随着东南亚金融危机的爆发，人们清醒地发现，对发展中国家来说，金融自由化政策不是万能的。金融约束理论和哈耶克局部知识论就是其中的代表。斯蒂克利茨（Stigitz，1990）在《金融约束：一个新的分析框架》提出不完全市场论，即发展中国家的金融市场不是一个完全竞争的市场，尤其是放款方对于借款人的情况根本无法掌握，如果完全依靠市场机制可能无法培育出一个社会所需要的市场。对市场失效的部分，政府可以采取控制贷款利率使储蓄产生“租金效应”，从而达到金融资源配置预期目标。根据这一理论，斯蒂克利茨（Stigitz，1990；Ghatak，1996；Van Tassel，1997）等建立的模型解释了在小组贷款下，同样类型的借款者聚集到一起，有效的解决了理想选择问题。哈耶克（Hayak，1948）的局部知识论（local knowledge）认为，信息不对称不应是政府干预的理由，恰恰可以依靠市场机制和竞争机制来发现和利用分散知识，减少农村金融市场的不对称问题。哈耶克认为，竞争是一种发现信息、减少不完全信息和信息不对称的过程。

我国虽然在 20 世纪 80 年代以来推行了市场化改革，但农村市场迟缓，市场发育不完全，甚至小农经济仍然是建立在原始生产力基础上的。显然，古典经济学理论是建立在完全的市场经济国家背景下的，资本主义国家无论是农村的市场化程度，还是农场化的经营方式，都是与有着 9 亿农民的、一家一户生产经营方式的中国所不可比拟的。在一个理论假设的前提是一个致命的假前提情况下，不难发现，这一理论在中国的实践很难收到好的效果。

二、金融市场供给与需求理论

农村金融市场目标函数能否得到满足，农村金融资源的配置效率如何？对此问题，国内外学者运用古典经济学理论，从信贷市场的需求与供给关系的研究上做出了不同的回答。一是认为农村金融市场存在供给抑制。Besley（2001）、Khandker（2003）等认为，在一些国家，正规金融供给不足，农户尤其是贫困农户的信贷主要依靠非正规金融；温铁军（2001）通过对中国农村地区农户信贷实证发现，农户通过高利贷融资占63.6%。二是存在需求抑制。周霆、邓焕民（2005）提出低效性是农村金融市场的基本特点，农村金融改革目标只能是实行以制度变迁为动向的改革；农村金融主要问题是有效需求不足；农村信用社不能成为农村金融主力军；在市场低效情况下，国有商业银行退出具有必然性，而政策性才是解决市场问题的主体。三是存在供给与需求并存的抑制。Mire Devaney和Bill Weher（1995）通过评估一个农村银行结构的动态模型，检验出美国的农村银行业市场是不完全竞争的，农村的银行政策不能可持续解决农村金融的信贷市场问题。金刘锡（2006）认为要从根本上解决农村金融满足需求上存在的问题，需要重新构建农村金融体系。适应竞争、需求方激励以及产权改革与竞争相结合等基本原则，建立与农村多层次的金融需求相适应，涵盖所有的金融需求层次，功能互补、适度竞争的多元化农村金融体系。

三、农户信贷需求理论

对于信贷需求影响因素的分析是一个比较复杂的课题。农户的信贷需求随着农户类型的不同而各有差异：农户是农村经济活动的主体，也是农村金融需求的主体。由于其经济活动的内容和规模不同，其金融需求也表现出多层次特性。根据农户的金融需求特征，农户可以分为贫困农户、维持性农户和市场型农户（何广文等，2005）。不同类型的农户有着各不相同的信贷需求，所面对的贷款环境也各有不同（韩星，2006）。

在讨论到中国农村的信贷体系的时候，费孝通（2005）引述托尼教授的观点："这个体系的特点……是借钱人和出借人对于农业生产的信贷和补助家庭开支的借款两者之间的区别看来都不清楚。这就是说，把一切都记作一笔笼统的账，其结果，在欠债人或债权人的脑海中对借贷来做生产用途或者做家庭用途的钱无所区别。他们不明确用于生产的钱最后应该产生利润并足以偿还利息，家庭开支在没有意外的不幸事故的情况下，应能以收入偿付"。农户的借款需求可以通过两种途径来得到满足：一是通过签订契约从正规金融部门借入资金，二是通过关系从非正规金融部门借入资金。高帆（2002）等认为农户从这两种途径获取的资金具有替代性，如果农户的资金需求能够通过非正规金融部门得到较好的满足，那么他对正规金融部门的资金需求就会受到抑制，即如果农户从非正规金融机构得到了借款，那么对于正规金融机构信贷的需求就会相应减少，两种来源的信贷资金此消彼长。

四、农村金融制度论

农村金融业发展的滞后性是我国当前农村经济存在的一个突出的薄弱环节，严重制约了农业发展、农村建设和农民增收。如何改变现状，如何实现金融创新，国内学者提出了在制度和措施上一系列主张，主要观点包括以市场化为代表的主张、以合作化为代表的主张、以多元化为代表的主张。

坚持以市场化的农村金融制度主张者认为，农民即使是贫困农民也是有能力参加商业金融市场的。特别是 2006 年孟加拉经济学家尤努斯获得诺贝尔和平奖后，这位致力于农村商业化金融制度推行的成功典范，更好地证明了在广大落后的农村是完全可以实行商业化金融制度的。吴国宝（2008）指出，如果客观的、全面的、长期的来看，中国农村金融肯定应该商业化金融为主导。我们原来说以合作金融为基础，我们看一看农村信用合作社的历史的话，就会注意到中国实际上基本上没有过正儿八经的政策性金融，而农村信用社等政策性功能基本上是理论追求或者政治上的符号。所以，随着整个农村金融发展越来越市场化以后，商业金融发展空间也越来越大[①]。郭鸿（2009）认为，农村信用社改革和发展的目标应将其改造成为产权清晰、支农为主、立足县域的股份制商业化地区性中小银行。

坚持以合作化的农村金融制度主张者认为，我国现阶段农村经济欠发达，农业产业属于风险高的弱势产业，由于实行一家一户分散经营、规模小，难以推行商业化金融制度。温铁军（2004）认为，据以往的调研共识，任何正规商业化金融对于农村兼业化的、自然性状、经济性状和生活性状合一的小农经济是不可能对接的。对小农经济，只有合作金融才能解决。阎庆民、向恒（2001）指出，从我国农村经济的特点和现实发展状况来看，合作制的金融形式仍然是最好的一种形式。合作金融首先强调的是合作。对农村分散而经济实力弱小的农户来说，通过自愿的联合实现互助是一种必然的选择，完全商业化的金融运作对我国大多数农村地区是不适应的。何广文（2001）认为，合作金融组织尽管存在着制度缺陷，但也同时存在着制度优势，具有旺盛的生命力和良好的适应性。

坚持以多元化的农村金融制度主张者认为，无论是实行市场化还是合作化制度，都不能有效解决农村金融存在的诸多问题。为此，建立一个竞争性的市场，才能逐步改善农村金融的运营状态，

① 中国改革论坛（www. chinareform. org. cn），2008 年 10 月 19 日。

营造良好的信用环境和制度环境，促进农村金融进入一个良性健康的发展轨道，才能切实解决农业和农民的资金短缺问题，实现社会经济和谐发展的最终目标。鉴于中国地区之间发展极不平衡，也应采取多样化的原则，鼓励各地按照本地的情况进行创新（张晓山、何安耐，2006）。谢平（2001）认为，满足农村金融的需求，必须建立包括政策性银行、商业银行、信用社、商业保险公司和证券机构在内的多层次网络；提供包括存贷款、证券融资、证券交易、财产、人寿、再保险和支付结算等中间业务在内的多样化金融工具。

通过对以上农村金融发展问题的综述，不难发现，这些理论的产生和发展都是特定时代和环境的产物。农村金融发展模式理论认识到，农村经济市场发展的不同阶段，应当建立分别与之相适应的金融形式；信贷市场供给理论，使人们认识到金融中介的职能，从市场信贷需求与供给的均衡角度提出了构建新的供给关系；金融制度设计理论则认识到，农村金融制度的安排必须立足于现有的农村经济特征，立足已有的制度失灵基础上进行安排。从我国的国情出发，可以发现，这些理论都局限于就金融研究金融，尚没有从农村的根本性制度问题——家庭承包制这个视角出发，关注我国在经济制度上已有的制度安排，并在这一基本制度前提下，以农户为逻辑思考起点，分析在城乡二元结构下农村金融制度安排与农村经济结构的融合性。这是研究我国农村金融制度安排的新视角，这个视角将制度安排的生命力——机制，即有无激励相容的机制，作为考察的核心，从而检验出已有制度安排的绩效及其失灵的原因，在此基础上探索一个有效机制的制度安排。

综上所述，这些研究虽然取得了一定成效，但由于基于理论研究的背景、研究对象及理论假设方面的限制，因而没有对中国的实践问题做出很好的回答。从现阶段我国的农村经济现状出发，如何构建一个金融制度与家庭承包制激励相容的，满足农户的金融需求，改进农村金融的帕累托均衡，实现农村经济社会可持续发展目标。这正是本书研究的目的与价值所在。

第三节 研究的框架与主要内容

一、研究的框架

本书研究框架主要源于对国内外大量文献的研究和亲身参与对农村金融问题的实际调研与思考，并在此基础上选择样本点开展制度创新试验，然后总结试验成果形成的。

1. 关于研究的视角。农村金融文献虽然林林总总、浩如烟海，但其研究的目标函数都是为了改进现有的农村金融现状，通过调整创新农村金融资源配置方式实现帕累托均衡目标。从这一目标出发，每一个研究者看问题的视角各不相同，其研究的结论或者说提出改进目标函数的要求也各不相同。国外的文献主要从构建一个健康稳健的金融市场问题出发，关注市场失灵与政府干预的效用函数。国内学者除了从宏观角度考虑如何构建一个大的农村金融体系外，更多的从具体的微观视角研究农村金融的供给与需求问题。在供给上主张通过增加正规金融组织增量、放宽非正规组织使之合法化，以解决供给抑制的假设命题。在需求上，学者主张通过多渠道解决农村金融市场需求不旺的问题。笔者认为如何选择一个好的研究视角至关重要。由于我国现有的经济制度和经济发展水平与国外有很大差别，在研究问题的视角上如果不从中国的实际出发，研究的结论是难以令人信服的。本书研究的视角选择了在我国现行的农村经济制度——家庭承包经营、统分结合双层经营体制下，与之匹配的金融制度选择问题。据此，本书将家庭承包经营制作为分析视角，以农户金融需求为逻辑起点，研究这一基本经济制度安排的结构特征，与之相适应的金融制度的相关性、二者的兼容性问题。

2. 关于研究的理论选择。一般意义上说，金融研究都从现有的金融理论上寻找答案，但是我们发现最终结果是头痛医头、脚痛医脚。从国内外农村金融研究相关文献看，已经注意到这一问题，研究视野已开始扩大。一是从主流经济学到发展经济学和制度经济学的转变。研究的问题从一般均衡分析走向发展要素贡献率分析，尤其是将制度作为发展的内生变量纳入分析框架，从而解决了金融传统理论的创新问题。自从科斯交易成本理论诞生以来，人们发现古典经济学一个重要的假设是错误的，即假设交易成本为零。正是这一发现，制度经济学应运而生。本书考虑到中国的经济发展是从转型以来开始新的起点，而这一起点又是从计划经济向市场经济转型开始的。农村的经济发展转型是中国改革开放转型的起点，这个起点源于农村家庭联产承包制。为此，研究农村金融问题也必须遵循这一逻辑起点考察农村经济的发展与困境，从而发现在农村经济发展的这一宏观背景下，经济制度体系中相关制度的配套和制度交易成本问题，如何解决由于某一制度变革引发的制度变革不配套或不兼容问题。

3. 关于研究的组织路线架构。本书的研究架构组织路线如图1－1所示。

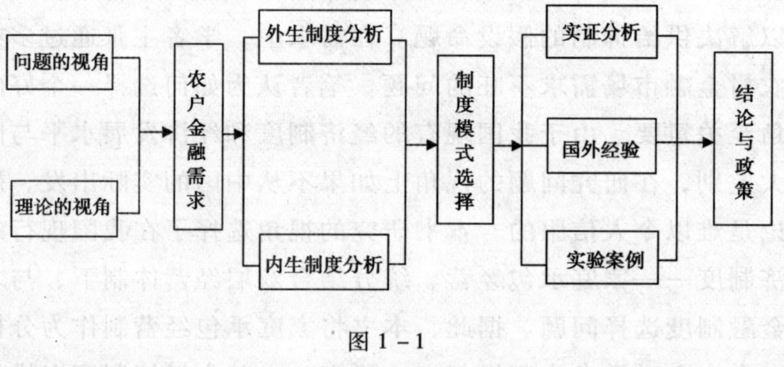

图1－1

二、主要内容

本书共分十章，第一章，导言部分主要是从问题提出角度，指出了研究课题的重要性及其现实意义。第二章，基础理论部分，从研究的课题所涉及的理论着手，着重介绍了金融发展理论、合作经济理论、小农经济理论、制度变迁理论及激励相容机制理论，并对这些理论进行梳理，提出了这些理论对研究课题的启示。第三章，以农户为逻辑起点，在家庭承包制这一制度视角下，对农户金融需求进行分析。第四章，通过对农村商业、政策、正规合作金融制度和新金融制度安排的绩效分析，研究考察农村外生金融制度的安排，分析制度供给悖论的成因。第五章，研究农村内生金融制度安排的绩效及其制度供给抑制的成因。第六章，通过模型的建立，设计农户合作金融与合作金融联合体两种农村金融制度，并与传统正规合作金融制度进行分析比较。第七章，对农户合作金融制度安排的有效性进行了实证分析。第八章，对世界上典型国家的农村金融制度进行研究，分析其成功经验，提出我国应借鉴的地方。第九章，以凤阳县为案例，考察分析农户合作金融制度的发展现状及绩效。第十章，对以上各章的分析归纳，总结形成研究的基本结论，并提出农村合作金融制度安排和金融制度重构的政策建议。

第四节 研究方法与力图做出的创新

一、研究方法

本课题研究具有鲜明的时代色彩，选择现阶段农村经济制度

——家庭承包制视角下，如何安排农村金融制度，如何实现农村金融资源配置的最优机制问题。本书运用了经济学、金融学理论，特别是制度经济学最新理论成果，采取规范的经济学分析范式，对研究课题作了系统的具体的研究。主要研究方法有：

1. 理论与实践相结合的方法。这也是本书最显著的特色。一方面在总结国内外金融最新理论成果的基础上，运用经济学和金融学理论对现有的农村经济特征和性质进行了分析，从而推导演绎出与经济制度兼容性的金融制度问题。另一方面，从实践角度探索农村金融存在的现实问题，通过实际调查等，分析农户经济行为和金融行为，并结合案例开展模型试验，将模型试验的结果与现行制度进行比较，寻求制度失灵原因和对策。

2. 规范分析与实证分析相结合的方法。在分析农村金融问题时，采用规范的分析方法，研究现有农村金融制度的运行成本和制度供给失灵原因，借助博弈分析工具解构制度不兼容的复杂方程式，分析正规与非正规金融制度的绩效，并据此设计新金融制度模型——农户合作金融制度。为检验模型设计科学性，将模型运用到实践中，进行实证分析。对模型实证结果进行总结，重新带入到模型予以矫正后更好地开展试验。

3. 比较分析法。既有历史的比较，又有国际视角的比较，还有将农村正规与非正规两种金融制度具体比较。通过比较分析，更好的从历史的纵向视角、国际横向视角，立体地分析农村金融制度变迁动因和绩效，归纳和总结出具有借鉴意义的启示，以期对解决农村金融问题提供有益的参照系，更好的设计新的制度模型。

4. 案例研究方法。本书选择了安徽省凤阳县作为课题实验区，对研究的问题和理论模型等，都在试验区进行求证，并通过案例具体分析，进一步检验理论模型及其假设前提的科学性。

此外，本书在研究和分析中，还采用了计量分析、问卷调查以及博弈分析工具等。

二、力图做出的创新

本书的主要贡献或者说力图所做出的创新，是基于原有文献的研究在理论上不能很好的对现实问题进行解释，同时也没有提出一个更好的给予检验的完善理论假设前提，试图选择一个新的研究视角，并结合我国农村金融市场的实践，从经济学和金融学角度进行理论创新与实证分析。

1. 运用了经济学和金融学等相关理论，分析了中国农村经济现状，研究了关于家庭承包制视角下的农户经济行为与金融行为的相关性问题，分析了现有金融制度与农村经济发展不匹配问题，提出了农村金融制度再造命题。

2. 运用制度经济学分析了农村金融制度安排的最优选择，即适应家庭承包制的金融匹配制度，必须是基于交易成本最小和信息对称最完全的制度安排，这种制度只能是内生于农户，基于农户与农户之间信息对称的合作金融制度安排，提出了农村最基础的非正式制度模型——农户合作金融的制度。

3. 在分析对比农村正规与非正规合作金融制度绩效的基础上，构建了农户合作金融模型——互助金融制度，并进一步构建内生与外生金融供给兼容模式、正规与非正规金融制度兼容的模型——农村合作金融联合体制度。

4. 选择我国农村改革发祥地安徽省凤阳县，作为本书理论模型的试验区，并运用试验区的实验结果来检验模型的绩效，进一步矫正理论假设问题，为农村金融研究提供规范的实验案例。

第五节 展 望

一、制度供给问题

为了建立与农村经济相适应的现代农村金融制度，笔者认为必须从以下几方面着手：首先，要解决农村金融制度短缺问题。要从我国农村经济实际出发，建立多元化的农村金融体系。我国各地区的经济发展水平和社会文化地理条件不同，只有适合当地需要的多元化的农村金融体系，才能满足农村地区多元化的金融需求。要建立多元化的农村金融体系，必须放宽农村金融的准入条件，降低准入门槛。在重视正规金融机构作用的同时，也要重视非正规金融的发展，要规范和引导民间借贷的健康发展，允许有条件的农民专业合作社开展信用合作。其次，要优化现有的农村金融制度。尤其是在构建风险分摊机制上，加大联合平台建设。农村信贷市场风险较大，交易成本较高，必须建立风险分摊机制，鼓励降低信贷成本的金融创新。为降低农村信贷风险，必须建立多层次风险分摊机制。应加快农村信用体系建设，加快建立政府扶持、多方参与、市场运作的农村信贷担保机制，扩大农村有效担保物范围，发展农村保险事业，健全政策性农业保险制度，加快建立农业再保险和巨灾风险分散机制，加强农产品期货市场建设。为解决农村信贷成本较高的问题，要在进一步扩大农村合作金融机构贷款利率浮动范围的基础上，加快推进农村金融产品和服务方式创新。要推广农户小额信用贷款和农户联保贷款，创新贷款担保方式，发展基于订单与保单的金融工具。民间借贷经营成本较小，符合农村金融需求，要规范和引导民间借贷健康发展。要保持农信社县（市）社法人地位稳定，因为农信社县级法人机构较小，有利于解决信息不对称问题并可降低交易成本。其三，解决制度的合法性与兼容性问题。即对以农户资金互助社为代表的合作金融制度，要予以行政许可，考虑到点多面广的实际问题，可以比照个体工商户到工商部门登记注册，到当地银监部门备案即可。在此基础上，将农户合作金融与国家涉农金融两种制度兼容，使两种制度优势互补，形成新的制度优势，使农村金融资源得到最佳配置，共同促进农村经济的可持续发展。鉴于本书研究时间限制，对以上制度供给的几个方面问题，没有做深入探讨和研究。期待在以后研究中，将农户合作金融制度纳入到农村整个制度体系中进一步分析考察。

二、制度模型实验问题

本书对两种制度模型开展了实验，但两种制度由于外部条件不同，尚未完全达到理想的实验预想。或者说，尚未能按照主观愿望开展全部性实验。对农户合作金融制度实验，在中央对农村金融的宏观政策越来越宽的背景下，这种合作金融组织虽然未经银监管理部门许可，但在地方政府的推动下，发展迅猛，取得了明显的业绩。而同时来自县域以上的有关行政许可部门关于合法性认定和要求取缔的声音也非常明显。对农户合作金融联合体制度实验，考虑到必须在银监部门的许可条件下，才能得到开展。为此，在农户合作金融联合体试验中，将制度安排分两个步骤进行：一是联合会的行业组织形式，二是联合社的金融组织形式。前者实验开展取得阶段性成效，后者因监管部门制度许可等原因，目前没有开展实验。按照制度设计的原有构想，拟在联合会这一行业组织运行一到两年后，着手参照正规金融组织形式予以申报，在国家银监部门批准后，将行业性的联合会转为经营性的联合社，从而实现农户合作金融制度与正规金融制度（包括涉农各类银行组织）兼容合作，建立新的金融制度体系。受本书研究时限影响，这个未完的实验将在今后的研究中继续关注，并以其他研究成果方式予以体现。

第二章 基础理论

研究农村金融活动，特别是合作金融的制度安排问题，必须研究与之相关的理论，找出这些理论的相关性，才能为研究对象提供分析工具，建立一个合理的逻辑分析框架。从本书的研究对象来看，研究的基础理论主要涉及金融发展理论、合作经济理论、小农经济理论、制度变迁理论和激励相容机制理论。

第一节 金融发展理论

在现代市场经济中，金融体系发挥着越来越重要的作用。运行良好的金融体系能够维持和促进一国经济的长期稳定。相反，金融体系的崩溃却可能导致一国经济的整体崩溃。正因为如此，金融发展问题一直是理论界关注和研究的重要领域，而且存在诸多争论，形成不同的观点，本文试图对金融发展理论做一个综述，以期能对研究我国的金融改革和经济发展能有所裨益。

一、理论的形成与发展

金融发展理论是由麦金农和肖两人分别在 1973 年创立的。英国哲学家约翰·洛克（John Locke）、斯密（Adam Smith）等人的自由思想是其理论的渊源。受自由主义思想的影响，麦金农和肖在各自著作中都提出发展中国家走金融自由化道路的激进主张。

金融发展理论的另一渊源是有关金融对经济发展重要性的思想和观点。这种思想至少可以追溯到美籍奥地利经济学家约瑟夫·熊彼特（Joseph Schumpeter）。熊彼特在其成名作《经济发展理论》（1912）一书中，强调了金融发展在经济发展中的重要性。他指出，为了试用新技术以求发展，纯粹企业家需要信贷，“他只有先成为债务人，才能成为企业家”。格利（John Gurley）和肖 1960 年认为在金融与实体经济关系方面，金融的作用在于把储蓄者的储蓄转化为投资者的投资，从而提高社会的生产性投资水平。Hugh Patrick（1966）指出，在金融发展和经济增长关系上，可以有两种研究方法：一种是“需求追随”即随着经济的增长，经济主体会产生对金融服务的需求，促使金融机构和相关金融服务的产生。另一种是“供给领先”，强调金融服务的供给方，金融机构和相关金融服务的供给先于需求。雷蒙德·戈德史密斯（R. W. Goldsmith）于 1969 年出版了《金融结构与金融发展》一书，奠定了金融发展理论的基础，从而成为金融发展理论鼻祖。他的理论主要包括：其一，首先提出并系统分析了金融结构概念，分析并提出金融结构衡量指标及金融结构类型。其二，研究并揭示金融深化的内在路径和规律。这些规律对当前发展中国家的金融发展仍然具有重要的借鉴价值。其三，提出金融发展与经济增长关系问题的重要性和研究方向。戈德史密斯认为金融发展与经济增长有着密切的联系，并特别强调发达国家与欠发达国家在金融发展中的明显区别。麦金农和肖 1973 年建立了一个分析金融深化和经济增长关系的框架，重点考察了发展中国家特有的“金融抑制”现象。麦金农和肖放弃了以发达国家金融体系为研究对象，转而研究发展中国家的金融问题。他们认为在发展中国家存在着严重的金融约束和金融压抑现象。这既削弱了金融体系聚集金融资源的能力，又使金融体系发展陷于停滞甚至倒退的局面。两人的不同之处在于：麦金农（1973）放弃了传统金融理论中货币与资本相互替代的假设，认为发展中国家落后的金融制度使投资不是依赖于外部融资，而是依靠内部融资；并且提出了衡量金融发展的一个比较著名的指标—M2/GDP（金融深化指标）。虽然这两人的研究对象是发展中国家的金融问题，没有从更一般意义上来讨论金融发展与经济增长之间的关系。但是，由于他们认识到金融发展与经济增长之间的确存在着某种必然联系，因此，人们依然把金融抑制和金融深化理论的提出看作是金融发展理论形成的标志。其后 Kapur（1976）和 Galbis（1977）等仍以劳动力过剩的发展中国家经济为研究对象，通过更加严格的数学模型推导和论证补充建立了开放条件下的模型，旨在证明和修补麦金农和肖的金融深化理论。

二、最新的理论进展

1. 金融发展对经济增长的作用。第一，金融发展促进经济增长。有关金融发展作用于经济增长的机制的相关文献很多，在这里不一一罗列，我们借用 Pagano 1993 的简易框架，通过一个模型来概括地介绍 20 世纪 90 年代金融发展理论家在金融中介体和金融市场的作用机制上的观点。正如 Pagano 的模型所揭示的一样稳定状态下的经济增长率可以写成：

$$g = A\frac{I}{Y} - s = A\phi\delta - s$$

式中 g 为稳定的经济增长率，δ 为储蓄转化为投资的比率，A 为资本的边际社会生产率，s 为私人储蓄率。金融中介体和金融市场的发展能够通过促进储蓄以更高的比例转化为投资，通过提高资本配置效率（A），通过动员更多的储蓄（s）来促进经济增长。第二，金融发展降低经济波动性。Denizer、Iyigun 和 Owen 的实证分析，主要采纳了 King and Levine（1993）提出的四项金融中介体发展指标，即 LLY、BANK、PRIVATE、PRIVY。基于这些指标和所创建的模型，结合 70 多个国家的 1956—1998 年的年度有关数据，得出如下结论：所有金融发展指标波动与宏观经济波动呈负相关关系，且金融越发达的国家经济波动越小，说明金融发展降低经济波动。第三，银行股票、市场发展与长期经济增长有很强的正相关关系。

2. 经济增长促进金融发展。Greenwood and Jovanovic（1990）、Levine（1993）和 Greenwood and Smith（1997）在各自的模型中通过引入固定交易费用和固定交易成本，说明金融中介体和金融市场的形成与发展，只有在人均收入达到一定阶段后才能出现，即经济发展到一定水平才会实现。说明了金融发展离不开经济的增长。此外 Santomero 和 Seater 还从经济规模与资本市场规模、资本市场流动性的角度，探讨了经济增长对金融发展的作用和影响，得出结论：全社会总资本的增加同样使资本市场的规模扩大。经济增长对资本市场流动性的影响，促进了资本市场更好发挥其优化资源配置的功能。

三、金融发展理论的启示

金融发展理论表明，政府与市场在金融资源配置中都具有至关重要的作用，当政府占据主导位置时，政府的干预政策将直接对金融产生抑制。这在发展中国家尤为明显，在经济上呈现“分割经济”特征，在金融市场上呈现“二元化”特征。近年来，国外大量研究证明，金融发展与经济发展存在正相关性。2001 年世界银行报告，也说明了各国的金融发展水平与人均收入密切相关。我国作为发展中国家，金融一直是处于国家控制的资源，通过国家安排正规制度进行资源配置，非正规制度一直处于管制之中，因而未经官方批准的金融活动，无论活动规模大小，一律称之为“地下金融”。农村金融更是如此，不仅在制度供给上予以管制，而且在利率上也予以管制，民间有息借贷被称之为“高利贷”，属于官方打压的对象。但是，国家管制和偏好下的金融制度并不能解决农村金融问题，反而加剧了问题。因而，能不能深化金融改革，在金融制度上消除管制，允许非官方制度成为农村合法的金融制度，让市场发挥资源配置作用，形成制度内在激励机制，使农村金融发展更好地推进农村经济发展，成为本书探讨和研究重点所在。

第二节 合作经济理论

一、合作经济思想

合作的英文单词是 cooperation，表示共同合作或共同协作。广义上的合作是指共同劳动，或者指为达到共同利益的集体行动。狭义的合作指的是一切经济组织或制度，包括工业、农业、商业、金融业等产业部门的合作（王贵宸，2006）。合作组织是指由社会经济领域的弱者，如工资劳动者、小业主、小手工业者、农民等群体为了共同的利益，按照一定的原则而建立的一种经济组织和经济制度（尹树生，1983）。从合作思想的流派来看，历史上主要有：

1. 空想社会主义的合作思想。最早的合作经济思想可以追溯到早期的空想社会主义那里。以法国的沙尔·傅立叶和英国的罗伯特·欧文为代表的空想社会主义者，分别从不同的角度提出了自己的合作思想。傅立叶主张的协作组织叫作生产消费协作组织，该组织具有共同生产、愉快劳动和公平分配三大特征，即在这个组织中，个人的最低生活水平可以得到保证，建立在此基础上的私有财产得到保护，这样全体和个人的利益就可以得到调和；劳动不是通过强制，成员有选择和调换工作的自由；同时将全体成员最低生活保证得到满足后的余额，按照劳动、资本及才能以一定的比例进行分配。欧文继承和发展了空想社会主义的合作思想，并提出了建立合作公社的设想。他认为合作公社是在财产的基础上，根据联合劳动、联合消费、联合拥有财产和权利平等的原则建立起来的。在以财产公有制为基础的公社制度下，将消除财产私有制引起的竞争、敌视等，从而生产力可能大大提高，社会经济将会出现飞速发展。在管理上，合作公社里的社员大会是最高权力机构，管理人员由社员大会民主选举产生。社员通过社员大会参与公社的管理活动并有权做出退社的决定。在公社里人们享有平等的权利和义务，任何人都没有在财产上或待遇上高于他人的特权。在分配上，合作公社在创办初期实行按劳分配，在条件成熟时实行按需分配。

2. 基督教社会主义的合作经济思想。这个学派以英国的金威廉和法国的毕薛为代表。他们受到人道主义和基督教思想的影响，试图使合作社的经营原则和方法成为英国“基督教社会主义”的政治和经济主张，认为合作社是推翻资本主义即破除工资制度的有力武器，其目的不仅在于限制和避免中间商人的榨取，增加劳动生产力，提高劳动阶级的权利，而且在于改造整个社会经济组织。劳动、资本、知识是合作社的三大要素，而劳动力是资本的来源。劳动者拥有劳动力，实行合作就可以因劳动力而产生资本，劳动阶级只有合作，把劳动力转化为资本，才有可能使自己成为主人。否则，劳动者将沦为资产阶级的奴隶。

3. 国家社会主义的合作思想。这一派的代表人物是法国的布朗和德国的拉萨尔。他们主张由相同职业的人在国家帮助下成立合作社或合作工厂，进行共同生产，以社会主义取代资本主义。但劳动者虽有组织生产合作的能力，却没有财力，所以国家要承担起这个责任。布朗呼吁资产阶级国家给以贷款，以建立合作工厂，使国家成为“穷人的银行”。拉萨尔主张在资产阶级国家帮助下建立社会主义的生产合作社，最后扩及各个领域，使合作社成为整个无产阶级的社会主义组织。

4. 马克思主义的合作经济思想。马克思主义的合作经济思想对当代社会主义运动产生了极其深远的影响。尽管马克思主义创始人并没有专门撰写有关合作经济的论著，但是在他们的著作中却对合作经济理论作了系统论述。马克思认为在合作运动中创造出来的合作工厂是“伟大的社会实践”，其意义不论给予多么高的估价都是不过分的。他认为，合作工厂以工厂制度和信用制度为起点，并把合作社看作向完全的共产主义经济过渡的中间环节。恩格斯指出合作社并不一定就是社会主义的，而是介于社会主义和资本主义之间。列宁认为，社会主义社会就是一个统一的合作社，没有合作社组织网，就不可能组织社会主义经济。从马克思主义的经典作家思想理论可以看出，他们的观点是合作社既可以存在于不同的社会主义制度之下，也可以包容不同产权制度。

二、合作经济的原则

国际合作运动中有不同的合作派别，不同的理论观点，对合作经济的定义也各不相同，因而提出的合作原则也各有区别，主要有：

1. 英国的罗奇戴尔原则。根据公平先锋社的章程和记录，最初归纳为 12 项，1934 年国际合作社经讨论将原 12 项归纳为 7 项，简称罗奇戴尔原则，即门户开放、民主管理、按交易额分配盈余、股本利息应受限制、对政治和宗教中立、现金交易和促进社员教育。

2. 法国的尼姆学派原则。主要包括：设立合作社，使消费品的分配得以合乎公道，在分配剩余时，应先提取一部分形成共有资本；各消费合作社应相互配合，组织联合会；创设批发合作社，分设支社，各个合作社应以社员人数多寡分担经济责任；根据各社需要，渐次设立合作工厂；购买土地及各种财产，以便用合作方法管理生产；努力在社内外发起各种社会事业，创办合作工厂进而实现改造交换及生产制度，提取一部分财产用于教育合作社员；各国合作联合会联合起来，成立一个国际合作组织，以实现公道、互助和发展全人类的人格。

3. 德国的雷发巽的信用合作原则。主要内容为：组建信用合作社的目的，不仅在于增加社员的物质利益，而且在于提高道德和精神素养，社员的一切活动都要体现出博爱精神；根据邻里主义，组建信用合作社应以小村社为合作区域，每社社员以 1000 人左右为宜，社员必须是农民；社员入社必须证明自己具有经济和道德双重信用条件，并对合作社承担无限责任；合作社设立不以入股为条件，所需资金可以通过举债或运用社员存款解决；股金利率与普通利率相等。社员的权力不得转让和买卖，合作社不发行股票之类的证券；合作社的红利及公积金不得分配。

4. 舒尔茨的信用合作原则。主要内容是：社员只要具有经济上的信用即可入社，即只注重物质和经济上的信用，不问道德上的信用；成员职业不受限制，信用合作社以城市为活动重心，并力求扩大信用合作区域，接受城郊农民参加；合作社以一定的股金为成立条件。股金可以分红，并能自由买卖、转让；合作社的事务由收取报酬的理事办理，贷款仅发放给小生产者，以发挥平民银行的作用；信用合作社要有一定的公积金和公益金。合作社解散或社员退社有权按股份分取股本金。

三、农村合作金融

合作金融组织是依据合作经济思想，以合作经济为基本准则，采取合作社方式在金融领域组建的合作经济组织。具体地说，合作

金融组织是指社会经济中的个人和企业，为了改善自身的经济状况，获取便利的融资服务或经济利益，按照自愿入股、民主管理、互惠互利的原则建立的金融组织。

合作金融与商业性和政策性金融比较，具有几个鲜明的特征：(1) 组织建立以自愿和开放为基础，以社员的参与、自主、自立以及民主管理为核心，以教育培训和信息服务为保证，以关心社区和为社员有限服务为宗旨。(2) 资本构成是以参与者股金为核心。资本是一个金融组织开展经营活动的基础。(3) 服务对象是以入股者为主要服务对象，不以盈利为主要目的，主要是为入股者提供服务。(4) 管理上是以民主管理的方式。

四、合作经济与合作金融的制度之间相容性分析

判断一个制度是否有效，或者说一个制度设计能否成功，关键取决于两个基本方面：一是在制度供给与制度需求之间要到达某种均衡状态，否则要进行帕累托改进；二是制度对环境的适应，不仅要适应交易本身的特点——交易技术结构，而且要适应环境条件——经济的、政治的、社会的以及自然的生态环境（罗必良，2005)。下面，我们依据制度经济学关于激励相容的原理，分析合作经济与合作金融之间的相容关系。

1. 利益相容问题。合作经济与合作金融都是为其组织成员提供利益的组织。合作金融从经济角度上说就是一个特殊的合作经济组织，与一般合作经济组织不同的是，该组织的合作内容和交易对象不是一般的生产资料和消费资料及产品，而是资金及其相关的服务产品。但是，在合作性质上，都体现了三个方面的共同之处：一是具有相同的合作目的，即由社会上的一部分相对弱势的劳动者联合起来，共同抗衡大资本，达到成员组织利益最大化；二是合作的主体是经济上的弱者；三是合作的方式就是建立合作社，其实质就

是建立弱小者的互助措施（张乐柱，2005）。因此，可以说，无论是合作经济还是合作金融，在本质上都是合作组织成员的一个利益共同体。

2. 激励相容问题。一个制度是否具有激励相容的内在机制，主要看“游戏规则”对参与者的激励是否是朝着同一的或互补的目标方向进行。一个合作社能不能可持续发展，关键是看其组织制度的激励规则。实际上，在合作经济和合作金融中，都共同的约定了合作的基本原则，包括一人一票的民主管理、现金交易、收益分享、货真价实、恪守中立、促进社员教育等。这些相同的准则，使合作经济与合作金融得以共同促进，同时也使成员和组织之间及合作经济组织与合作金融之间形成相互促进的机制。

3. 信息相容问题。合作社约定，非熟悉人员不吸纳入社，因此合作社的成员之间就形成了信息对称良性机制。这种信息对称问题对合作金融组织的健康发展尤为重要。我们知道，金融组织在交易成本中最敏感的成本就是信息成本，包括道德风险和逆向选择都是信息不对称的结果。而解决这一成本不确定因素的最有效的办法就是建立合作机制，这就是为什么农村商业金融难以面对分散千家万户的小农进行交易，而合作金融却能够具有强大的生命力原因所在。

五、合作经济与合作金融制度相容性的研究意义

本书研究合作经济与合作金融在制度上的相容性，目的是想在农村金融制度上能否提供一个制度设计的新思路，即能否在合作经济的框架下，创新一个有别于过去传统的合作金融制度。其意义具体体现在以下几个方面：

1. 解决信息对称问题，创新农村生产型金融激励相容模式。长期以来，农村金融需求在供给上主要通过官方和民间两种方式满

足。从金融类别来看，消费主要依靠民间金融，生产金融主要靠官方金融。但是，由于农村消费金融的刚性需求，造成农村金融的逆向选择和道德风险问题一直没有得到有效解决。这个问题也一直困扰着官方金融，使得官方金融机构不得不采取以实物抵押来构建信用风险制度。这一制度不仅造成了农村金融产品交易的高成本限制条件，而且也没有从根本上解决道德风险问题。解决这一问题的关键是信息如何对称及如何最小化成本处理这些信息问题。合作经济制度是最好的信息共享机制，同时，在合作经济的大前提下，即通过开展生产合作，联合成员组成合作金融组织，使得生产合作与金融合作形成一个利益共同体，生产成果共享，金融需求与供给围绕生产展开，从而改变了传统的金融供给方式，使生产类的金融得以健康发展。

2. 开拓生产型金融，培育农村新经济。农村家庭承包制推行以来，农村的生产方式一直是一家一户的小农经济生产。这种生产基本上处在维持简单再生产阶段，农户家庭面临的扩大再生产的金融需求受到抑制。2006 年中央 1 号文件提出了新农村建设要求，由于没有农村产业发展支撑，形成各级政府花钱建设农村新村庄运动。2007 年中央 1 号文件明确提出了发展现代农业、增加农民收入的要求，但是如果农民的金融需求由于金融政策和制度调整的滞后得不到满足，现代农业将成为空中楼阁。随着新农村建设的不断推进，越来越多的社会共识开始形成，即必须使农户家庭通过农村产业发展，才能提高就业能力和收入水平，才能使亿万农民走上可持续发展的小康之路。因此，改革现行的金融制度，创新新的金融制度，提供新的生产型金融产品，使农民在生产发展上提供资金保障，这是培育农村新经济的根本之路。

3. 培育农村金融生态环境，实现国家农村金融政策和金融企业利益双赢目标。为什么改革开放以来农村正规金融制度即外在制度不断调整？一个简单的结论就是正规金融制度在满足国家效用函数和金融机构利益函数时，制度的边际成本决定了金融产品的供给方式和供给内容，同时城乡信贷交易成本的比较，更加造成农村金融机构在机会成本面前，叛逆农村选择城市。也就是说，正规金融机构为减少交易成本和防止逆向选择、道德风险，只能退出农村区域或者减少对农户放贷数额。改变这一约束条件的出路，就在于如何减少交易成本，如何控制信贷风险，而在农村建立和发展合作经济的前提下，农户联合组织合作金融正是解决这一问题的纳什均衡解。这不仅可以为农民合作经济发展提供金融保障，而且通过正规金融与农户合作金融组织建立新的利益共同体，形成农村经济与金融良性互动的生态环境。

第三节　小农经济理论

家庭承包制的实行标志着我国农村经济在生产方式上恢复了原有的小农经济，即由公社的社员组织化生产调整为分散的一家一户生产经营。因此，研究农村经济和金融制度，必须考察我国的小农经济及其特征，从而为现有的金融制度安排失灵问题提供解释，为合理的新的金融制度创新提供理论依据。从现有的小农经济理论国际文献来看，对小农经济研究理论主要有：

一、国际化命题："理性小农"还是"道义小农"

关于小农经济的国际理论，自20世纪20年代以来，逐渐形成了两种相互对立与争辨的理论脉络。这两种理论至20世纪70年代中期达到其鲜明对照的程度，这就是人们所称的"斯科特－波普金论题"：亦即"道义经济"（The Moral Economy）或"道义小农

（The Moral Peasant）和“理性小农”（The Rational Peasant）之争。

1. 道义小农的假设及其相关金融制度安排的实践意义。“道义小农”概念是由美国经济学家詹姆斯·斯科特（James Scott）提出，但这一概念可以上溯至前苏联的社会农学研究者查亚诺夫（Chayanov），他在其著名的《农民经济组织》一书中，以革命前的俄国小农为研究对象，指出资本主义的计算利润方法不适用于小农的家庭农场，因其生产目的主要是为了满足其家庭的消费需要，而非追求最大利润，小农的经济活动和经济组织均以此作为基本的前提。在这种情况下，小农的最优化选择就取决于自身的消费满足与劳动辛苦程度之间的均衡，而不是成本收益间的比较（A. V. Chayanov，1925）。其后，经济人类学家卡尔．波拉尼（Karl . Polanyi）提出在对前资本主义小农经济的研究中用所谓“实体经济学”代替“形式经济学”即资本主义经济学的主张，他批评了将市场、利润的追求普遍化、将功利的“理性主义”世界化的分析思路与方式，富于洞见地指出在资本主义市场出现之前的社会中，经济行为是嵌入于社会关系之中的，因而要把经济作为社会制度过程来研究（Karl. Polanyi，1957）。斯科特在其《道义经济》中，强调生存伦理（subsistence ethic）的道德含义，强调剥削与反抗的问题不仅是一个卡路里和收入的问题，而且是农民关于社会正义、权利与义务及互惠概念的问题。斯科特吸取了查亚诺夫关于家庭农场与经营性农场之区别的观点，认为生存取向的农民家庭的特殊经济行为来源于这样一个事实，即其与资本主义企业不同，它既是一个消费单位又是一个生产单位。以可靠和稳定的方式满足家庭生存的最低需求是农民作出选择的关键标准。在斯科特看来，小农经济所坚持的首要原则是“安全第一”，他们宁可选择回报较低但较为稳妥的安全策略，也不会采取冒风险获得高回报的行为（J. Scott，1976）。

2. 理性小农理论假设及其相关金融制度安排的实践意义。理性小农命题也称“舒尔茨－波普金”命题。1979年诺贝尔经济学奖得主舒尔茨在《传统农业的改造》中，提出了他对小农经济行为的看法。他认为，传统农业可能是贫乏的，但效率很高。它渐趋一个均衡的水平，在这个均衡之内，生产因素的使用，较少有不合理的低效率现象。小农作为“经济人”，毫不逊色于任何资本主义企业家。基于此，他认为改造传统农业的正确路径，是在保存家庭式农场的基础上，提供小农可以合理运用的现代“生产要素”。一旦有经济利益的刺激，小农便会为追求利润而创新（T. W. S. Popkin，1964）。波普金进一步发展了舒尔茨的理论，他在《理性的小农》中指出，小农的农场完全可以用资本主义的公司来刻画，也就是说，小农无论是在市场领域还是在政治社会活动中，都更倾向于理性投资者的原则行事。小农是一个在权衡长、短期利益之后，为追求最大利益而做出合理抉择的人（S. Popkin，1979）。

3. 道义与理性两类不同性质下小农行为的金融制度选择模式。小农经济究竟是道义价值取向，还是体现理性行为特征，这不仅关系到小农经济发展的目标，关系到传统农业发展的趋势，还直接关系到与之相匹配的农村金融制度的合理安排。

从道义小农理论出发，我们必须认清小农经济是拒绝商业化行为的，和作为商业化金融追求的规模效益、高额风险回报率以及交易成本最小化等目标是格格不入的。道义小农把“安全第一”作为生产的第一原则，而信贷投资则体现了对未来目标的不确定风险效益。这个追求的目标必须冒风险，毫无疑问这种做法有悖于家庭的安全目标，有悖于家庭的稳定的道德标准。因此，我们可以说，如果小农经济本质属于道义的话，则注定与商业化的金融制度不相容。即使这种制度作为嵌入式外部制度安排，也必然在成本外部性不断加大的情况下退出。这就是“补贴式”农村金融得以安排的一个重要理论依据。

从理性小农的理论出发，我们可以认定为农户家庭是一个最符合市场化行为的单位，因而也就具备了与市场化金融制度对接的基础，即关于金融制度的选择上，最优的选择应当是商业化，包括这一制度所需要的商业信息、信用抵押。一方面从农户来看，他们以追求最大化利润为目标，是一个风险投资者；另一方面，商业化金融也以追求利润最大化为目标，只要有效的控制风险和交易成本，必然成为与农户最匹配的金融制度安排。理性小农作为市场的独立单元，承载市场化的对接风险收益，为商业金融制度安排奠定了基础。

我们的问题是，道义与理性是一个观点相左的命题。在这两个命题下的金融制度安排也截然不同。在现实中，我们不能在同一个经济区域中实施两种不同的金融制度。更重要的是，我国的小农经济与西方小农经济无论是在生产方式还是在生产力上，包括市场化的程度上，都有很大的差别。

二、“过密化”与”拐杖逻辑”理论下的中国小农问题

“过密化”亦称“内卷化”（Involution），主要指在劳动生产率下降情况下的经济增长。这是著名华裔美国学者黄宗智针对中国小农经济提出来的，最初在《华北的小农经济社会变迁》中文版中译为“内卷”，但他后来认为“过密”更能表达其所指，而且也符合中文习惯。因此，在《长江三角洲小农经济与乡村发展》一书中又译为“过密”。传统农业中的“过密化”现象并非由黄宗智首先提出。早在 20 世纪 60 年代初，人类学家吉尔茨（Clifford Geertz）便根据他对印尼水稻农业的深入研究，在 1963 年出版的《农业过密化：印尼生态变化过程》中提出了传统农业中的“过密化”问题。黄宗智的“过密化”理论直接受启于吉尔茨，但两者有所不同。首先，吉尔茨的研究仅限于水稻生产，而黄宗智则把它

扩大到农业生产的各个方面；第二，两人虽都提出了劳动投入将导致劳动边际报酬的递减，但黄宗智与吉尔茨指出的水稻生产会随着劳动投入的增加而无限增加的观点不同，认为农民将不再继续投入劳动而转向其他生产活动；第三，黄宗智大力强调了被吉尔茨所忽视的由“过密化”所引起的农民生产的商品化与家庭化，而这正是其提出中国经济史研究“规范认识危机”论的重要前提（黄宗智，1992）。

1. 过密化的理论的主要观点与内容。黄宗智认为，新中国之前的小农具有三个特性：一是生产抉择部分地取决于家庭需要；二是生产目的具有追逐利润的性质；三是剩余产品用于非农部门需要。他把明清以来华北农村经济分为经营式与家庭式。所谓经营式，是指地主拥有面积百亩以上、二百亩以下的田地，除了自己参加农作外，并有雇工助其经营；家庭式农场则没有雇工，完全靠家庭成员的劳力自己耕种。通过经营式和家庭式农业的比较与分析，他首先证实了中国小农经济的人口过剩与内卷的事实。指出：华北经营式农场虽然在农民劳动力的运用方面较为合理，但基本上仍未脱离传统小农经济的生产形态，因而最终未能走上资本主义的道路；而家庭式农场则由于过密化的耕种方式，未能脱离传统小农经济的生产形态，它最多只能维持其最基本的生存条件。建国后虽然采取集体农业经济，但仍属于“集体制的过密”阶段。一个需要强调的内容是，黄宗智不仅提出了我国小农经济过密化理论，而且针对小农经济理论学术研究提出了“规范认识危机”的问题。这个学术观点引发了海内外学者的大争论，尽管这一见解尚有许多不足之处，但对推动小农经济理论研究起到了积极的推动作用。

2. 过密化的发展模式与家庭收入的“拐杖逻辑”。黄宗智的过密化小农理论表明，由于过密化源自一个农户家庭不能解雇多余的劳动力，因而中国的小农经济不会产生大量原本可以从小农家庭农场分离出来的“无产一雇佣”阶层。这也是黄宗智小农理论的核心命题。他认为，由于农户对土地的依赖，使得农村多余的劳动力无法转移形成一个新的阶层，必然会继续依附在小农经济之上。农户对土地的依赖，不仅仅基于经济考虑，还包括政治、文化、传统习俗等。基于此，即使进城务工，都只能是农业收入的替代效应。这就是黄宗智命名的中国小农经济的“拐杖逻辑”。国内学者张杰（2006）认为黄宗智的“拐杖逻辑”在中国很有解释力。它不仅可以解释20世纪50—70年代中国农村经济的集体化，而且也能解释20世纪70年代末期一直延续至今的处于改革过程的农村景象。就集体化而言，合作化的生产队以及大队与历史上的家庭农场并无本质差异，他们都是一种生产与消费功能合二为一的单位。和家庭农场一样，生产大队不具备解雇剩余劳动力的权力。改革开放以来的情形表明，原有的逻辑仍在继续发展。中国农村改革以来的商业化和市场化对小农家庭的影响也不是质变的。副业和农业外就业并未改变农村的小农经济，反而在很大程度上为其提供了支持。非农收入的增加在很大程度上增强了农业经营的持续性和稳定性。“拐杖逻辑”在我国农村仍然成立，除了黄宗智分析的过密化因素外，本文认为一个被忽视的重要因素是农村实行了一个最重要的经济制度——家庭承包制，这个制度将土地使用权作为激励农户生产的预期收益，同时又将土地产权控制在集体组织手中，从而使农户家庭对土地产生刚性约束。这种约束下，即使是传统文化影响较少的现代青年农民，也不得不在割舍土地收益上抉择。另一个重要因素就是十届全国人大常委会第十九次会议以来先后取消了农业税，农林特产税，取而代之的是按土地粮食生产给农户发放粮食补贴。这一取一发也就是中央政府提出的“少取多予”，从而加强了农户家庭对土地的依赖。这已经超出了过密化的理论内容。巧合的是，过密化与家庭承包制异曲同工，都实现了农户家庭对土地的绝对依赖，使农户在脱离传统农业和非农化过程中最终形成了“拐杖逻辑”。

3. 过密化的小农经济与相关金融制度安排。过密化的小农经济本质上是“没有发展的增长”（黄宗智，2007），是一种将劳动力在原有土地上不断增加，牺牲劳动生产率换来的增长。按照这一理论逻辑，这种生产方式下的农村金融制度安排，只能是由内生的金融制度与之适应，而商业金融由于追求规模效益和风险利润，则天然地与小农经济无法兼容。除非不计商业成本的国家政策性金融可以有外部强制性供给，否则最终都要退出以小农经济为主的农业地区。

4. 过密化小农经济命题及其借鉴意义。“过密化”假设强调人口压力，关注劳动生产率。当“过密化”假设和小农贫困化紧密连在一起时，造成该经济现象的根本原因，事实上并不在人口压力或劳动生产率，而是在农业税和地租，或者说，在于政府行为，而与小农理性的产业化行为并没有直接关系。当“过密化”假设和小农贫困化紧密连在一起时，该问题的研究者在学术研究方面出现的主要失误，则在于想避开与马克思学说有联系（陈永勤，2006）。用“边际报酬”概念的源头——西方经济学中的“生产函数”来考察，“过密化”理论有其不严密之处。以建立在西方经验之上的“边际报酬”概念来评判与西方农业经济有天壤之别的中国小农经济，更有其无法弥补的局限性（冯小红，2004）。对黄宗智的过密化理论的评判标准，国内学者郑起东认为：“劳产率是西方工业化的经验模式，西方学者用劳产率作为衡量中国近代农业发展与否的标准，否认近代中国农业具有自我扩张能力，带有西方中心的思想”，提出将“综合了劳动力和土地双重因素的一般利润率”作为考察小农经济的标准（郑起东，2000）。黄宗智的过密性理论试图从中国小农经济没有自由竞争的市场来排斥厂商理论，但用以形成过密性理论的却恰恰是运用厂商理论。因此不是可以解决规范认识危机的“新理论”，而是已经存在规范认识危机的理论在黄宗智手中的具体运用（周霆，邓焕民，2005）。

尽管过密化理论存在着不可忽视的局限性，但是这一理论为我们研究和思考中国小农经济问题，开辟了一条重要的路径。按照这一理论提出的人口压力和劳动生产率问题，中国的小农经济如果不能突破这一瓶颈，必然走上“没有增长的发展”。本文更为关注的是，如果我国小农经济符合过密性理论，那么在这种经济方式下，应该派生或者安排什么样的金融制度才是最有效的？如果仍沿用古典经济学厂商理论来分析，商业化的金融模式在追求边际效益的目标函数受到约束时，必然以退出而告终，这是不是转型以来农业银行推行商业化后退出农村领域的最好解释。这些我们将在后面关于金融制度安排优势比较中进行深入分析。

三、家庭承包制下的我国小农经济问题探讨

前面我们讨论了国际上关于小农经济的著名理论，这些理论对于我们研究金融问题尤其是农村金融制度安排问题，具有十分重要的意义。经济学的基本原理告诉我们，经济发展决定金融发展。因此，如何适应经济发展水平和发展方式，选择一个具有内在生命力的金融制度，是我们讨论问题的逻辑起点。

国际上关于小农经济理论主要立足在“道义”和“理性”的命题上。这两种假设都是基于纯理论上的分析和判断，与现实小农经济差距很大。作为道义小农的命题，过分强调了家庭的道德观，把安全作为家庭的最高准则，似乎天然排斥投资。在现实中，这个假设命题是难以解释农民的经济行为的。在实行家庭农场制的国家里，家庭农场已经成为经营投资的一个独立实体，从简单再生产走向扩大再生产，已经成为家庭农场的主要生产目标。同样，“理性”的小农命题也是一种理论上的假设，在信息不对称的世界，人们很难做出理性的选择。虽然家庭农场已经不再是传统奴隶和封建社会中一般意义上的农户。但家庭的基本功能并没有丧失，安全和规避风险依然是家庭农场的一个重要目标。

1. 我国小农经济的性质与特征。按照马克思的观点，小农经济是指“生产者对劳动条件的所有权或占有权益基于此相适应的个体小生产”，“这种生产方式是以土地及其他生产资料的分散为前提的”。其主要特征包括：（1）以个体家庭为单位进行生产和消费；（2）以家庭为单位的在生产上表现为孤立、分散和自给自足的性质；（3）以直接生产者的小私有制为基础的。以此为标准，我国现在实行的家庭承包制的生产方式，则体现了小农经济的主要特征。温铁军（2001）认为，我国现阶段农村经济是一个典型的小农经济。土地和劳动是小农经济最基本的投入要素。我国农业的生产经营方式在人民公社制度解体后，从某种角度讲，实际上是恢复了传统农业社会即小农经济的经营方式。这种生产方式通过土地要素的激励机制改革，极大地调动了农民投劳积极性，使我国农业经历了短暂的快速增长，但这种生产方式所能容纳的生产力已非常有限，目前的农村土地承包制度，与其说是有利于农业发展倒不如说有利于保障农民生存从而维系农村社会稳定更合适。突出的表现为日趋严重的“三农”问题，即农民问题、农业问题和农村问题。我们可以从两个方面来考察，一是放在时间的轴线上，可以看见，自实行土地承包制以来，除粮食增长、乡镇企业繁荣之后，很快走入了一个徘徊甚至回落到低谷阶段；二是放在与城市比较的空间体系里，可以清楚看见，农民增收乏力、农业产业弱化和农村经济停滞的现实。

小农经济与发展现代农业及农业现代化要求相去甚远。一是在生产方式上表现为分散型，即不是以规模化的农场生产，或组织化的集体生产，难以形成规模效益。二是在生产效率上表现为低效型。由于以家庭为主的生产方式多数仍采用手工生产，机器大生产科技等先进生产要素没有得到改进，农业劳动生产率难以提高。三是经营方式上表现为传统型，即自给自足式为主，市场化程度低，家庭既是生产单位也是消费单位，他们既为自己生产，也为市场生产，但这种为市场生产是建立在为满足家庭需要后的“剩余”。回顾我国在1978年实行家庭联产承包制以来，农民以家庭为单位，最初就是通过粮食生产来满足自己、集体和国家的需求。到了20世纪80年代，又通过兴办乡镇企业，在最初满足自己建房需求上兴办了砖瓦窑厂等，包括服装、鞋袜等小作坊，都是在自给自足基础上逐步走向市场化。

2. 我国小农经济的国际化比较。从国际角度来看，我国现阶段小农经济与许多国家农业经济生产相比，主要由三个方面的显著差别：

一是生产方式市场化问题。我国在推进社会主义新农村的建设中遇到的一个突出矛盾就是2.4亿户小农经济与千变万化的大市场的矛盾。这与市场化要求分工细致的组织化水平是格格不入的。马克思早在100多年前就阐明了小农经济与市场经济存在着三大矛盾，即小农的财产分散占有方式与市场经济集中配置资源的矛盾、小农的自给自足消费方式与市场经济要求普遍交换关系的矛盾、小农的小规模生产方式与市场经济需要的大量、低成本原料供给的矛盾。这种矛盾冲突的必然结果，是市场经济打垮、消灭小农经济。目前，发达国家的农业生产市场化程度很高。农业生产引入了工业化模式，生产者生产什么销售什么都是按照市场的需求。在市场化行为上已经形成了分工合理、自成体系的组织。如在产品生产的品种推广、品牌包装、产品营销上，都形成了较为发达的网络体系。在产品销售上，不仅有产前的订单生产，还有比较发达的期货市场。有的产品不再是满足国内需求，而是根据国际市场需求，遵循WTO市场规则。

二是生产方式规模化问题。与市场化程度相关的我国农业生产的产业化水平很低，规模化水平很低。无论是北美国家的家庭农场，还是东亚的农协组织下的农户生产，已经把规模化与产业化、市场化联结起来，形成了规模化生产、加工、销售等完善的分工体系。我国农村幅员辽阔，地大物博，在市场化发育水平较低的情况下，规模化水平既是一家一户小农经济满足自己需求的真实写照，也是分散市场风险的天然选择。目前，由于国家实行粮食补贴，农户家庭在这一政策下，更加远离市场，为补贴这一安全系数在传统农业上重复简单再生产，农业比较效益没有得到提高，实质上仍然是黄宗智的“没有增长的发展”。

三是生产方式组织化问题。我国农业生产方式组织化最鲜明的特点，就是分散式、小规模的一家一户式小生产。这是典型的小农经济的特征，也是农业迈上现代化之路的瓶颈所在。农民组织化问题在东亚一些国家已经做出了很好的探索。如日本、韩国等。日本的农业生产之所以在国际化市场上有很强的竞争力，与其非常发达的农民组织化程度有密切关系。从各种各样的农业生产专业合作社到综合农协，这些发达的组织承担了市场分工职责，使一家一户生产与大市场有效对接。因而，农户在整个农业产业化过程中，只是扮演了大规模工厂里的一个个小车间功能而已，生产什么，如何生产，为谁生产，已经不是由自己家庭需求决定，而是服从合作社、农协以及各种各样的组织目标和任务，服从市场规律下的利润最大化目标。在组织化发达的服务体系下的农户生产经营行为，也彻底的突破了查亚诺夫的“道义小农”命题，即家庭的安全功能被发达的组织和市场预期收益所替代，这也是突破小农经济的“惊险的一跃”。在北美及欧洲，农业生产更多的是采用家庭农场式。但是这种家庭农场与我国的一家一户式生产方式是截然不同的。温铁军称他们的经济是“Farmer Economy”。农场作为一个生产单位，无论是在规模上、生产技术上都与现代农业有天然的联系，农场主提高劳动生产率首要考虑的是采用现代科技，提高科技含量，提高机械化作业水平。尽管农场式生产已经具备了规模效益，但实行产业联合，建立产业组织，都成为西方国家农业生产经营的普遍做法。

以上讨论分析了我国小农经济的问题，不难看出，我国目前的小农经济是一种相对落后的生产方式，这种生产方式与市场化机制是不相容了。因此，我们也可以得出一个基本判断，伴随现有的小农经济的金融制度，必然是与小农经济匹配的，适应小农经济的需求的，与完全理性的市场化机制是不相容的。

第四节 制度变迁理论

制度经济学尤其是新制度经济学的创立，克服了新古典经济学理论架构的致命性缺陷——制度缺位，修正了完全理性、交易成本为零、最大化市场均衡等假设前提，确立了更加符合现实经济的假设分析范式，即人的有限理性、市场的不完全性和获取信息的交易费用为正，从而解释了新古典经济学无法解释的市场失灵和外部性问题。本文主要采用了这一理论分析范式解构我国农村金融问题。

一、制度的内涵

1. 制度（Institution）。关于制度的定义，不同的经济学家对制度有不同的解释。凡勃伦（1899）认为，制度是指个人或社会对有关的某些关系或某些作用的一般思想习惯，而构成生活方式的是在某一时期或社会发展的某一阶段通行的制度总和。康芒斯（1934）认为，制度是指约束个人行动的集体行动，而在集体行动中，最重要的是法律制度。舒尔茨（1968）则认为，制度是一种行为规则，这些规则涉及社会、政治及经济行为。诺斯（1990）将制度定义为一个社会的游戏规则，或者说是规范人类交往的人为限制，即人们所创造的用以限制人们相互交往行为的框架。青木昌彦（2001）认为，制度是关于博弈如何进行的共同信念的一个自我维护系统，其本质是对均衡博弈路径显著和固定特征的一种浓缩性表征。

2. 制度的来源及演进路径。对制度的起源主要有两种观点，一是认为制度源于自然演化的结果，是内生的，称之为内生制度；二是认为制度源于人为设计的结果，是外生的，称之为外生制度。

内生制度（Internal Institutions），也称内在制度，是指在社会中通过一种渐进式反馈和调整的演化过程而发展起来的规则，其产生过程是：人们发现某些能使自己更好的满足其欲望的安排；有用的规则被足够的人采用，从而形成一定数量的受体，该规则变成一种传统并被长期保持下来，结果通行于整个共同体；当规则逐渐产生并被整个共同体所了解时，规则会被自发地执行并被模仿即形成制度，其实施机制主要基于信誉的自我实施机制。哈耶克把制度的演化结果归结为社会经济生活中的由市场自发形成的自然秩序，自发秩序比人为秩序更有效率，自发秩序是特意安排不了的，人们应尽可能利用这些秩序。

外生制度（External Institutions），也称外在制度，是指被清晰地制定在规则和条例中并要由一个诸如政府那样的高居于社会之上的权威机构来执行的规则。其产生过程通过自上而下被强加和执行；有一批代理人设计和确立；通过一个政治过程获得权威性。

内生与外生是制度起源的两种方式，或者说是制度供给的两种形式。拉坦（1978）、林毅夫（1989）对制度供给提出了诱致性和强制性供给的概念，诱致性供给主要源于自然演化，而强制性供给则源于外部力量，如政府或其他利益集团。制度供给是一个博弈的过程，无论是内生还是外生，都是在参与制度供给过程中经历了讨价还价、反复博弈，最终达到了制度的实施和执行，当事人在参与中对制度的支持与反对的态度，决定制度运行的成本。不同的是，内生制度体现了历史的、自然的演进、个体的自由选择过程和供给路径；而外生制度体现了制度设计集团组织的利益，是各种利益冲突的博弈结果，体现了集团的强制力，属于强制性供给。从运行成本而言，两种制度相比，显然，外生制度成本的运行高于内生成本。

对制度的分类上，有些学者依据制度给出的权威性及制度的系统地位，将制度分为正式制度与非正式制度、核心制度与边缘制度。一般而言，正式制度与核心制度对应于外生制度，而非正式制度与边缘制度对应于内生制度。

3. 制度构成的要素。新制度经济学认为，制度的构成要素有非正式约束、正式约束和实施机制三个部分组成。

非正式约束（Informal Constraints）是指人们在长期交往中无意识时形成的、具有持久的生命力并构成代代相传的文化的一部分。非正式约束主要包括价值信念、伦理规范、道德观念、风俗习惯、意识形态等因素。其中，意识形态处于核心地位。意识形态体现在制度安排上的作用，主要有三个方面：第一，当意识形态与制度在环境上处于兼容状态，个人与环境达成“协议”从而降低了制度的运行成本。第二，缩短了制度的供给时间成本，由于人们共同认同的价值观是制度安排的“理论基础”，制度的供给成为人们自觉接受的对象。第三，当一个社会意识形态与制度安排不兼容时，制度的运行不仅由于参与人的反复博弈增加成本，而且这一制度最终会随着不可调和的冲突，使制度退出或终止。

正式约束（Formal Constraints）是指人们有意识创造的一系列政策法规。正式约束也称正式规则。根据约束的内容可作具体分类：一是界定对“责任”的认定，为人们给出行动的目标。二是界定个人“可以做”与“不可以做”的规则，给出人们行为“选择”的边界。三是给出违反约束的惩罚规则。四是给出“度量衡”规则。

正式约束与非正式约束区别在于：一是正式约束人们可以选择，而非正式约束人们没有选择主动权；二是正式约束产生时间不受时间约束，而非正式约束产生则必须是长期时间的积淀的结果。三是正式约束可以从国外移植，而非正式约束的移植容易产生“排异”现象。正式约束在现有社会认可，且与非正式约束相容的情况下，才可以发挥作用。非正式约束具有前置性约束性质，在两种不同“约束”发生冲突，出现不相容时，就是“制度紧张”。

实施机制（Enforcing Mechanism）是指建立制度为交易者提供足够信息，监测对契约的偏离，并通过强制性的措施保证契约的实施。或者说，通过包括实施者在内的博弈，参与人之间的策略互动，最后实现自我实施。

4. 制度的基本功能（Basic Faction）。制度的基本功能就是解决现实生活中外部性以及由此而产生的交易费用问题，制度通过创新实现外部利润内部化，从而决定社会和经济结构的激励机制。具体地说，制度的基本功能包括：第一，制度的建立有利于建立稳定性预期，降低交易成本；第二，确定利益分享和外部收益内部化的原则，提供激励机制；第三，为实现合作创造条件，通过合作为参与人降低交易成本；第四，为市场进行资源配置提供有序的交易规则；第五，帮助明晰产权，提供保险功能。

二、制度变迁理论内容

1. 基本概念。制度变迁理论包括制度环境、制度安排、初级行动团体、次级行动团体和制度装置等。制度环境是指一系列用来建立生产、交换和分配的政治、社会和法律基础规则。也称作基础性制度安排，是一国的基本制度规定，决定、影响着其他的制度安排。制度安排是指支配经济单位之间可能合作与竞争方式的一种安排。与基础性制度安排不同，这里的制度安排相当于次级制度安排。初级行动团体，表示一个决策单位，其决策支配了制度安排创新的进程，这一单位可以是个人也可以是个人组成的团体。次级行动团体，是指用于帮助初级行动团体获取收入所进行的一些制度安排。无论是初级还是次级行动团体，都是制度变迁的主体，初级行动团体是制度变迁的创新者、策划者和推动者，而次级行动团体是制度变迁的实施者。制度装置是行动团体所利用的文件和手段，当这些装置被用于新的制度安排结构时。行动团体就利用他们来获取外在于现有制度安排结构的收入。

2. 一般模型。制度变迁模型最有代表性的以诺斯模型为主，基本内容包括：

第一，模型的前提条件。非均衡的制度结构是制度变迁的前置条件。诺斯（1971）认为，制度安排之所以被创新，是因为在现有制度安排下无法实现潜在利益，从而行为者产生了对新制度安排的要求。该前提条件表明：制度安排创新的潜在收入可能会增加，组织或者操作一个制度安排的成本可能发生改变，法律上或政治上的某些变化可能影响制度环境，使得某些集团实现一种再分配或乘机利用现存的外部利润机会成为可能。

第二，模型的基本假定。制度变迁的主体对制度变迁的潜在利润预期是制度变迁的基本假设前提。所谓的潜在利润就是外部利润，是一种在已有的制度安排结构中主体无法获取的利润。这种制度安排的目的就在于制度是显露在现存的制度安排结构外面的利润内部化。

第三，制度安排的层次。制度安排分为个人和组织两个层次。其中，组织层次又分为政府组织和非政府组织。

第四，制度变迁中的时滞。时滞是指制度创新的预期收益大于制度创新的预期成本这种情形已经出现，但由于制度变迁中的利益摩擦和阻滞因素而产生制度变迁和制度创新中的延误和滞后效应。诺斯认为，时滞包括认知与组织的时滞、发明时滞、菜单选择时滞和启动时滞。

第五，制度创新的一般过程。主要步骤有：出现初级行动团体

→初级团体提出制度创新方案→初级团体对预期纯收益为正的几种制度创新方案进行利益最大化选择→形成次级行动团体→初级行动团体和次级行动团体一起努力使新的制度方案得以通过并付诸实践。

3. 主要模式。制度变迁的模式是指制度创新主体为实现一定目标所采取的制度变迁形式、速度、突破口、时间路径等总和。其变迁形式分为：

第一，诱致性与强制性变迁。诱致性制度变迁指的是制度的创新由一个（群）人，在响应由制度不均衡引致的获得机会时，所自发倡导、组织和实行的制度变迁。强制性变迁由政府命令和法律引入和实现。

第二，渐进性变迁与突进式变迁。渐进式变迁就是变迁过程相对平衡、新旧制度之间的轨迹平滑，不引起大的震荡的变迁方式。突进式变迁是迅速的废除或破坏旧制度，制定和实施新制度。

第三，主动式变迁与被动式变迁。主动式变迁是一些主体从自身利益出发对现存制度进行的主动变迁或创新。被动变迁是指当某些主体已经发动并实施制度变迁时，那些原来缺乏变迁动力的主体因受到变革的影响与冲击，不得不进行制度变迁。

第四，局部变迁与整体变迁。局部变迁是指某个方面或某个层次的制度独立于其他制度而变革，一个国家的某些地区的制度独立于其他地区而变迁。整体变迁是指特定社会范围内各种制度相互配合、协调一致的变迁。

4. 路径依赖（Path Dependence）。诺斯认为，制度变迁一旦进入某一路径就可能对这种路径产生依赖。诺斯把技术变迁的机制扩展到制度变迁中，认为制度变迁的自我强化机制取决于初始设置成本、学习效应、写作效应和适应性预期。决定制度变迁的轨迹主要受到三个方面要素影响，首先是报酬递增因素，即报酬递增过程可以看成自我强化或反馈过程；其次是不完全市场因素，即因市场不完全带来的信息不完全和交易费用的存在，行动者的主观模型将会被不完全的信息反馈和既定路径的意识形态所修正，从而致使持久的路径依赖和不良制度居于支配性地位；最后是利益因素，当主要政治利益集团的谈判力量相对均衡时，这个社会的制度就会长期处于锁定状态，利益集团就会维护现有利益并形成新的路径依赖。路径依赖有两种极端形式，一种是使硬性的有效制度演进轨迹将允许组织在环境不确定下选择最大化目标，进行试验，建立反馈机制，去识别并消除无效的选择，保护知识产权，引致长期经济增长。另一种是一旦在起始阶段带来报酬递增的制度，当阻碍了生产活动的发展，而从中获得的利益集团为了既得的利益尽力维护，使社会陷入无效制度安排。与此相对应，制度依赖，一是良性路径依赖，二是恶性路径依赖。

5. 委托代理制。这一理论产生于委托人和代理人之间目标的不一致及委托人与代理人之间信息成本与监督成本的存在，由此导致委托人采取何种制度方式激励代理人形成双方效用函数一致达到最大化问题。该理论模型有两种情形，一是隐藏行动的道德风险模型，二是隐蔽知识的逆向选择模型。

三、制度变迁的动因

1. 交易费用的概念、性质。交易虽然很早就出现在古典经济学中，但将这一概念一般化的是近代制度经济学家康芒斯，他主张以交易作为分析经济活动的基本单位，在他看来，交易是个人之间分割和获取对有形物品未来的所有权（Commons，1934）。交易费用最初由美国经济学家科斯提出，阿罗认为交易费用是“经济系统运行所需的全部费用”，张五常将其定义为“制度成本”；斯蒂格里茨将它定义为“进行交易所增加的成本，而这些成本可以是货币、时间，也可以是某种不方便”。这里，我们主张采用美国经济学家费鲁博顿（E. G. Furubotn，1996）在《新制度经济学》里给交易费用作出的定义，即交易费用可以被看作是“交易”活动的费用，如果生产活动可以由一个生产函数来描述，那么交易活动就可以用一个交易函数来描述。

交易费用的性质可以从四个方面描述：（1）交易费用是机会成本。由于资源的稀缺性，人们自然要对交易的方式进行选择，交易费用也因而具有了机会成本的性质。具体到一个生产单位，在生产的技术条件下已经选定从而转化费用已经确定后，一般来说，组织生产的方式仍然是可以选择的，并且对于每种组织生产的方式，均有一个与之对应的交易费用。（2）交易费用是经济主体之间的知识、信息不对称的结果，是利益冲突与调和过程中损耗的资源。经济主体之间不仅在信息上具有不对称性，而且由于分工和时空上的差异，从主观和客观上导致了知识和经验的个体差异，这就使得任何经济主体都难以完全理解和无成本的知道其他经济主体的劳动性质和所产生的产品性质。经济主体的利益冲突，还是经济主体间信息、知识和经验的差异被机会主义地利用，交易费用陡然放大。（3）交易费用是无法彻底消除的。其原因是，人类社会的分工总是不断深化的，知识和经验的个体差异无法彻底消除；人们的认识在实践上具有不一致性，对于这种不一致性，任何措施只能有限的将其缩小而无法彻底消除它；科学技术的进步尽管不断地克服时间和空间对人类交往造成的困难，但终归存在一个限度，科学技术无论如何都难以消除空间和时间交易带来的障碍；经济个体的利己心，尽管可以用法律等正式制度或习俗、习惯等非正式制度来约束和指导，但只要资源的稀缺性还存在，利己之心就不会从根本上消除，机会主义行为就会合乎经济理性的存在。（4）由于事件的概率性以及不确定性的存在，对于任何一项经济活动，人们只能在事前根据不完备的知识和经验对交易费用的种类和数量进行评估，准确的计量只能在时空进行。由于人们难以在事前就对生产的制度结构和生产的技术条件的各种可能的搭配进行详细的比较，交易费用的机会成本性质将变得令人难以捉摸。[①]

2. 交易费用的类型。这里我们采用美国经济学家埃克里·费鲁博顿关于交易费用的划分标准，将交易费用划分为三种，即市场型交易费用（market transaction costs）、管理型交易费用（managerial transaction costs）、政治型交易费用（political transaction costs）。市场型交易费用，即为了进行市场交易，有必要去发现谁希望进行交易，有必要告诉人们交易的愿望和方式，以及通过讨价还价的谈判缔结合约，督促合约条款的严格履行等。管理型交易费用，是指对企业和其雇员之间的劳动合约进行执行的费用。包括建立、维持或改变一个组织设计的费用和组织运行的费用。政治交易型费用，即是一个与资本市场秩序相一致的制度安排，同时也意味着存在一个特殊的地方性、国家性或国际性的正式社会组织，提供这些组织以及与之有关的公共品显然会产生费用，这些费用就是政治型交易费用。包括建立、维持和改变一个体制中的正式和非正式政治组织的费用以及整体运行的费用。

3. 交易费用存在的原因与计量。威廉姆森交易费用的成因将其归结为两大类，即交易特性要素和人的因素。交易特性要素主要由资产专用性、不确定性和交易频率等组成，决定了交易—协约的方式及协约关系中应采用的规则结构。当我们为所要完成的交易选择了恰当的规则结构，信息需要的交易费用就会最少，否则就要付出较高的交易费用，甚至导致交易失败。在选择资产的专用性时，当事人陷入了两难境地：通用资产生产率较低，生产成本高，资产的机会成本高，但转移性强，风险小；专用性资产生产率高，生产成本低，机会成本低，但可转移性弱，风险大。人的因素是指人的

① 伍山林：《企业性质解释：节约交易费用与利用社会生产力》，上海财经出版社，2001年。

有限理性和机会主义行为倾向。这是交易费用产生的根本原因。由此产生的交易费用主要依靠各种制度提供的激励约束机制来降低。市场的不确定性意味着有关价格、质量、品种、交易对手及供求双方的搭配等方面的情况是难以预料的，这时的交易难度增大。交易的双方为使自己免受或少受未来市场变化的不利影响，会尽可能完善的了解合同细节，将未来的变动因素考虑在内，从而就必须预测价格的变动趋势，这就增加了谈判和达成合约的费用。同时，为避免因有限理性和机会主义行为带来的消极影响，人们不得不依赖于长短期不同的各类合约，进行组织制度安排，从而导致交易费用的上升。

由于对交易费用的不同定义从而使交易费用的计量难以确定。威廉姆森（1985）从不同的企业契约类型比较出发，认为交易费用高低与企业的契约类型具有依存关系。由于企业所营运的资产专用性不同，就会产生不同的交易费用。企业与外部的契约关系，从完全的一体化到完全的市场交易，存在着一个很宽的过渡带，每一种契约关系均反映了不同的交易费用，越倾向于完全一体化意味着其所面临的交易费用就越高，反之越低。只有通过制度的比较，也就是将一种合同与另外一种合同进行比较，才能估计出他们各自的交易成本。但这种相对比较的方式，只能在“序数”的基础上，不具备绝对数上的可测性。因此，对待交易费用的测量，制度经济学在研究上都广泛采用威廉姆森的比较测量的方法。

4. 交易费用的分析范式。交易费用概念被一般化后，其内涵被扩展为经济制度的运行费用，为经济制度的分析奠定了基础。古典经济学家们没有考虑市场运行的成本问题，新制度经济学家们发现，市场运行是有成本的，交易费用就是经济制度运行的费用，使经济学获得了对现实问题的解释力。科斯在《企业的性质》和《社会成本》中提出了著名的科斯定理，即若交易费用为零，无论权利如何界定，都可以通过市场交易达到资源的最佳配置。反之，在交易费用为正的情况下，不同的权利界定，会产生不同效率的资源配置。

与古典经济学相比，交易费用的分析方式的不同，集中的体现在约束条件的变化上。张五常认为，交易费用范式中有三个基本的经济命题：第一个是约束条件下的极大化假定；第二个是向下倾斜的需求曲线，包括边际生产率递减；第三个是，成本是所放弃的价值最高的选择及机会成本。按照威廉姆森的理论（1985），交易费用的范式可以归结为：交易是可以分析的基本单元，造成各交易成本差异的关键是交易的频率、不确定性及资产专用性；各种一般治理模式都是由一系列属性所界定的；每一模式都表现为成本、竞争力上的离散的结构性差异，并适用不同的合同法；预测内容表明，交易与治理结构的对应方式各不相同，但都是以交易成本的最小化为目标的；将制度环境视为位移轨迹的参数，其变化将导致治理成本变化；对可行的备选方案所做的比较制度分析，对方案的无效检验则是一种补救和纠正。约翰·克劳奈维根（1984）则更为简洁的将这个分析范式表述为，在指出交易的特性之后，从交易费用最小化的能力方面探讨可能采用的治理结构；在简化形成的假设基础上，建立交易与治理结构的匹配，并通过实证研究予以确认。

第五节 激励相容机制理论

一个制度能不能在实施中有效率，能不能在资源配置中起到激励作用，实现制度设计者的理想目标，这是传统经济学不能回答的问题，而制度经济学在近年来的研究中对此取得了突破性的进展。2007 年诺贝尔经济学奖的三位得主赫维茨、马斯金和迈尔森就是在机制设计框架、激励相容机制的显示原理和社会目标的纳什实施方面做出了开创性的贡献。这些大师的理论为我们研究在家庭承包制条件下，设计一个什么样农村金融制度，并能够达到激励相容的目标提供了理论依据。

一、机制设计理论

机制设计理论与传统的经济学研究方法有着根本的不同。按照亚当·斯密的设想，市场这只看不见的手在理想情境中能够有效配置资源。但现实世界是不理想的，总存在各种各样的约束，使得市场作用不能充分发挥，即市场总是容易失灵的。像在不完全竞争、不完全信息、外部性、公共物品、规模报酬递增以及不可分商品等情况下，市场机制就不能自动实现资源的有效配置。以不完全信息为例，我们所面临的是一个信息不完全的社会，任何人都不可能充分掌握其他人的所有私人信息。由于所有个人信息不可能完全被一个人掌握，所以人们总是希望分散化决策。然而，有关个人偏好和可用生产技术的信息分布在众多参与者中，他们很可能会隐藏自己的真实信息，并利用私人信息来最大化个人利益。从社会总体的角度来看，这将导致资源配置效率的损失。

既然市场机制并不天然就是完美无瑕的，那么是否存在其他机制能够替代或改进市场机制，以保证资源的有效配置呢？或者更一般地，对于给定的经济环境，是否存在一个或多个机制来保证既定社会目标（通常是资源配置实现帕累托最优）的达成。如果存在，那么什么样的机制能够用更少的信息或更低的成本就能实现既定目标。通常认为，评价某种经济机制优劣的基本标准有三个：资源的有效配置、信息的有效利用以及激励相容。资源有效配置通常采用帕累托最优标准，有效利用信息要求机制运行需要尽可能低的信息成本，激励相容要求个人理性和集体理性一致。这样，问题就变成是什么样的经济制度能同时满足以上三个要求。为了满足或无限接近这三个要求，该如何设计经济机制的具体运行方式呢？借助于由赫尔维茨开创并由马斯金、迈尔森进一步发展的机制设计理论，经济学家目前已经较好地回答了上述具有重大理论和实践意义的问题。按照瑞典皇家科学委员会在颁奖公告中的说法，机制设计理论“通过解释个人激励和私人信息，大大提高了我们在这些条件下对最优配置机制性质的理解。该理论使得我们能够区分市场是否运行良好的不同情形。它帮助经济学家区分有效的交易机制、管制方案以及投票过程”。正是因为在这方面的突出贡献，赫尔维茨、马斯金和迈尔森才共同获得了2007年度诺贝尔经济学奖这一殊荣。他们在这方面的原创性成果包括赫尔维茨的《资源配置过程中的信息效率和最优化》（1960）和《论信息分散系统》（1972），前者载于阿罗（Arrow）等主编、斯坦福大学出版社出版的《社会科学的数学方法》，后者载于Radner和McGuire编辑的《决策与组织》；马斯金在1977年提交给夏季巴黎经济学会、后于1979年发表在《经济研究评论》上的《纳什均衡与福利最优化》一文，以及迈尔森于1981年发表在《运筹学研究》上的《最优拍卖设计》。[①]

机制设计理论讨论的一般问题是，对于任意给定的一个经济或社会目标，在自由选择、自愿交换、信息不完全等分散化决策条件下，能否设计以及怎样设计出一个经济机制，使经济活动参与者的个人利益和设计者既定的目标一致。从研究路径和方法来看，与传统经济学在研究方法把市场机制作为已知，研究它能导致什么样的配置有所不同，机制设计理论把社会目标作为已知，试图寻找实现既定社会目标的经济机制。即通过设计博弈的具体形式，在满足参与者各自条件约束的情况下，使参与者在自利行为下选择的策略的

① 费建平：“2007年度三位诺贝尔经济学得主学术贡献评介”，《经济学动态》，2007年第11期。

相互作用能够让配置结果与预期目标相一致。机制设计通常会涉及信息效率和激励相容两个方面的问题。信息效率（Informational efficiency）是关于经济机制实现既定社会目标所要求的信息量多少的问题，即机制运行的成本问题，它要求所设计的机制只需要较少的关于消费者、生产者以及其他经济活动参与者的信息和较低的信息成本。任何一个经济机制的设计和执行都需要信息传递，而信息传递是需要花费成本的，因此对于制度设计者来说，自然是信息空间的维数越小越好。激励相容（Incentive compatibility）是赫尔维茨 1972 年提出的一个核心概念，他将其定义为，如果在给定机制下，如实报告自己的私人信息使参与者的占优策略均衡，那么这个机制就是激励相容的。在这种情况下，即便每个参与者按照自利原则制订个人目标，机制实施的客观效果也能达到设计者所要实现的目标。①

现实世界中的信息分散于生产者和消费者之间，他们各自拥有自己的私人信息，因而信息具有不完全特征。在市场竞争机制下，参与者分散决策，依赖于供需信息的交换传递来做出生产和消费决策。机制设计理论从信息的观点出发，把经济机制看成是一个信息交换和调整的过程，在统一的模型和信息框架下研究了经济机制以及各种经济机制的信息成本问题。机制设计理论认为实践中可以从一个经济机制信息空间维数的大小来评价机制的好坏。从这个角度出发，机制设计过程就是针对想要实现的既定社会目标，寻求既能实现此目标，又要信息成本尽可能小的设计过程。比如设定资源的帕累托最优配置为社会目标时，竞争的市场机制就保证了此目标的达成。然而，竞争的市场机制是不是经济信息效率最高的呢？在给定的新古典经济环境下，是否存在其他的分散决策机制能够利用更少的信息成本来实现资源最优配置呢？赫尔维茨在 20 世纪 70 年代

① 何德旭等："机制发展理论的发展与应用"，《中国经济时报》，2007 年 10 月 23 日。

的研究成果证明，在纯交换的新古典经济环境中，竞争的市场机制用最少的信息达到了有效的配置。在放松对新古典经济环境的假设之后，机制设计理论还对于商品不可分、偏好或生产可能性集非凸等并不满足新古典经济环境条件下，能够导致最优资源配置的分散决策的经济机制进行了探讨。

赫尔维茨认为机制就是参与人进行信息交换的通讯系统，每个人在这个机制中都可以采取策略性的行动，即为了获得期望支付（效应或收益）的最大化，可以隐藏对自己不利的私人信息或者告诉别人错误的信息。一个经济机制就好像是收集并处理所有这些信息的机器，而且还规定了这个通信博弈的规则，即针对收集到的信息给出相应的结果。通常要求这些结果都是通信博弈的均衡解，于是对不同机制的比较，就是对通信博弈的不同解进行比较。

二、激励相容理论

赫维茨在考察纯经典的交换经济时，发现为实现某个社会目标而设计的最优机制，就必须列出一系列可行的机制，并且设定好预测参与人行为的均衡准则，但是如果以占优策略均衡为均衡准则，其结论是悲观的，即没有一个满足参与约束的激励相容机制可以实现帕累托最优配置结果。这就是赫维茨著名的不可能定理，这个定理使用的准则——占优策略均衡是一个很强的假定，同时这个定理还使用了帕累托最优的资源配置标准。因此，要想改变不可能定理达到激励相容的条件，必须在准则和标准之间予以放松假定。

现代经济学的一个基本假定是每个人在主观上都追求个人利益，按照主观私利行事。机制设计理论在信息不完全的情况下将该假定进一步深化，认为除非得到好处，否则参与者一般不会真实地显示有关个人经济特征方面的信息。当经济信息不完全并且不可能或不适合直接控制时，人们需要采用分散化决策的方式来进行资源配置或作出其他经济决策。这样，在制度或规则的设计者不了解所有个人信息的情况下，他所要掌握的一个基本原则，就是所制定的机制能够给每个参与者一个激励，使参与者在最大化个人利益的同时也达到了所制定的目标。这就是机制设计理论的激励相容问题。具体来说，就是假定机制设计者（委托人）有某个经济目标作为社会目标，比如资源帕累托最优配置、社会福利最大化或者是某个经济部门或企业主追求的目标，设计者采用什么样的机制或者制定什么样的游戏规则就能保证参与者参与，并且满足个人自利行为假定的前提下，激励经济活动参与者实现这个目标。

很显然，机制设计理论提出的激励相容概念是非常深刻的。因为个人利益与社会利益不一致是一种常态，并且信息不完全、个人自利行为下隐藏真实经济特征的假定也是符合现实的。在很多情况下，讲真话不一定是占优均衡策略，在别人都讲真话的时候，可以通过虚假显示自己的偏好来操纵最后结果以便从中得利。赫尔维茨（1972）一般性地证明了在个人经济环境中，在参与性约束条件下（即导致的配置应是个人理性的），不存在一个有效的分散化的经济机制（包括市场竞争机制）能够导致帕累托最优配置，并使人们有动力去显示自己的真实信息。也就是说，真实显示偏好和资源的帕累托最优配置是不可能同时达到的。因而在机制设计中，要想得到能够产生帕累托最优配置的机制，在很多时候就必须放弃占优均衡假设，这也决定了任何机制设计都不得不考虑激励问题。由此，激励相容成为机制设计理论，甚至是现代经济学的一个核心概念，也成为实际经济机制设计中一个无法回避的重要问题。

三、机制设计理论的运用及其对金融理论的启示

机制设计理论不仅让研究者能够在相对不严格的假定下系统地分析和比较多种制度，而且可以将很多现有的研究，如拍卖理论、

规制理论、社会选择理论等纳入到统一的现代分析框架中。如在拍卖理论中，Vichrey（1961）提出了常见拍卖形式的收入等价原理，而迈尔森（1981）借助显示原理，证明了一个更加一般化的拍卖形式的收入等价原理。再如，垄断企业规制是一个非常重要的经济问题，针对原有理论对规制过程做出过多武断假定的局限，迈尔森（1982）等将规制过程看做是不完全信息的博弈过程，垄断者拥有管理者不知道的私人信息，从而对这一问题做出了开创性的研究。还有，在社会选择理论中，针对能否设计一个机制，或者说一个投票程序来诱使投票者真实显示自己偏好的问题，机制设计理论也给出了明确的答案。总之，机制设计理论将制度定义为非合作博弈，根据这些博弈形式的均衡结果，比较了不同的制度，从而使经济学家能够相对于某个最优标准来评价不同制度的表现。

上述应用之外，机制设计理论还为许多现实问题提供了理论解释，从而在很大程度上影响了经济政策和市场制度。由于用一个统一的模型把所有的经济机制放在了一起进行研究，机制设计理论的研究对象大到整体经济制度的一般均衡设计，小到某个经济活动的局部均衡设计；其研究范围涵盖了计划经济、市场经济以及各种混合经济机制。同时，机制设计理论中“设计者”的概念也是非常广泛的，既可以是宏观经济政策制定者或制度设计者，也可以是微观经济单位的主管领导。这使得机制设计理论具备了非常广泛的应用前景，将大到宏观经济政策、制度的制定，小到企业的组织管理问题纳入到统一的分析框架中，对现实问题具有很强的解释力和应用价值。比如对于实践中一些出发点很好的规章制度却得不到有效贯彻执行，甚至参与者还利用既有政策来最大化个人利益，从而造成巨大效率损失的问题，机制设计理论认为这不仅仅是因为物质和技术等的约束，最主要的还是设计的制度不满足激励相容，因而无法保证个人理性与集体理性的同时实现。传统理论相比，机制设计理论不仅仅是指出了种种不可能性的困境，更重要的是提供了具体情况下走出困境的途径——如何设计机制或者规则，使得微观主体真实显示个人偏好，由个人偏好和经济机制决定的行为方式最终将能够保证社会目标的达成。

对于如何建立一个有效的金融制度及金融组织，机制设计理论同样具有非常重要的现实意义。目前，我国经济正处于转型时期，如何构建一个适应农村经济或者说与之相匹配的金融制度？这个制度能否具有激励相容的机制？回顾改革开放以来我国农村金融政策不断调整始终却没有走出改革失灵的困境，新时期我们的金融改革究竟要再造一个什么样的制度才是有效的？是通过强制性供给还是诱致性供给？在既定经济环境下，不能用标准的新古典经济学来解释这些问题时，我们需要一个可以比较和研究各种经济机制优劣程度的基本标准和统一框架，需要一个能研究和比较各种经济机制的一般性理论来考虑制度优劣选择问题，而机制设计理论无疑是这方面的最佳选择。从机制设计理论抽象的一般化的论证中，我们可以得出的结论是：一个政府主导的强制性金融制度供给，由于信息不对称，缺乏内在的激励相容的机制，因而制度供给不仅难以实现帕累托效率，而且在实现金融组织自身目标上还要付出高昂的信息成本代价。

第三章　家庭承包制下农户金融需求分析

第一节　家庭承包制创立动因与性质分析

自改革开放以来，我国实行了以家庭联产承包制为内容的农村经济制度，并在1999年将这一制度正式确定为家庭承包经营、统分结合双层经营内容，写进了宪法。这一制度自实施以来，极大地调动了广大农民的积极性，为农村经济发展带来了巨大的发展。与此同时，这一制度也遭到一些学者的质疑，在制度实行之初，认为是破坏了人民公社体制下的土地生产经营形式；而制度推行之后，则认为这种制度在土地市场化和产权制度上没有改革到位，影响了农村市场经济的深入发展。这里，本文重点运用制度变迁理论，讨论和分析这一制度的核心内容及其性质，由此而形成的农村经济和社会的影响，并探讨在这一制度下应该如何构建一个与之相匹配的农村金融制度。

一、农村家庭经营、统分结合双层经营制度的建立及其原因

家庭承包经营、统分结合双层经营制度最初是从家庭联产承包制演变而来，该制度的发祥地源于安徽省凤阳县。1978年10月该县小岗村18户农民按下手印，签订了一份农业生产“大包干”生

死责任状，主要内容就是将人民公社时期的生产大队的集体土地量化到一家一户，每家每户通过“交足国家的，留足集体的，剩下都是自己的”契约，彻底将人民公社集体生产、集体分配的制度解体。这一制度变迁主要经历了三个时期，我们可以做一简要回顾。

第一阶段（1949—1978 年），制度的探索与否定阶段。这一时期我国主要的经济制度是通过实行三大改造建立社会主义制度，先后经历了农村土地私有到建立土地合作社、高级社直到人民公社。可以说这期间是我国土地制度变革最频繁、最激烈时期。出于巩固新政权的需要，国家加快了对所有非社会主义所有制的改造进程。由于过激政策，特别是大跃进行为，导致了经济发展出现严重问题。农村土地制度调整被作为一个敏感的问题提出来，一方面在一些地方不断出现农民土地退社和扩大自留地问题，另一方面中央也试图对农村政策作出适当调整，如上世纪 60 年代关于经济政策的调整等。但总的来说，农村的土地政策是一次国家集权式制度剥夺，并通过严格的城乡户籍制度等彻底建立起来。

第二阶段（1979—1983 年），制度的争议与确立阶段。这一时期主要是在人民公社体制的内部实行土地承包制。在此期间，有一个标志性的事件就是安徽省凤阳县小岗村实行农业“大包干”，即后来的家庭联产承包制。这个制度一出来就遭到了来自上层的反对，人民日报头版刊文对此做法提出了否定意见。1978 年 12 月召开的十一届三中全会提出了《关于加快农业发展若干问题的决定（草案）》，对人民公社体制下实行生产责任制和定额计酬制予以肯定，使此项制度得以继续实行。这一时期的农村责任制形式主要有：专业承包、包产到组、包产到户等。1979 年 9 月中央召开的十一届四中全会通过了《中共中央关于加快农业发展若干问题的决定》，将过去提出的“不许分田单干、不许包产到户”改为“不许分田单干，除某些副业生产的特殊需要和边远山区交通不便的单家独户外，也不要包产到户”。1980 年 9 月中央印发了《关于进一步加强和完善农业生产责任制几个问题》的通知，充分肯定了各地涌现出的各种形式的责任制，提出“可以包产到户，也可以包干到户，并在一个较长的时间建立保持稳定”。1983 年 1 月，中央在《当前农村经济政策的若干意见》中指出，当前农村工作的首要任务，一是稳定和完善农业生产责任制，二是实行政企分开。至此，全国各地迅速推开了以土地承包经营为核心的家庭联产承包制，从而导致人民公社体制走向解体。

第三阶段（1983 年至今），制度的全面推行与完善巩固阶段。这一时期，先后出台了四个标志性的文件和法律，将家庭承包制最终作为农村的基本经济制度确立下来。1984 年 1 月，中央下发了《关于农村工作的通知》，确定了农村土地承包期一般应在 15 年以上，这是一个重要文件，标志着农村土地承包制度的稳定性、长期性得到认可。1991 年 11 月中共中央十三届八中全会通过了《关于进一步加强农业和农村工作的决定》，指出要把家庭联产承包为主的责任制和统分结合的双层经营体制，作为乡村集体经济组织的一项基本制度长期稳定下来。第二个重要标志是 1993 年 1 月，中共中央、国务院下发了《关于当前农业和农村经济发展的若干措施》指出：以家庭联产承包为主的责任制和统分结合的双层经营体制，是中国农村经济的一项基本经济制度，要长期稳定，并不断完善；并可在原定的耕地承包期到期后，再延长 30 年不变；允许土地使用权依法有偿转让，实行适度规模经营。这个文件可以说是农村经济的一个纲领性文件，将农村实行家庭联产承包制以来的经验进行了总结，并进行了补充和完善，基本上奠定了今后农村工作的主要制度和政策体系。第三个重要标志是 1998 年 4 月新颁布的《中华人民共和国土地管理法》首次将“农村土地承包 30 年不变”以法律形式固定下来，并于 1999 年写进了宪法。1998 年 10 月中央十五届三中全会通过了《关于农业和农村工作若干重大问题的决定》，在这个文件中将家庭联产承包制改为家庭承包经营与统分结合双层经营的体制。农村家庭承包经营制度之所以由农民自发创立，并且得到了中央政府的肯定与推广，其最主要的原因在于符合现有的生产力水平，遵循了经济发展的规律，是典型的诱致性制度变迁的结果。从传统的经济学来看，我们很难解释农村生产要素没有发生变化的情况下，农村经济由于推行了家庭联产承包制而获得的巨大发展。但是制度经济学告诉我们，一个激励相容制度可以改变原有的资源配置关系。农村实行家庭承包制，虽然原来的发展要素如土地、劳动力等都没有发生变化，但是在土地与农户的生产关系上发生了变化，即将原来由集体统一管理、统一支配和统一经营的土地，委托给农户家庭，这就是一种激励制度，即委托代理制。从这种关系演变来看，其本身也是一个诱致性的制度变迁结果。从最初的“包干到组”、“包产到组”、到“包干到户”、“包产到户”，逐步演化，最终到实行一家一户的土地经营与粮食产量进行责任挂钩。为什么会发生土地经营制度的重大变迁？核心是制度变迁可以为基层农民带来潜在的利润。因此，推动这一制度变迁的力量即初级行动团体毫无疑问是来自基层的农民，中央政府文献称其为“农民首创精神”，但是这一制度的最终确定仍然是中央政府，也就是制度经济学所说的次级行动团体。

二、家庭承包经营制度下的土地制度性质分析

关于农村家庭承包制性质，学者们的观点不完全一致。有的学者认为是一次调整集体土地和个人关系的制度，有的学者认为是一次土地制度的变革。但是，国家现行颁布的《土地法》和《农村土地承包法》都明确规定了农村土地的所有权属于农村集体所有，农民享有30年期限的耕地承包权。因此，从土地性质来看，家庭承包制不是一次土地产权制度的变革，无论是国家、集体和农民自

身都没有发生土地权属制度变革，没有相互间调整产权关系。那么，家庭承包制作为农村经济基本制度其实质是什么？为什么在农村实行以来得到广大农村家庭广泛拥护？本人认为，按照制度经济学理论，这个制度变迁属于委托代理制，是一次没有土地产权参与的虚拟土地制度变革。之所以把它纳入土地制度变革的范畴，其理由如下：一是从土地使用权来看，农户家庭对耕地拥有30年期限的承包使用权。在这个期限内，农民对土地拥有除产权处置以外的不改变土地性质的任何使用权。二是从土地使用权和产权关系来看，当土地丧失使用权时，其本身也就失去产权的意义。三是土地的最终价值仍然体现在使用上，土地使用可以创造财富，土地的产权仅仅是土地市场价值的体现。四是以每家每户作为土地量化使用权形式，属于“均田赋”形式的制度，这是最核心的制度内涵，是农户利益的最直接体现。家庭承包制实质就是集体土地使用权的一次让渡和转移，是一次没用产权参与的土地制度变革，其形式上是调整了农户与集体的土地经营关系，实质内容上可以看作是人民公社体制下的集体土地委托农户生产和经营的制度安排，由于作为最核心的生产资料——土地生产经营形式的改变，最终迫使人民公社解体。

委托代理是指委托人委托代理人根据委托人利益从事某些活动，并相应授予代理人某些决策权的契约关系。这种契约关系主要是一种经济利益关系。委托代理理论的两个基本观点是，在任何使委托人的预期效用最大化的激励机制契约中，代理人必须承担部分风险；如果代理人是以风险中性者，可通过使之承受完全风险的方法达到最优激励结果（张维迎，1999；华锦阳，2003）。2007年诺贝尔奖经济学奖得主莱昂尼德·赫尔维茨提出的激励相容理论发展了委托代理制，将信息纳入理论研究的重要内容，从而揭示了这一机制为什么可以实现资源配置的最佳作用。从机制层面看，家庭承包制本质上就是一项激励机制的安排。农户作为生产经营的参与人，在原有的人民公社体制下，由于农户生产经营与利益分配信息不对称，形成了非合作的博弈关系，其最优支付战略是“偷懒”因而“出工不出力”成了当时人民公社制度下缺乏激励机制的真实写照。而在家庭承包制度下，农户是生产经营的主体，无论是生产内容还是分配内容，信息充分对称，具有正向激励作用。从代理契约关系看，家庭承包制的“分”，就是将土地的经营权委托农户家庭，并通过签订合同履行契约；双层经营的“统”，就是国家依然维持着原有的服务农村经济的上层建筑，形成委托者与被委托者的合作关系，这种合作关系充分体现了赫维茨的激励相容关系。

上述分析，我们可以得出一个简单的结论，就是我国实行的农村家庭承包经营、统分结合双层经营体制，实质上是一次以激励相容机制为核心的制度安排，是建立在集体土地委托代理制度上的制度创新，是基于农民自身需要、源于基层并被各级政府确认和推进的一次诱致性制度变迁。

三、农户家庭与集体、国家之间的经济关系分析

我国古代社会的土地一直是历代王朝最关心的最敏感的话题，社会交替往往从土地制度上开始。这一问题不仅是古代问题，今天我们仍然面临这一问题。温铁军（1996）在研究农村问题时得出两个结论，一是人地关系高度紧张，二是城乡分割对立的二元社会经济结构矛盾突出。从家庭承包制在农村最初创立的时候，农民就形象的把这一制度描述成“交足国家的、留足集体的、剩下都是自己的”，把国家、集体和农户家庭的关系概括的非常生动。从法律上说，家庭承包经营、统分结合双层经营体制作为农村的基本经济制度写进了宪法，体现了国家的最高意志。在这个根本大法的基础上，出台了具体的实施法，即《中华人民共和国土地法》和《农村土地使用法》。这些法律法规都明确界定了国家对土地使用的法律要求。同时，还通过统分结合双层经营的体制，进一步体现

了国家上层建筑和农户之间的服务、管理的关系。

自家庭承包制实行以来，国家在调整与集体、农户家庭的经济关系上可以划分为三个阶段：一是农民承担“三提五统”义务。二是农民承担农业税阶段。三是国家免除农业税阶段。这三个阶段的不同利益制度安排，体现了国家和农户家庭的直接利益关系。

从农户家庭与集体关系来看，我们在前面的分析中指出，农户家庭与集体是一种基于土地生产要素的被委托代理关系。农户家庭经营土地，但土地的所有权没有改变，仍然掌握在集体手中，农户拥有的只是一定期限的使用权。集体可以根据依法对到期的土地进行收回，也可以根据村民集体意愿对土地进行重新调整。除土地关系外，农民与集体的经济关系还表现为，农户家庭作为村集体的一个经济单元，无论是在分配各项利益还是承担各项公益事业及公共支出的成本上，都享有平等的权利和义务。

从农户家庭与国家关系来看，在人民公社时期，由于实行的是公社、大队、生产队三级所有，农户家庭不是一个生产单位。国家与农户的关系不是直接体现在与农户的利益关系，而是通过公社和生产队的关系上。这种制度安排，除了体现了马克思经典理论对社会主义所有制构想外，还体现了一个重要的国家意志，即林毅夫所说的重工业战略下的国家对农业剩余的控制。为保证实现这一战略目标的实现，还实行了严格的城乡人口流动管制，安排了管制人口流动的户籍制度。因此，在家庭承包制实行以前，国家既是农村利益的占有者，也是农村利益的分配者。因而对农村主要剩余粮食问题，则一律通过统购统销的办法收入国库，对短缺粮食地区，国家则通过安排救济粮的办法进行解决。自家庭承包制实行以来，最核心的关系还是“多取与少予”还是“少取与多予”的关系。但是由于农户家庭是基本的生产核算单位，农户生产利益则面临着国家、集体和个人三者之间的再分配。

这个制度的优点在于：一是明细了国家、集体和农户家庭之间的权利和义务关系。这三者之间的关系是通过土地这个纽带予以紧密结合起来，并量化各自之间的权利和义务。二是体现了激励相容的机制，由于劳动成果再分配上不再是原有的人民公社来主导分配，而由劳动者自己做主，从而极大地调动了劳动的积极性。三是在家庭承包制度下，农民尽管没有得到土地的产权，但土地的经营权与收益权得到了保障，从而使这一制度变迁来自基层并通过诱致性变迁实现。实践也证明，这一制度的变迁成本确实远远小于其收益。

这个制度的安排虽然对农村经济发展起到了巨大的推动作用，但是仍然存在弊端。主要包括三个方面，第一也是最核心的问题就是在于制度设计没有体现产权内容，仅仅是将农户最关心的土地要素，作为委托代理方式，将经营权与使用权分离，造成农户的不稳定心理，影响农户长期投资的积极性。第二是由于土地产权的缺失，造成土地生产要素不能流动，影响农户由传统型向现代型转型，使土地成为农户走向市场自由人的枷锁。第三是在这一制度推行中，没有考虑制度的外部性，即公共产品在农村的需求和供给缺乏动力机制，造成农村这一制度实施后公共产品供给短缺。虽然，中央政府随后发现了这一问题，并提出在实施承包制的同时，实行统分结合双层经营，以解决“分”的缺陷，即如何通过加强“统”提供农村公共产品，以满足农村经济的可持续发展。

因此，上述分析我们可以得出一个简单结论，无论是人民公社制度，还是实行家庭承包制度，都是国家意志下的利益制度选择。所不同的是人民公社是强制性的制度安排，而家庭承包制则是诱致性的制度安排。两种不同的制度中，都对满足国家、集体和农户利益做出了相同的秩序安排，不过，前者是通过国家来分配，后者是通过农户家庭来分配，由此而形成了当农户家庭主宰分配时的积极性空前高涨。但同时国家、集体和农户在制度实施中，由于利益关系的不均衡，合作博弈与非合作博弈不断发生。

第二节 家庭承包制下农户经济行为分析

我们在前面讨论了中国小农经济的性质和特征问题，特别是对“道义”“理性”及“过密化”命题结合我国农村经济的现实，进行了考察分析。下面，我们就家庭承包制的条件下，以农户家庭作为一个基本的生产单位，具体分析其经济行为特征，从而为研究适合这一经济行为的农村金融制度安排，找出理论依据。

一、家庭的功能分析

家庭分析一向是社会学的领地，经济学是很少研究的。新古典经济学把家庭行为等同于个人行为，只考察家庭的收入和支出，不考察家庭的其他活动，实际上取消了对家庭制度和家庭行为的经济分析，传统社会主义经济学以国家和政府行为为中心，既否定了对个人行为的经济分析，也取消了对家庭制度和家庭行为的研究。因此，在东西方的正统经济学中，都没有为家庭分析留下多少位置。20 世纪 70 年代以来，加里·贝克尔发表了一系列有影响的论文和著作，把经济学的分析方法应用于家庭分析，突破了传统经济学的局限，创立了家庭经济学。贝克尔在他的家庭理论框架中，将家庭作为一个企业组织，目标为追求家庭的效率和产出最大化，与“舒尔茨－波普金”的理性小农命题相似，表现为家庭崇尚个人主义和家庭效益最大化。然而，贝克尔的理论也有一些不足之处，特别是家庭生活是人类社会经济生活的一个特殊而重要的方面，有关家庭的一些问题，贝克尔的理论还解释不了或者没有作出解释。比如，在东西方社会中，家庭的地位和作用以及家庭行为就有很大的不同，贝克尔用社会和经济发展阶段差异显然无法作出完全满意的解释。再如，贝克尔虽然坚持了最大化行为假定，将收益最大化扩展为效用最大化，并用其解释“婚姻市场”和“家庭生产”中的问题，但是由于缺乏一种利益结构论和个体差异观的基础和框架，这种解释在一些方面就显得有些肤浅，以至把人类社会的家庭行为与动物行为相类比。尽管贝克尔的家庭问题的研究尚有许多不足之处，但毕竟为我们分析家庭的经济行为提供了一个理论视角。我国自实行家庭承包制以来，家庭作为一个独立的生产与消费合一的单位，其地位在小农经济中占据核心位置。其主要功能可以从以下三个方面来考察：

1. 生存功能。无论是在中国的传统社会，还是在现代社会中，生存功能始终是首要的功能。这一点，我们可以从家庭承包制创立的起因就可以证实。家庭承包制创立源于1978年10月安徽省凤阳县小岗村的18位农民，他们在人民公社体制下由于粮食短缺出现饥荒，生存受到威胁，为摆脱这一危机，18位农民断然冒着杀头坐牢的政治危险，按下手印，将集体土地分到每户家庭，从而引发了中国农村经济制度的大变革。这一制度核心内容就是将土地生产要素从原有集体管制中解放出来，通过委托代理制度，把土地使用权交与农户家庭，使土地这一维系家庭几千年的生存保障和依托，再次通过变革予以“返回”，尽管农户家庭没有得到彻底的产权，但却可以实实在在地拥有土地经营权，可以完全支配土地收益权。这就是农户家庭之所以拥护和支持这一政策的根本原因所在。从这一制度实施效果来看，亿万农户家庭也正是通过经营土地，实现了粮食自给自足的目标，彻底的解决了建国以来困扰多年的温饱问题。

2. 安全功能。家庭承包制实施以来，农村经济在突破温饱目标之后，一直没有走出一个可持续发展之路，相反却出现严重的“三农”问题。许多学者都对此做出了积极的探索。温铁军把出现这一问题的原因归结为两个方面：一是基本国情矛盾，即人地关系高度紧张，从而使耕地承担的农民福利功能远远大于耕地的生产功能；二是体制矛盾，即城乡分割对立的二元社会经济结构。我们感兴趣的是，这个基本判断是与家庭的功能要求是吻合的。中国家庭的传统文化一直崇尚尊老爱幼、注重孝道、追求家庭成员和谐平等，同甘共苦是家庭的基本原则。这与西方家庭追求个人主义、机会主义，敢冒风险、追求创新的文化是截然不同的。尽管今天的中国已经开始了市场化进程，但是家庭文化仍然没有改变，市场化仅仅作为变化了的外部性生存环境。在农户家庭中，一切因追求利润而承担的风险，不仅不为家庭所接受，也为村庄文化所排斥。除了文化约束力影响外，一个重要的影响因素就是农村的社会保障制度。由于农村家庭成员不能享有城市居民的养老保险、失业保险、医疗保险等，家庭就成为生老病死等各类保障功能的替代者。这些保障成本最小化目标要求家庭必须成为风险厌恶者。这就是为什么自家庭承包制实行以来，农户家庭一直没有突破传统低效农业迈向高效现代农业的瓶颈。

3. 发展功能。我国农户家庭在满足生存、安全功能的前提下，并没有放弃发展的功能。但是，要看到这种功能是在生存和安全不受到威胁的情况下进行的。这种发展功能是基于家庭需求目标出发的，主要包括家庭福利保障的压力、家庭刚性消费的压力、家庭适应生存环境变化的压力。如在家庭福利保障方面，如果没有收入增长和持有定期储蓄的保障，则难以解决家庭生老病死保障问题。同样，没有收入保障，家庭的刚性消费包括子女上学、婚丧嫁娶以及农村彩礼、乡村礼俗、面子消费等就会落空，家庭生存也就难以为继。上述问题，都是在遵循家庭传统文化下的发展。在农村经济转型的今天，一个新的变化，就是由于市场竞争带来的发展驱动力，即由于邻里之间的发展变化驱使家庭农户攀比，从而出现了新的发展现象。一些研究者把它称为“模仿效应”。这种效应可以解释在我国一些地方农村出现经济不均衡现象。家庭的发展功能的发挥除了受生存和安全要求约束外，还面临着必不可少的条件，即发展要素的具备，在小农经济条件下就是劳动力和资本。因此，农村信贷作为实现农村资本的重要途径，直接决定了农村家庭发展功能的实现。

二、收入行为分析

家庭承包制在我国实施以来，农民的收入得到了很大提高，尤其在这一制度推行的前十年。进入 20 世纪 90 年代后，农民收入一度进入停滞徘徊阶段。本文不打算从宏观上分析其原因，而是想通过考察农民收入的具体构成，分析农户在获取家庭收入上呈现的一般规律。

表 3－1　　我国农民收入的构成（1978 年—2006 年）　　（单位：元）

年份	工资性收入（元）	家庭经营纯收入（元）	转移和财产性收入（元）	生产性纯收入（元）	非生产性纯收入（元）	农业生产收入（元）	非农业生产收入（元）	家庭农业经营收入（元）	家庭非农业收入（元）	家庭经营二、三产业收入（元）
1978	88.26	35.79	9.52	124.05	9.52	113.47	10.58	15.15	18.62	2.02
1979	101.97	44	14.2	144.09	10.08	130.06	13.31	15.29	24.66	4.05
1980	106.38	62.55	22.40	168.93	22.40	149.62	19.31	21.93	40.62	6.24
1981	116.2	84.52	22.72	190.01	28.03	170.38	23.03	28.82	42.94	12.76
1982	58.09	187.55	21.47	237.15	32.96	203.65	33.50	32.08	47.97	22.72
1983	36.06	244.66	28.17	272.91	36.86	221.77	51.14	34.88	51.4	25.85
1984	35.33	285.44	31.71	315.06	40.27	250.36	64.7	35.85	53.43	35.7
1985	39.37	322.53	29.47	367.69	47.53	298.28	69.42	202.10	285.36	27.46
1986	36.75	345.28	30.41	374.68	49.08	278.98	95.7	316.03	194.22	126.94

续表

年份	工资性收入（元）	家庭经营纯收入（元）	转移和财产性收入（元）	生产性纯收入（元）	非生产性纯收入（元）	农业生产收入（元）	非农业生产收入（元）	家庭农业经营收入（元）	家庭非农业收入（元）	家庭经营二、三产业收入（元）
1987	42.09	383.57	33.10	418.35	44.20	306.79	217.60	297.8	159.2	88.14
1988	49.72	453.40	38.20	494.02	50.92	345.64	148.38	222.10	228.09	100.74
1989	56.62	494.22	47.22	540.29	61.22	371.65	168.64	240.19	254.43	115.36
1990	138.80	518.55	28.96	657.35	28.96	510.86	146.69	344.59	504.07	54.02
1991	151.93	523.6	33.04	675.51	30.04	516.9	158.61	323.63	188.06	57.73
1992	164.38	561.57	38.04	715.9	38.02	540.74	162.21	387.91	221.72	63.7
1993	194.51	678.48	48.63	872.99	48.63	589.57	283.42	438.48	240	73.26
1994	262.98	881.85	76.15	1144.83	76.15	780.91	363.92	590.42	291.43	98.64
1995	353.70	1125.79	98.25	1479.49	98.25	996.51	482.98	799.44	1101.47	127.36
1996	450.84	1362.45	112.78	1813.29	112.78	1192.61	620.68	924.40	474.05	202.64
1997	514.55	1472.72	102.86	1987.28	102.85	1267.69	719.59	943.01	529.71	204.73
1998	573.58	1466.00	122.40	2039.58	122.40	1237.44	802.14	927.25	538.75	222.69
1999	630.26	1448.36	131.72	2078.62	131.72	1180.02	898.6	918.27	1412.44	256.96
2000	702.30	1427.27	123.85	2129.58	123.84	1136.09	993.49	833.93	1455.52	348.2
2001	771.90	1459.63	134.87	2231.58	134.82	1165.17	1066.41	863.62	1405.56	279.69
2002	840.22	1486.54	148.87	2328.43	142.8	1200	1202.3	866.67	619.86	302.86
2003	918.38	1541.28	162.58	2620.7	160.01	1298.3	1328.41	885.70	655.56	306.3
2004	998.46	1745.79	192.15	2845.46	178.25	1320.3	1460	1056.5	689.28	314.79
2005	1174.53	1844.53	235.87	3120	190.30	1400.35	1524.5	1097.71	746.81	343.73
2006	1374.80	1930.96	281.28	3342.1	201.2	1480.67	1609.8	1159.56	771.4	375.67

资料来源：历年《中国统计年鉴》相关资料整理。

从表3-1中，我们可以看出，农民收入构成由以农业收入为主转向多种收入来源。家庭经营纯收入、农业生产收入和家庭农业经营收入一直是我国农民人均纯收入的主体，但它们的增长速度远低于农民人均纯收入的增长速度；非生产性收入、转移性和财产性收入在农民人均纯收入中的比重一直较小，对增加农民收入的作用不明显；工资性收入、非农业生产收入、家庭非农业收入和家庭经营非农产业收入虽然不是农民人均纯收入的主体，但它们对农民收入增加的作用很明显。其中通过分析发现，家庭经营收入重要性的下降是由农业部分引起的，家庭经营非农产业收入、工资性收入和非农业生产收入，成为我国农民家庭增加收入的主要来源。

三、消费行为分析

关于农户家庭的消费，笔者曾在安徽省凤阳县做过一个“万户农民新农村建设调查”，结果显示，农户家庭消费顺序为：子女上学、建房、婚丧嫁娶。我们根据农户年度内消费的次序安排，可以将消费行为分为：生存消费（衣食住行）、保障消费（生老病死）、面子消费（婚丧嫁娶）和发展消费（子女上学）四类。

研究发现前两类消费对农户家庭来说，无论家庭经济收入如何都要作为家庭支出的重要内容，我们称之为刚性消费。尽管家庭承包制实施以来，我国农村家庭在温饱问题上已得到彻底解决，但在超过温饱水平线上后，住房成为农村温饱后的最大支出，也是农村家庭收入差别、贫富差别的一个标志。但无论家境如何，农民都会把家庭消费的主要支出放到住房项目上，除了满足提高生活质量要求外，还与传统的乡村文化崇尚“门楼”文化、祈求人丁兴旺的风俗有直接关系。刚性消费的第二项内容就是就医看病。安徽凤阳在农村没有实行新型合作医疗制度前，农户家庭因病返贫占七成左右（2005 年调研资料）。因此，农户家庭一旦出现有大病医治问题，家庭必须启动全部积蓄应急，如果积蓄不足就向民间金融求援。如果仍不足，农户家庭只能面临放弃治疗的选择。一些贫困农户家庭中的病人因无钱看病，宁愿在家靠民间土药甚至巫术维持生命。第三和第四类消费称为弹性消费，虽然这类消费在农村很普遍，但与第一大类比较，有弹性空间，如果在家庭消费中与第一大类消费发生冲突，则必须让位，通过缩减第二大类来保障第一大类支出。具体来看，面子消费是农村消费中比较特殊的文化消费，家庭贫富差别和乡村社会地位主要通过面子消费来体现。在婚丧嫁娶的消费中，可以区分不同家庭的支出能力，家庭越富裕越注重此类消费，但是即使贫困家庭也不能拒绝此类消费，在“面子”与消费成本面前，一些贫困家庭不惜举债来维持“面子”。发展消费是家庭消费中长期项目，主要包括子女上学、就业培训等。这类消费由于时间长、投资回报率不确定，不同家庭对此持有不同态度。在国家实行九年制义务教育前，一些家庭因贫困而取消此类支出，造成子女辍学。实行九年制义务教育后，仍有一些贫困家庭在完成义务教育后就中止子女学习，甚至出现许多拿到中专和大学录取通知书的学生，因家庭没有能力支出学费而放弃深造。一些家庭认为子女学习是家庭中多余支出，在高校毕业生就业难、普通打工收入不菲现实选择下，短期利益行为成为家庭博弈的首选战略。

以上分析农户家庭消费，我们可以看出，除了发展消费外，其他三类消费都不能给家庭带来未来预期效益。但是，农户家庭恰恰是无法回避这些消费，尤其是刚性消费。我们关注的问题是，如果这些消费在农户家庭中没有支出能力，那么农户只有通过增加债务解决。这个债务实质上就是我们研究的农村金融问题，即农户家庭面临的可以融资的金融制度供给选择。但是，这种消费是没有预期回报的，而正规金融的基本运行是建立在风险控制的利润预期目标上的，显然家庭消费融资需求是与农村正规金融制度供给不相容的。

四、投资行为分析

我们这里所指的投资是指农户家庭自主决策用于生产经营获取物质利益的资金和生产资料投入的经济行为。家庭承包制的实施，使农户家庭成为独立的投资主体，农户家庭已经由过去集体的指令性计划生产向个体生产经营自主权的完全转变。目前，由于农村经济市场化水平较低，没有可供投资的虚拟经济选择，农户家庭主要投资传统的农业生产，包括种植业和养殖业，少数农户开始从事二三产业。为便于考察分析，我们以农户家庭的投资规模和生产周期为标准，将农户家庭生产经营行为分为简单再生产和扩大再生产。

1. 简单再生产。农户家庭的简单再生产主要是指一年四季的传统农业生产经营。根据笔者长期在农村的调查，农村家庭扩大再生产的主要投资，主要有种子、化肥、农药、塑料地膜、家禽饲料、大棚钢架，包括耕牛、农具等。这种投资特点：一是周期较短。周期一般以一个季节为主，最长为一到二年。二是安全性较高。三是成本较低。除自然灾害等人力不可抗拒外，农户一般对这类投资在技术上驾轻就熟，尤其是在传统的粮食生产上，已经实现了投资边际效益最大化的目标。如 1978 年实行家庭承包制以来，农户家庭的粮食产量一直保持稳定增长。但是这种简单投资的回报率是很低的。2006 年，我们在安徽凤阳做了一个测算，以每亩土地种植小麦和水稻计算，其产出效益如表 3－2 所示。

表 3－2　　每亩土地小麦、水稻产出效益表　　单位：元

品种（亩）	种子	化肥	农药	运输加工	收益（不计人工）
小麦	37.5	133	10	80	247.7
水稻	40	140	50	120	380

这种低效益的简单再投资为什么成为农户家庭的主要生产方式？对此，我们需要认真研究。在实地考察中，我们发现一个简单的道理，即没有市场风险。农户家庭在选择生产经营投资时，不是

去追逐利润，而是控制风险。特别是在国家实行粮食种植补贴后，加剧了农户对这个低效益投资行为的认同。农户不去追逐高利润而对传统农业的偏好，在投资心理上还有两个直接原因：一是投资成本较低，与投资现代农业和二三产业相比，农户家庭选择了损益值最小化作为投资取向；二是投资可行性比较，主要是投资资本困境问题。农户量体裁衣，在没有外源融资的情况下，只能选择简单再生产。多数农户在突破传统产业投资时，面临的首选问题就是资金不足，如果正规金融不能满足，农户只能在寻求高利贷时承担这一风险，这是作为家庭安全性功能所不能接受的，从而使大多数家庭放弃风险投资，重复简单再生产。

2. 扩大再生产。主要指农户家庭从事现代农业或二三产业，投资规模扩大，生产周期较长，投资成本较高。扩大再生产的农户家庭在农村通常被称为大户，如种植大户、养殖大户、企业（工厂）大户等。即使是从事传统农业，也是在规模上和生产技术上作了高于简单再生产的倍数投入，生产效益明显提高。这类大户在投资时，都面临资金融通的压力。为什么会出现这些大户以及这些大户如何突破资金融通的瓶颈，这是农村扩大再生产的核心问题所在。根据农村实地问卷调查显示，这些大户主要来自三类，一是外出打工有了一定可以支撑创业的积蓄；二是家庭背景中有融资担保人；三是地方政府的特殊支持。但具备上述可以扩大再生产条件的家庭农户毕竟是少数。

通过农户家庭的投资行为分析，我们可以看出，长期以来广大农村农户家庭一直停留在简单再生产的重复中，扩大再生产由于家庭内部规避风险和外部资金融融通的约束而被抑制。如果这个问题长期得不到解决，农民增收、农业发展、农村经济繁荣的局面就难以出现转机，“三农”问题也就每况愈下，新农村建设最终只能成为“纸上谈兵”。

第三节　家庭承包制下农户储蓄行为分析

一、储蓄需求

这是农户的普遍需求。随着农村土地承包制的实施，农村温饱问题的解决，越来越多的家庭开始有了货币积蓄。与城市居民不同的是，农民积蓄一般不以债券、股票和其他金融产品的方式持有，而是以现金持有。据凤阳县“万户农民调查”显示，有一半以上的农户家庭存款主要放在邮政所，余下部分分别存于信用社、农行储蓄所和家中。这种存款顺序主要是图方便。特别是将钱放在家里的农户，他们习惯于随时取用。很少有农户在乎正规金融部门的存款利率高低，无论是放在邮政所还是信用社，都是出于存取方便。一些在农村从事二三产业或种养殖的大户，他们会用高息揽储，吸纳民间的存款，少则8厘，高则达到月息4分。存款农户明明知道这种高息的风险，但一方面为高利息所诱，另一方面也而碍于乡情所迫。这类由少数大户的高息揽储引发的风波，每年不在少数。但是大户由于融资困难，必然会在官方金融组织外向民间伸手，而农户家庭在没有可投资的农村金融产品选择外，以储代投的方式把资金放到大户手中。如果从投资角度看待农户，则会更能发现农户的储蓄功能是农户的首选功能，平时储备以防后患，这是农户家庭积蓄的基本原则。这种储蓄符合国际上关于农户储蓄的防卫性机制理论，即消费—储蓄结（Consumption - Savings Junction），给定一个收入过程，由于其过程结构内在不确定性，家庭很可能有意识地预留一部分客观数量的资源，以其抵御不可预测的坏事件，这些资源必须具有易于转型为任何消费和投资的性质（曹和平，2002）。

二、储蓄动机分析

储蓄动机是指居民为什么而储蓄，即居民储蓄的目标或目的，它决定了储蓄行为。关于储蓄动机，经济学家凯恩斯进行了淋漓尽致的描述：人们的储蓄动机有八种，“谨慎、远虑、计算、改善、独立、企业、自豪和贪婪”。凯恩斯将这八种储蓄动机分别解释为：谨慎——建立准备金，以防不测之变；远虑——预防未来用钱；计算——享受利息的增值；改善——使以后开支可以逐渐增加；独立——享受独立感及有能力感；企业——获得从事投机或发展事业的本钱；自豪——遗留财产给予后人；贪婪——满足纯粹吝啬欲，即尽量遏制消费，节约到不合理的程度。

国内研究发现，低收入者比高收入者具有更强烈的储蓄动机。尽管前者在储蓄总量上远不及后者（我国目前储蓄存款中，绝大部分集中于仅占全国人口二成的少数阶层就是证明），但他们是“坚定的储蓄者”，会持续不断地把钱存入银行，储蓄行为的稳定性程度大大高于后者。惟其如此，调整利率对二者的影响也不尽相同，一般情况下，上调利率，能调动起高收入者的储蓄动机，将更多的钱存入银行；而下调利率则可能使高收入者失去储蓄兴趣，将存款取出转向其他更为有利可图的投资，如证券、期货等。但无论利率是升是降，都很少引起低收入者储蓄行为的明显变化。其原因在于持币量的限制和与高收入者不同的储蓄动机，低收入者储蓄的主要目的并不在于谋求增值，而是保障目前及今后日常生活之需的“非生产性储蓄”。

在经济发展的较低阶段，储蓄行为仅是消费行为之后的一种“剩余”行为，扣除消费支出，剩下多少就储蓄多少，既不刻意节省也不过分奢侈或纯粹出于一种节约的美德，即为储蓄而储蓄，亦可称为“消极储蓄”。在这种情况下，储蓄不可能有很明确的目标或动机。随着储户货币收入的增加，在满足消费支出之后的剩余收入越来越多，这对储户来说，已不再是无足轻重的一笔额外收入，它对改善储户以后的生活状况具有重要作用，这时，储户就不再采取消极的态度，而是积极筹划这笔钱的用途。同时，储蓄行为就不再是消费行为之后的剩余行为而是储蓄与消费同时进行，意味着储蓄一开始就有明确的目标和计划，这种有计划的储蓄称之为“积极储蓄”。

就现阶段我国农村储蓄现状看，农民储蓄行为是消极储蓄还是积极储蓄，关键是看农民的储蓄目的，由于农户家庭兼有生存、安全保障和发展功能，凡是以生存和安全需要出发的，都应当属于消极储蓄，凡属于为发展而储蓄的都属于积极储蓄。一个普遍的发现，就是农民对储蓄的偏好由来已久。乡村传统文化显示，凡是偏向储蓄型的农户家庭，会得到乡村文化的礼遇，被村庄誉为本分人家，其信誉也非常高。这种储蓄已经超出理性概念，完全有别于西方投资人的属性。

从一般意义上的具体内容考察，储蓄动机是一个由低到高的发展过程，整个过程分为六个阶段：

第一阶段，储蓄动机是储蓄本身，没有其他具体目标，可以说是一种无意储蓄。

第二阶段，保险动机。它意在应付不可预测的天灾人祸和年老后的生活保障。当事实未发生前，为此而进行的储蓄一般是不会动用的，也正是由于目标具有不确定性，这类储蓄动机相对较弱，随意性较大，可多可少。

第三阶段，供养子女和赡养老人的动机。这较前阶段更为明确，但此动机一般不是近几年内的事，事实真正发生的时间较远，从而可以向后推移，这在某种程序上又弱化了储蓄动机。

第四阶段，婚丧嫁娶的动机。此类储蓄一般有明确期限，需求迫切，故此类储蓄的动机较强，并且在一个家庭里是首先必须解决的问题，往往是全家动员、尽力储蓄（在城镇和乡村的一般家庭尤为明显）。

第五阶段，改善生活的动机。一个家庭只有在前面的需求满足之后，储蓄的动机才能进入这个阶段。这一般是购置耐用品，改善住房条件，一旦达到这个阶段，储蓄动机强度明显增加。

第六阶段，盈利的动机。当居民的剩余收入额除了满足前面的各种需要之后还有剩余，居民储蓄的动机就不再局限于消费，而是把收入资本化，赚取收益，如购债券、股票，或有收益率较高的银行。在我国，已有为数不少的居民的储蓄动机发展到这一阶段，当然这也得益于我国金融市场的发育与繁荣，人们拥有了更多的投资选择余地。

从单个家庭来考察，我国还有相当一部分家庭处于第一、二阶段，这主要是在西部地区和农村。少数家庭达到第五、六个阶段，主要在沿海经济发达地区。据《经济研究资料》，城市居民为供养子女或赡养老人而储蓄的占 31.1%；为家庭成员的婚丧嫁娶而储蓄的占 31.0%；为购买高档耐用消费品而储蓄的占 22.1%。三项合计占样本总数的 84.2%。而来自农村家庭储蓄的目的，在广大中西部地区，家庭消费前两项要远远高于城市居民，生存储蓄是农户储蓄的主要目的。

三、储蓄机构选择

农村储蓄存款是农户家庭把暂时闲置的货币存入储蓄机构的一种信用活动形式。我国农村金融体系中包括政策性金融机构、商业性金融机构、合作性金融机构以及民间金融。而由于规模效益问题，商业性金融机构在许多县以下的分支机构正在逐步撤离农村，这样农村的储蓄问题则主要落在农村信用社头上。农村新金融制度的设计也在一定程度上承担了部分储蓄压力例如村镇银行、邮政储蓄银行的设立。从安徽凤阳的农户储蓄调查显示，农户的储蓄机构选择主要从机构的存储方便出发，离家越近越好，而现有农村可提供存款的最方便机构首选是邮政储蓄所，其次是农村信用社，再次是城市街道商业银行。

第四节　家庭承包制下农户借贷行为分析

一、消费信贷

农户家庭的消费信贷主要取决于农户的消费需求。前面我们分析了农户家庭的消费行为，即生存消费、安全消费、面子消费和发展消费。这四类消费都难以有回报预期。因此，在正规金融中，这些消费都不符合信贷的要求。但是在实际生活中，这些消费，尤其是前二项消费如果没有信贷保障，农户家庭将面临毁灭性灾难。民间金融为什么可以长盛不衰，甚至高利贷打而不绝，根本原因就是其提供了官方金融不能提供的金融产品——无抵押的消费金融信贷。这种无抵押的金融为什么可以出现，是值得我们深思的。即使是有信贷抵押的正规金融都难以控制风险，那么无抵押将如何控制风险？这个资金流给我们提供了一个金融制度创新的启示，其信用机制是我们后面将要重点关注和分析的。我们常常看到官方金融监管机构历诉高利贷的罪恶，但是正是高利贷使农户家庭在刚性消费中起到了唯一的需求供给。可以设想，如果正规金融对此不提供信贷，官方又对可以信贷的民间金融实施打击，毫无疑问农户家庭面临毁灭性后果，这种只讲形式的做法是没有任何道理的。现在，正规金融已经注意到了消费信贷中发展消费，并通过高校启动了贫困家庭助学贷款，但是这只是满足高校的学生，与亿万农户家庭发展消费贷款的需求还远远不够。在国家没有提供足够的农村社会保障的情况下，我们难以期望农户家庭的衣食住行、生老病死问题可以不通过金融支持来度过灾难。这种保障严格意义上说应当由国家承担，否则农户家庭难以走向市场经济，家庭的功能只能恪守斯科特的“道义”命题。自我国农村实行家庭承包制以来，农村经济发展一直没有跳出传统农业，我们可以看出这“惊险的一跃”，如果没有健全的社会保障体系，没有正规金融的信贷支撑，农村经济就很难跨过这道坎。

二、生产信贷

生产信贷是指农户家庭用于发展经济、生产投入方面的信贷行为，包括我们前文分析的简单再生产和扩大再生产的信贷需求和供给。一般意义上，农户家庭很少在简单再生产环节中发生信贷行为。改革开放以来，农户家庭通过土地经营承包，已经解决了由于缺粮造成的温饱难以保证的问题，农户家庭每年通过土地产出完成集体和国家的粮食任务（由三提五统改为农业税）后，在满足自给自足基础上略有盈余，这些盈余可以完成下一周期的简单再生产。如，在农业生产上，新的一轮简单再生产需要主要体现在种子、化肥、农药等，这些在农民家庭的粮食出售后都做出了充分安排，这里不包括突发性自然灾害年份。但是扩大再生产目标是农户家庭难以自我完成的，农户家庭必须对规模化的大生产通过举债来获得机械、柴油、小型水利灌溉设备等生产资料，甚至雇用一定的劳务等。

根据农户的经济水准，我们将农户分为四类，即传统农业户、现代农业大户、兼业农户、工商业农户。现在农村越来越多的农户家庭开始兼业，一些从事传统种植业的农户也逐渐向规模化的现代农业大户转型，少数通过外出打工有一些积蓄、又有一技之长的农户，开始在二、三产业寻求发展，他们对信贷的要求较为强烈。

三、农业保险需求

农业保险具有分散农业风险、稳定农民收入、均衡收入再分配等社会效益，是提高社会经济福利的重要手段。由于农业生产的特殊性，农户家庭面临二个方面的风险。一是自然灾害，由于人力不可抗拒的自然灾害使得农户家庭遭受农业生产方面毁灭性损失；二是市场价格波动过大造成的农业生产损失，主要是投资较大的扩大再生产损失。“庄稼不收当年穷”，无论是哪种类型造成的损失，对农户家庭来说，都是灾难性的。以丰补歉是自古以来农业和农村经济得以繁衍的自然规律，但如何通过一个正常的保险制度供给，使农户家庭将“以丰补歉”在当年年度内予以兑付，这个问题已经是制约农民发展现代农业和实行扩大再生产的一个重要瓶颈。从目前农村经济发展现状来看，建立一个由政府主导的满足农业风险的保险制度势在必行。

第五节　家庭承包制下农户金融需求约束条件分析

一、信用约束

正规金融制度对信贷安排做了一个刚性的契约性约束前提——商业信用。这个约束对农户来说是致命的，满足商业信用的要求，是普通农户根本做不到的，这不是农户自身原因，而是国家没有赋予农户最核心的商业产权——房产和土地产权。林毅夫等（1998）

的研究认为，与其他欠发达国家相比，中国农村的商业化非正式信贷的交易较少发生，其中一个方面的原因是私人贷款者的地位在法律上一直没有明确，如前所述它们在多数情况下被视为非法；另一方面对大多数农户而言则没有可资抵押的财产，最主要的是土地租约的转让还未得到官方认可。实际上，正如我们前面反复强调的那样，中国农村经济的特点决定了不可能有私人性的农村金融安排普遍出现，或者说中国的家庭经济支撑不起商业性的农贷安排。从理论上讲，与私人性农村信贷安排相适应的农业经营方式应当是经营性的，而不是生存性和安全性的家庭经营。因此，中国农户的信贷需求仍将长期遵循前面已经指出的以下逻辑次序：首先用非农收入增添家庭流动资金，其次则是友情借贷和国家信贷支持，最后在迫不得已时诉求于高息借贷，而标准的商业性农贷对于中国的绝大部分农户而言则仍然是一种可望而不可及的制度安排。正是在这种意义上，笔者基本同意李剑阁的看法，他（2001）认为，在中国的一些贫困地区，其经济活动所产生的资金流量和经济效益根本无法支撑任何商业性的金融机构的运行，这些地区的农民的资金需求只能靠政策性金融机构来解决。但他只说对了问题的一半，在商业性制度之外，不仅仅只有政策性金融制度，合作性金融作为内生制度更适合农村经济制度，这个观点，笔者会将作详细论述。至于农户的土地制度（所有权）与农贷抵押问题，至今尚未得到商业银行的认可。不过，根据中国几个世纪以来的实际历史演进过程和土地所具有的多重内涵，小农家庭即便可以把土地作为抵押品，也不会经常使用。实际上，农户的收入一旦有了增长，一方面高利贷的活动空间将会缩小；另一方面，传统的农户之间的友情借贷也会向有息的方向发展。因为随着收入的增加，农户的所谓“面子成本”（张杰，2001）也会上升，从而倾向于寻求其他匿名性质的农贷制度安排的支持。在这种情况下，可能的较高利息支付就带有以货币赎回“面子成本”的意味。可以预料，由此极有可能内生出中国农村社会所特有的某种金融制度安排，也就是我们所期待的在现金交易成本和面子成本博弈之间产生了一个双赢的制度——合作金融制度，即农户之间在生产和资金之间建立一个互通有无、互相资助的合作关系制度。这个制度的核心是承认非官方的信用——乡村文化道德，以此来替代官方商业银行的信用——具有流动性的产权抵押物。但是，在政府偏好下，由于正规金融制度对非正规金融的排他性，致使内生金融制度难以安排和供给，农户家庭的潜在信用在现阶段难以发挥作用。

二、制度约束

这里所指的制度约束是指农户家庭可以获得融资的方式和途径的合法性问题。按照目前理论界的习惯，通常将农村金融制度分为正规金融和非正规金融，也称官方金融和民间金融，前者具有合法性，受法律保护，后者则没有法律依据，不受法律保护。

1. 正规金融制度供给。自1978年农村实行家庭承包制以来，我国农村金融也历经多次改革，目前形成的正规金融供给体系，主要有农村信用社、农业银行、农业发展银行和承办农村储蓄的邮政储蓄所。

（1）农村信用社。按照农村信用社创立和改革的要求，其性质应当是农民合作金融机构，承担着服务“三农”的职责，直接面对农户和农村各种不同的金融需求主体，处在农村金融市场的最前沿位置。

从农村信用社创立的性质来看，应当是以农民为主体，按照合作的性质，并被官方承认的金融机构组织。这种合作金融，从功能来看，应当以服务“三农”为主，其主要客户应当是千家万户的农民。但是在信用社机构建立和运营过程中，实际上走上了多重目标博弈的路径。自改革开放以来，在中央政府的指导下，我国信用社走过的路径可以描述为：恢复“三性”—与农业银行脱钩、提商业务自主性—扩大管理权限—增强经济生存能力、按照合作制原则重新规范，强化为“三农”服务职能。农信社制度变迁过程，实质上是围绕农村信用社更好地为农村金融服务展开的。由于在产权上没有按照真正的合作制实行，多次改革最终没有达到政府赋予的服务“三农”的职能，使之陷入市场化的经营取向与坚持合作制的两难选择之中（何广文，2005）。

（2）农业银行是我国最大的涉农商业银行。农业银行作为县域最大的银行，对农村经济的发展影响很大。可以分为三个阶段，一是在 1994 年商业化改革之前，是农村金融的主力军，既承担了信用社的管理工作，又承担了农村市场化和政策性金融的功能。这一时期，对推动农村经济发展起到了积极的作用。目前农业银行定位给出了既要“面向三农”，又要“商业运作”的双重标准，在新的市场战略定位下，要求适时调整和优化县域农行机构及人力资源配置，更好地发挥农行的县域金融主渠道作用和服务“三农”作用。

农业银行在商业化改革之前，面向“三农”，承担着县域农村经济的信贷主力军作用。农户可以直接与农行打交道，农行遍布农村各地尤其是乡村的储蓄所，既是农户存款的主要金融机构，也是贷款的重要渠道。但是这种功能和作用，是建立在国家扶持政策的基础上的，没有绩效考核，没有竞争机制和市场化机制。自 1994 年实行商业化改革后，农业银行则实施了退出农村战略。因此，农户家庭这一本来是其重要的客户，变成了遗弃的对象。

（3）农业发展银行。农业发展银行自 1994 年成立以来，是我国农村金融领域唯一的一家政策性银行。按照中央政府赋予的职责和功能定位，其主要任务是按照国家的法律、法规和方针、政策，以国家信用为基础，筹集农业政策性信贷资金，承担国家规定的农业政策性金融业务，代理财政性支农资金的拨付，为农业和农村经济服务。从目前农发行的职能来看，已从过去承办的农村扶贫、农业综合开发、粮棉加工企业信贷到转向粮油棉收购专项资金发放的封闭管理运营。对农户来说，没有直接融资的可能，除少数涉农企业可以享受到贷款外，一般农户是被拒绝在信贷大门的外边。

（4）农业保险。我国的农业保险最初是在1982年由中国人民保险公司承办，主要对种植业和养殖业保险。但是随着保险公司的市场化转型、政府对农业保险补贴的减少，农业保险开始走向萎缩，除了一些地方政府采取措施对农业保险予以补贴外，农业保险已明显在供求关系上失衡，使广大农村农户生产得不到应有的保障。

2. 非正规金融制度供给。非正规金融是相对于正规金融而言的，泛指采用非标准化的金融工具，通过正式金融机构以外的非官方监管的民间渠道，为农村的生产、经营和消费，提供各种资金借贷和资金融通服务的形式及其活动（王曙光，2006）。实际上，非正规金融可以简单的定义为一切不在官方监督的从事资金借贷的活动或行为。

（1）无息供给。主要在亲朋好友之间，这种借贷在农户家庭之间非常普遍，体现一家有难、八方支援的中国传统的民间道德。从这种借贷的用途看，主要是用于消费类金融，在亲朋好友间体现互帮互助的形式。虽然缺乏契约关系，缺乏法律保护，但借贷之间具有浓厚的人情关系，偿付信用非常高，这种借贷是农村信贷关系中具有普遍性的一种金融产品。

（2）有息供给。根据利息高低可以分为两类，一类是高息贷款，通常被称为高利贷。另一类属于低息借贷，通常低于农村信用社借贷利息或者与其相当。高息贷款，即利率明显高于农村信用社的金融服务。目前，这类贷款是被政府管制的，因而一般处于地下活动，交易规模容易被忽略。实际上，这类贷款在农村极为普遍，发达地区如温州等地农村，其贷款已完全按市场化需求决定资金的利率，资金主要投放到农户扩大再生产包括从事非农产业等各种创业活动。在欠发达农村，这类高息贷款主要投放到农户消费活动领域。由于借贷活动被管制，使借贷双方都缺乏安全感，导致后患很多。虽然高息贷款被政府管制，但是这类贷款规模和影响力仍然占据农村非正规金融主导地位。据李建军（2005）对我国地下金融规模测算，2003 年地下部门的净金融投资规模达到了创纪录的6500 亿元～8000 亿元，占 GDP 比重 5.6%～7.9%，占国民储蓄的比重达 12.9%～15.9%。而温铁军的一项调查，范围分布在东、中、西 15 个省份 24 个市县的 41 个村落，调查到借贷案例 57 起，放贷案例 27 起。对调查资料作统计处理后的发现是：除了有两个地方存在不计利息的民间借贷外，其余地区均有高利息民间借贷存在。如果按照调查地点计算，民间借贷的发生率高达 95%，高利息的民间借贷发生率达到了 85%。

三、信息约束

信息不对称是不同行为人之间发生契约关系时信息占有的不同而表现出的不对称。具体到农村金融市场的借贷双方来说则表现为：农村经济主体数量多、规模小、地域分散且运作不规范，按照标准风险控制程序运行的大银行分支机构很难在贷前通过严格的贷前调查判别贷款人的风险程度，而且贷后很难通过严格的监督保证贷款的收回，加上农民很难提供足额的抵押，在这种情况下银行的理性反映是减少或拒绝发放贷款。同时，农民对于金融机构的了解也不够充分，因此双方均存在信息不对称问题。这种信息不对称还表现为信息载体的认同上，正规金融机构要求格式化信息，信息生成成本高，对农户家庭的动态信息不能有效反映；农户对金融政策及金融产品供给信息知之甚少，对金融刚性约束要求及其变化关注度少，而对金融机构熟人关系关注度高，造成双方有效信息不对称。

四、成本约束

对农村金融机构而言，由于信息不对称问题的存在，农村金融机构对农户进行发放贷款需进行调查分析，致使一些成本的产生，由于农户各家情况千差万别，因而这些信息成本随着农户量的增大而增大；其次，由于坏账的存在，更进一步增大了农村金融机构的不良成本；其三，农村金融机构自身维持运转而产生的成本也不断增加，在体制“公有化”的倾向中，“养人”与“养机构”的成本日益增大。对于农户而言，一方面，对于金融机构的了解同样需要付出一定的成本，这部分成本相当一部分表现为农户因信息不对称形成的“心理成本”，认为官方金融“门槛高”，手续繁琐，贷款难是普遍现象。归结起来，正规金融机构成本包括了信息采集和处理成本、机构硬件运行成本、机构经营管理成本及机构外部交易成本。这些成本必须通过经营获取的利益予以支付，否则就形成亏损甚至难以为继局面。这也是改革开放以来农村信用社包括农业银行商业化改革前面临的共性问题。另一方面，由于官方金融“门槛高”，获取贷款的农户多为地方“大户”（主要是农村从事种养加规模较大、收入较高的农户和家庭有公务员收入的农户），一般收入低的农户为获取贷款常常找“关系人”作为中介（农信社规定农户贷款要有公务员担保则加重了这一倾向），贷款求人、贷款送礼已经成为人所公知的潜规则，这些来自精神和物质上的成本问题成为一种约束条件，使农村的借贷活动受到阻碍。

第六节 小　结

本章从家庭承包制创立的动因着手，分析了家庭承包制的性质，即实质上是一次以激励相容机制为核心的制度安排，是建立在集体土地委托代理制度上的制度创新，是基于农民自身需要、源于基层并被各级政府确认和推进的一次诱致性制度变迁。同时对农户经济行为、储蓄行为、借贷行为分别进行了深入分析，并且通过对农户金融需求约束条件的分析，揭示目前存在于农村金融需求方面的现实问题。

第四章 改革悖论：农村外生金融制度安排

第一节 农村金融外生制度创立动因和目标分析

总体上说，我国农村金融体系的发展是在两个完全不同的领域以两种完全不同的方式并行推进的。其一是自然发育而成的民间金融领域，由非正规金融组织媒介或者资金供求双方直接交易。其二是在经济和金融改革过程中有组织培育的正规金融领域，由正规金融机构组织或促成的金融活动。

一、外生金融制度创立的客观原因

1. 从资源配置的经济有效性和社会合理性方面考察。一般来说，资源配置由两个层次的经济主体进行。即微观层次的经济主体（包括众多的企业或者个人）和宏观层次的经济主体（政府或政策机构）。

各个微观经济主体的社会地位是平等的，它们依据市场原则进行公平交换、公平竞争、自由决策与自由选择，以实现自身利益最大化为目标来配置资源。这种资源配置方式的取向是高盈利率，从而形成资源配置的经济有效性。例如，在市场机制自发调节下，资金从低利项目向高利项目流动，从农业向商业流动，从贫困地区向富裕地区流动，应该说这种流动有助于稀缺资源的有效利用。从微观、从效益或效果来看，具有相当程度的合理性。但从社会合理性的角度来考察，它可能破坏了机会均等，忽视了资金流出项目或地区的资金需求，扶强弃弱，制造不公平，进而导致社会结构的失衡或危机。而且从总体和长远来看，也无助于资金流入项目或地区的发展，不具有社会合理性。于是，政府根据非商业性原则，在主要运用经济手段的同时，辅之以必要的行政手段，对社会资源配置进行干预，以达到和实现符合社会合理性的目标。

由此可见，在市场经济条件下，需要政府参与进行宏观调控，以实现经济有效性和社会合理性的统一。具体到在国民经济中起重要作用的金融部门，同样需要政府介入其中，以期对整个金融运行整体规划，促进协调发展。这不仅是发展政策性金融的基本理论依据，也是国家信贷资金进入农村金融市场的一个重要的客观前提。

2. 从农业的基础地位和产业特点来考察。农业是为人类提供基本生活资料和生存环境的生产部门，是各产业之母。但随着工业化的不断发展，它却逐渐成为弱质产业。

与第二、第三产业相比，农业所处的弱势地位非常明显：（1）农业提供的是食品。根据恩格尔定律，随着人们收入水平的提高，食品支出占支出的比重会越来越小，即对食品的需求的增加要不断落后于其他产业和服务。（2）由于农业的生产周期长和特有的生物特性，农业生产技术的进步比工业要困难得多。因此，农业劳动生产率提高的局限性较大。（3）“土地报酬递减”规律作用明显。尤其在技术相对不变的情况下，集约化程度越高，则每增加等量产量所需要的投资越大。（4）农业生产的对象是有生命的物质。不但生产期受气候影响大，而且产品不易保存，自然风险和市场风险都比较大。（5）由于土地的分散性和广泛性，农业生产集约化程度相对较低。（6）农业生产要依赖地力，而农田基本建设的投资回收期长，往往是“前人栽树，后人乘凉”。

农业所具有的这种经济上的弱势性，直接造成了农业信贷的特殊性：第一，季节性。农业生产以动植物培育为主要目的，受天时、季节影响较大。在收获季节前，资金比较紧张，贷款需求量就多一些。而到产品收获后，又会有大量资金回流，可以归还贷款，从而显示出明显的季节性。第二，长期性。动植物培育过程中，必须有一段自然生长时间，而且这段时间的长短目前人力还不能完全控制。这使得农业资金周转期比工商业长，农业资金积累也较缓慢，并需要有较长的贷款期限。第三，风险性。在当前的技术条件下，自然灾害仍是农业生产的重大威胁，每年给世界各地的农牧业生产造成严重损失。因此，农业资金积累不像工矿业那样稳定，农业贷款也就常有拖欠或坏账风险。针对农业贷款风险性的特点，各国的农业贷款除部分信用贷款外，多数都采取实物抵押的办法。这种做法不仅使农民借款途径受到限制，还加重了借款人的经济负担。而且，在农业生产尚不能完全克服自然灾害的实际情况下，不管实物抵押还是信用担保都无法杜绝贷款坏账损失的风险。第四，零散性。农业生产由于受土地、自然环境以及生产力水平等多种因素制约，其生产规模大多比较小。目前世界上，仍然处于小农经济的发展中国家很多，即使在发达的资本主义国家，家庭农场在数量上也占绝大多数。这种一家一户的经营方式，受到经营规模和资金积累速度的限制，偿债能力一般都低于工商企业的水平。因此，农业贷款的金额，相对来说也以零散小额为主。

农业信贷的这些特点（即高风险、收益少、成本高、资金周转慢），使之与以盈利为目的的金融机构的贷款原则相悖。当投资工商业能够获得更高利润时，资金一般就会从农业流向工商业。结果，本应为农业“供水”的金融机构，却变成了“抽水”机构。农业资金大量外流，流向盈利高、回收期短的工商业部门。近年来这一现象在我国表现得尤其突出。

但是在农业生产中，采用先进技术、改良品种、配备农业机械、改善土壤条件、施用化肥、农药、薄膜以及基础设施建设等都需要巨额的资金投入。可以说，没有充裕的资金投入，就不可能有农业的长期稳定发展。而农业资金的来源不外乎两个渠道，一是自身积累，二是外部投入。由于农业具有自然再生产与经济再生产相结合、资金周转慢、抵御自然灾害能力弱、市场风险大等特点，农业自身资金积累速度缓慢，数量远远不能满足需要。因此，农业的发展以及农村经济的振兴、农民生活质量的提高，都必须大量依靠外部资金的投入。而当商业性资金拒绝进入农村金融市场之时，国家信贷计划就更显得责无旁贷了。

二、国家战略下的金融制度目标函数

林毅夫（2003）提出我国建国以来金融制度的目标是服务以重工业为主的国民经济计划的国家战略需要，并证实了这一观点。从我国建国以来金融制度演变进程来看，国家战略一直是金融制度演进的约束条件。以此为标准，可以划分建国以来的金融制度变迁历程。

1949—1977 年，我国农村金融国有化制度。这一时期，国家主要战略是建立社会主义基本经济制度，实行计划经济，建立人民公社。从国家发展经济目标来看，国民经济计划的重点是发展以重工业为主的工业化。因此，服务这一战略目标，国家必须满足重工业化的资金需求，因而对金融资源的垄断和配置就上升为国家意志。适应这一战略要求，在金融制度的安排上，形成了一个完全国家垄断的中央集权的典型的计划金融的金融制度。其最主要的特征是单一的国有银行制度——中国人民银行是全国的信贷中心、结算中心、货币发行中心。在这个基本制度上建立了一套具体的制度安排。资金供给制，则是计划金融制度的核心。金融制度的目标是服务国家计划，为国家守计划、把口子（张秋云等，2006）。

1978—1996 年，我国农村金融市场化制度。这一时期，国家战略是建立社会主义市场经济制度，农村实行了家庭承包制，城市工商企业也由单一的国有制向多元化的制度转型，国家的经济发展任务是全面建设小康社会。适应由计划经济向市场经济转型，我国金融制度也开始由单一的计划体制下的国有制向市场化方向迈进。这一阶段的主要标志为，金融机构由一元化转向多元化，设立了专业银行；颁布了《中华人民共和国商业银行法》，推行了国有专业银行的商业化改革，农业银行率先于1995年推行商业化制度，初步形成了商业金融、政策金融与合作金融为主的制度体系，金融调控手段在单一的行政手段基础上转向市场化机制。

1997年至今，农村金融制度多元化阶段。这一阶段，随着我国市场化进程加快，特别是中央政府关于构建和谐社会战略的提出，尤其是新农村战略的提出，适应国家战略目标的需要，金融制度一方面加大市场化改革，另一方面推行了多元化制度构建。农村金融在商业化改革中，事与愿违，商业化金融制度加大了农村资金外流，导致农村信贷问题日益突出。为解决这一问题，自2003年农村信用社开始产权改革到2005年推行村镇银行、小额贷款公司等一系列农村新金融改革，试图以政府控制下的农村金融资源实行多元化配置，但这些改革都是从外生制度单一化的政府偏好型出发，并没有从解决原有的农村金融供给与需求不对称、金融制度的成本居高不下的问题上予以考虑。综述我国金融制度变迁，不难得出一个基本结论，无论是推行计划经济还是市场经济，金融制度都必须服从国家战略的安排。

三、外生金融制度的理想定位

在低收入发展中国家，政府常常被赋予扶持农业信贷的重要责任。例如，印度尼西亚的M. 哈索蒂曾提出一种典型观点，“由于大多数农民属小农……提高经济水平应该通过发展和组织对小农的贷款来达到”。又如，著名的发展经济学家W. A. 刘易斯、B. H.

希金斯和 B. H. 莱本斯坦分别得出了如下结论，“农民需要的资本远超过他们能够进行的储蓄”；“信贷对于一些领域，特别是小农业和小工业的发展，是必不可少的”；“如果资本、劳动、企业设备、技术知识和信贷便利增加，人均收入就会增加”。实际情况是，大多数低收入国家的政府都坚定地听从了这些或与之相似的劝告，但它们为农民所提供的越来越低息的信贷计划对于刺激农业发展的效果却微乎其微。

政府究竟需要在农村信贷方面发挥什么样的作用？是垄断金融资源进行单一的外生制度安排，还是允许内生金融制度与外生制度和谐共存？或者在两者之间的合作上发挥更多的协调与监管的作用？毫无疑问，政府不应无所作为，听任农村金融的自由发展。加尔布雷斯在其1952年的著作中指出，信用制度“可以成为经济进步的工具，也能成为经济停滞和衰退的工具”。他还指出，信用只有在经济出现一定程度的发展时才能成为促进经济进步的工具。C. M. 李则认为，在政府的信贷计划开始之前，农民应该走上商业性农业的道路。而 J. W. 梅勒指出，“合作信用计划应很好地配合技术革新计划，绝不能超前”。加尔布雷斯及其追随者的观点遭到了许多学者和政治家的抨击，但不幸的是，前者是对的。政府必须充分了解信用在农村经济发展过程中的作用，以及农民对于储蓄、投资和债务的态度，否则其农村信用计划的效率就注定很低。

许多低收入国家已经着手改善其农业信贷计划。他们觉得阻碍发展的原因是农民太穷，缺少资本，而且借款时必须支付很高的利息。政府的目标就是为农民提供更多更加优惠的贷款。但是，同农业研究和推广投资或社会资本投资的收益比较，用于信贷计划的资源极少产生令人满意的利润结果。

农民是否需要追加（借入的）资本进行有利可图的投资，其实不难判断——只需确定农民是否能够购买肥料、新式工具等，以及他们是否已经购买这些要素。政府经常用不着提供贷款，因为许多农民能够用自己的资源进行投资。一旦农民具有这样做的愿望，而且具有明智的投资能力，即使是小规模的贷款也可以为其效劳。但如果政府不愿意等待，那么他们的强制信贷计划就会滥用业已短缺的资本资源。

政府信贷计划有一些共同点：费用超过收益而且需要补贴；利率低于市场利率；实际利率通常为负数，部分原因是通货膨胀，部分原因在于政府总是充当最宽容的债权人。结果是贷款的偿还缺乏保障，而这些信贷计划又进一步加深了通货膨胀的压力。

当许多国家的经验表明以信贷计划鼓励农业发展是一条极其昂贵又浪费资源的途径时，为什么还得到赞成和狂热的追求呢？首先，也是最重要的一点，在于政府和许多经济学家并不了解农民对待债务和贷款的态度，特别是许多农民不愿意使用贷款的现实情况。其次，政府将信贷计划视为增加农村资本量的一条轻而易举的途径，但却忘记了贷款不一定代表资本。仅仅增加货币供给不一定能够创造资本，如果农民将借款用于消费，则这部分资本就不再能够用于生产和投资。第三，许多低收入国家的政府觉得为农民服务的现代金融机构可以一蹴而就，而并不清楚金融机构的真正成长只能是经济发展的结果。第四，政府没有认识到在所谓非正规货币市场收取高额名义利率背后的强大的经济原因。在低收入国家，可贷资金供给短缺，而且初看起来，市场利率要高于高收入国家的利率水平。然而，人们很少发现控制这种短缺资本的人所取得的收入并没有名义利息收入那样高。印度农村信贷调查资料表明，高利贷者的利率平均只有11%。短期贷款的高利率不一定意味着资本的年收益率很高，因为高利贷者的许多资金可能大部分时间都是闲置的。如果存在合适的追加产出市场，大多数农民就不需要用低息贷款来刺激生产或者投资。如果勉强为之的话，结果往往是农民利用自有资源购买新的投入要素或者工具。而只有几年之后，当能够证明资本缺乏确实是使用现代投入要素的主要障碍之时，政府建立特殊信贷便利的做法才可能得到真正意义上的确认（王芳等，2003）。

上述分析仅仅是从国家信贷计划的收益视角来考虑。由于农村经济与城市经济的差别，显然城市信贷收益是高于农村信贷收益的，因而不难发现，国家在解决农村信贷供给与政府信贷部门收益上面临进退两难的境地。我国农村金融的现状是，国家已经发现农村信贷计划不能满足农村信贷需求，大量的农村储蓄流出农村，农户家庭通过民间高利贷满足信贷需求问题十分严重，政府在农村金融配置上作用受到挑战。特别是，新农村目标的提出，农村金融资源如何通过制度创新来配置以满足国家新的战略要求，这是新一轮金融制度供给必须解决的核心问题。

能不能安排一种外生金融制度，这种制度既可以解决现有农村金融供给不足问题，又同时解决国家信贷计划的收益问题？只要从制度本身设计要求来看，就发现必须满足三个约束条件，即信息对称、交易成本低和道德风险可控。而这三个约束条件又可以归纳到一个信用函数中。长期以来，外生金融制度安排的信用都是采取城市商业信用为衡量为标准的，这就造成农村信用低下，信用采集信息成本居高不下。而农村民间金融信用采集成本低，制度运行成本低，显示了内生制度的生命力。能否采用民间金融采用的农村信用作为信贷依据？或者将已有的农村民间金融纳入到与外生金融合作的框架？这就是笔者强调的新一轮我国外生金融制度创新的理想地位。

第二节　农村商业金融制度安排绩效分析

一、相对缺失：对我国农村商业金融制度安排的基本判断

从当前国内学术界对农村金融制度安排绩效的判断和结论

来看，一种观点认为，我国农村金融制度安排上形成了完整体系，在组织结构上种类齐全且功能合理；另一种观点则认为，我国农村金融经过改革，基本上形成了具有政策性功能、商业性功能和合作性功能的服务体系，但功能尚不完善。这两种判断都有自己的合理性和一定的实践意义，但在认识和指导实践上又显不足。前者基于对农村金融改革自身的肯定，后者有批判成分但不彻底。我国农村正规金融体系表面上形成了“三驾马车”支农的局面，但因制度安排单一，组织功能错位及缺乏层次性而名不副实；正常的非正规金融的合法性空缺，很难与正规金融形成制度互补。因此，我国农村金融制度不是简单完善的问题，而是制度重新构建的问题。

从我国农村商业金融制度安排来看，严格意义上说，自2006年中国银监会《关于调整放宽农村地区银行业金融机构准入政策更好支持社会主义新农村建设的若干意见》发布之前，农村商业金融制度的安排是国家管制下的非市场化行为，不是自由化市场下的制度选择，一切农村商业金融机构的创立都受到限制与禁止，国家意志下的一个商业金融制度模式——农业银行商业化成为我国农村商业金融制度的唯一选择。

由于农业银行商业化制度属于“奉命”改革，市场上没有与之相当的竞争主体，因而这一改革从一开始就缺乏内生动力。我们只能从制度功能上说，这一改革使原有的集政策性与商业性于一身的综合制度朝着明细的商业化制度目标迈进，并与政策性的农业发展银行、合作性的农村信用社形成相对制度配套的农村金融体系。这种制度体系下，国用的金融机构在经营方向上根据国家政策做了相对分工，由农业银行承担商业化职能。但商业银行的最本质的商场化竞争属性并没有发挥出来。换句话说，农村的金融市场没有放开，农村的商业金融机构没有放开，农村的商业金融制度安排本身就是缺失的。在这种特有的农村商业金融制度强制安排下，农业银行作为唯一的商业银行主体，其改革后的价值取向——非农化偏好日趋明显，在支持“三农”中的作用不是地位突出了，而是不断减弱了。

表 4－1　2004 年我国农村商业性金融机构基本情况

项目 / 农村金融机构	机构数（个）	存款（亿元）	存款份额（%）	贷款份额（%）
邮政储蓄	20500	3768.31	18.28	0.00
农村信用社	32397	10190.72	49.43	98.91
农业银行	20000	6656.66	32.29	1.09
合计	72897	20615.69	100.00	100.00

资料来源：国家邮政储汇局。

如表 4－1 所示，2004 年我国农业银行、农村信用社和邮政储蓄机构的农村网点存款余额占农村存款份额的比重分别为 32.29%、49.43% 和 18.28%，而同期农业银行和农村信用社的农村网点贷款余额占农村贷款份额的比重分别为 1.09% 和 98.91%。在农业银行经营战略目标非农化的同时，农村信用社几乎成为农村地区乡镇一级开展信贷业务的唯一金融机构，基本垄断了“三农”小额信贷市场。另据统计，在 2004 年全国新增的 1203 亿元农业贷款中，扣除农村信用社提供的部分，其他商业银行仅提供 45 亿元，只相当于其全年新增贷款额的 8‰；至 2005 年 10 月末，全国农信社农业贷款余额 1 万余亿元，占全部金融机构农业贷款余额的 85%。

二、商业制度安排下的农业银行绩效分析

根据 1993 年国务院《关于金融体制改革的决定》，中国农业

银行于1994年制定了《1995—1997年发展纲要》，确立了向商业银行转变的目标。在推行商业化改革上，主要措施有：（1）改“四级管理、一级经营”为“四级经营”，加大经营比重，使多重管理型向经营型转变；（2）在信贷资金管理方面，强化信贷资产风险管理，通过开展资产负债比管理，建立风险管理体制，控制经营性风险；（3）开辟新的金融服务业务，增加新的金融产品，并注重发展国际业务。新时期农业银行已确立了“面向三农、整体改制、商业运作、择机上市”的十六字方针的改革定位，商业化运作是农行改革的最终目标。自农业银行推行商业化改革以来，其绩效如何？这里我们从两个方面作具体分析：

1. 商业化绩效下农村机构撤出战略动因。为什么农业银行在1995年大面积推行商业化制度改革后决定基层机构撤出农村？从制度经济学角度来分析，就是降低交易成本，提高制度运行收益。一方面，由于基层机构点多、面广，需要花费大量的钱来维持这些营业所的运行，包括养人养机构。而基层机构直接面对农村，为“三农”服务虽然提供便捷条件，但这种信贷收益与管理成本相比，不仅没有收益而且多数处于亏损状态。农行内部的资料显示，农行在中西部相当部分县域保留分支机构是以自身亏损为代价的，到2005年底，农行在592个国家扶贫开发工作重点县支行亏损面高达34%。也就是说，即使保留在县一级但由于在欠发达的中西部，农业银行的经营依然是亏损的。这是与商业化改革不相容的。经过多年的收缩，农行至今只有60%的网点、51%的员工、42%的存款、35%的贷款分布在县域。另一方面，从信贷机会成本来看，农业银行商业化改革核心是要求实现银行企业化，而企业化与政府机构本质区别在于目标函数是追求公共服务最大化还是组织自身效益最大化。农行撤离农村后其信贷客户就会发生重大变化，由服务农村对象为主变为以城市对象为主，由服务“三农”到服务非农化，信贷结构发生巨大变化。这一变化，从交易成本来考察，由于交易对象从小规模、分散的农村客户转到大规模、相对集中的城市客户，信息搜集成本也大大降低，从而满足了农业银行的商业化改革目标。

2. 商业化绩效与支农目标悖论。农业银行作为国家涉农银行，其职能定位就是服务三农，但同时又必须是商业银行，要实行企业化经营，特别是新时期农行股改上市还要满足股东收益最大化目标。因此，国家目标与银行企业目标的双重性，决定了农业银行在经营战略上的博弈，这个博弈具有多种策略选择。

表 4－2

	银行	
国家	补贴，服务三农	补贴，不服务三农
	不补贴，不服务三农	不补贴，服务三农

这四种支付战略对应绩效是（补贴，亏损）、（补贴，盈利）、（不补贴，盈利）、（不补贴，亏损）。可以看出，如果国家补贴政策发生在前，上述的博弈将对应着唯一的纳什均衡，即农业银行在服务三农政治目标与商业目标选择中，必然选择（补贴，不服务三农）的策略，实现（补贴，盈利）的绩效目标，即在获取国家补贴的同时，以商业化目标为主，使企业获取利益最大化。

但问题是，如果放弃三农服务目标，下一轮博弈中国家就会取消各类补贴，使企业面临潜在利益损失。更重要的是，我国农业银行系国有银行，经营战略必须服从政治目标。因而，（补贴，服务三农）则成为最终的均衡选择。而这一选择对应的绩效是（补贴，亏损），这又回到农业银行最初改革的原命题上了。显然这种改革难以推行下去。在这种双重目标的改革命题下，农业银行的最终商业化制度安排必然选择在服务三农边际效益下的临界点上，即“三农”服务与商业化的盈亏点。经验数据表明，这个临界点就是——县域。县域即是农村非农化的主要载体，又是可以与“三农”联系的重要载体。作为农村中小企业聚集地，县域既可以说是为企业服务，也可以说是为农民服务。中央政府把新农村建设的主要任务放在县域政府。因此，农业银行退出农村乡和村两级，也就彻底退出原有服务主体对象，把服务“三农”范围限制到县域城市，农村二三产业和中小企业主成为服务“三农”的主体，使得效用函数得到满足。这里，我们以交易成本为计量单位，将两种交易简单做个对比：

设总成本为 C，银行收益为 P，国家补贴为 V，C_1 为信息成本，C_2 为交易规模成本，则有：

商业化模式 1　服务乡村：$C = C_1 + C_2$，$P = V - C$

商业化模式 2　服务县域：$C' = C'_1 + C'_2$，$P' = V' - C'$

因为 $C_1 > C'_1$，$C_2 > C'_2$，且 $C \neq 0$，当国家补贴不变，即 $V = V'$，则有 $P < P'$。

由于在其他条件不变情况下，商业模式 2 的主要经营成本信息与交易规模成本都比商业模式 1 大大下降，改革具有明显效益。

在上述推理中，农业银行如果在农村存在，我们有一个暗含的必要假设 $P' \geqslant 0$。但 $P \geqslant 0$ 的条件是不是也能满足呢？实际上，当农业银行将服务“三农”的范围扩大到乡村时，由于经营成本常常不能有效降低，而经营效益加国家补贴又不足以抵消其经营成本时，致使总的收益为负。这时，中央政府的补贴 V 就成为银行商业化改革的敏感值。

因此，我们可以得出一个结论，农业银行商业化改革双重目标的实现，是通过获取国家补贴的前提下，将“三农”服务的范围缩小至县域来完成的。这就是为什么农业银行大面积退出乡村两级，而同时仍然坚持提出服务“三农”目标的缘由。

为进一步说明农业银行商业化改革后农村存款与贷款的变化，我们将1993年—2003年的数据做一对比，见表4-3。

表4-3　　农村区域存款与贷款一览表　　单位：亿元

年份	存款余额	贷款余额	贷款/存款	存贷差
1993	4649.80	4839.10	1.04	-189.30
1994	5879.20	4644.50	0.79	1234.70
1995	7391.80	3019.10	0.41	4372.70
1996	9034.60	7123.00	0.79	1234.70
1997	10665.20	8350.40	0.78	2314.80
1998	12189.00	10024.20	0.82	2164.80
1999	13343.60	10953.70	0.82	2389.90
2000	14988.20	10949.80	0.73	4048.40
2001	16904.70	12124.50	0.72	4780.20
2002	19170.04	13696.84	0.71	5473.20
2003	23076.03	16023.00	0.69	7053.03

资料来源：根据《中国金融年鉴》各期整理。

从表4-3中可以看出，我国自1994年国家要求国有四大银行商业化，特别是农业银行商业化改革后，农村存贷款差绝对额逐年上升，意味着农村地区的资金大量流出，不仅加大了农村资金短缺问题，同时央行实行资金上存，使大量资金流入城市，也加大了城乡二元结构差异。

与此同时，我们还发现农业信贷与农业对国民经济的贡献不成正比，农业贷款占整个金融机构贷款余额远远小于农业对国民生产总值的贡献，见表4-4。

表4－4　近几年农业对国民经济的贡献和金融对农业的支持　单位：亿元

年份	国内生产总值	国内生产总值比上年增长（%）	农业增加值	农业增加值占国内生产总值比重（%）	金融机构各项贷款余额	农业贷款余额	农业贷款占金融机构贷款余额比重（%）
1996	67884.6	9.7	13844.2	20.4	61156.6	1919.1	3.1
1997	74462.6	8.8	14211.2	19.1	74914.1	3314.6	4.4
1998	78345.2	7.8	14552.4	18.6	86524.1	4444.2	5.1
1999	82067.5	7.1	14472.0	17.6	93734.3	4792.4	5.1
2000	89468.1	8.0	14628.2	16.3	99371.1	5488.9	5.5
2001	97341.8	7.3	15411.8	15.8	112314.7	5711.5	5.1
2002	105172.3	8.0	16117.3	15.3	131293.9	6884.58	5.2
2003	117251.9	9.1	17092.1	14.5	158996.2	8411.4	5.3
2004	136875.9	9.5	20768.1	15.2	178197.8	9843.1	5.5
2005	182321	9.9	22718.0	12.46	194690.4	11529.93	5.9
2006	211923.5	13.97	24040	11.34	225347	13208.2	5.86

资料来源：《中国金融年鉴》与《中国统计年鉴》相关年份资料整理。

如表4－4所示，农业贷款总量与农业经济总量不成比例，农业信贷资金总体供给能力轻型化。截至2005年末，全国农业贷款余额为11529.93亿元，占金融机构各项贷款总余额的5.92%，农业贷款与农业增加值的比例为0.5075:1，远低于各项贷款余额与GDP的比例（1.0678:1）。从近10年来的数据看，农业贷款占各项贷款余额的比重基本上在5%～6%的区间内徘徊，而同期农业增加值占GDP比重虽呈下降趋势，但仍在12%以上。上述现象表明，随着农村金融市场化程度的逐渐提高，资本边际效率较低的农业领域对金融机构信贷投入的吸引力愈益减弱；与农业对GDP的贡献率相比，信贷资金对农业GDP（农业增加值）的贡献不够明显，农村金融资源与农村经济之间的关联度较低，这是农村金融制度体系安排相对缺失的另一表象。

农村金融商业化制度相对缺失的种种表象，可解释为现行农村金融制度安排中存在着一种供给型的金融管制，是中央政府理想化的外生金融制度政治目标函数的体现，内在动力机制尚没有形成。新一轮农业银行商业化改革已经注意到这个问题，并试图通过股份制改革，引入战略投资人，建立真正意义上的现代企业制度。而这一制度的目标只能是代表股东的利益，国家赋予的服务“三农”的目标必然无法兼容。因此，农业银行商业化改革在双重目标博弈下，必然带来更多的制度运行上的不稳定，经营策略上的不稳定，信贷产品上的不确定等等问题。这种博弈注定在国家补贴与市场利益上寻找均衡，使商业化制度能量的释放再次抑制。笔者认为，深化我国农村金融改革，政府选择“供给引导型”的制度变迁模式，不能仅仅通过金融制度管制和金融资源垄断来实现国家目标，而要通过制度开放和市场配置资源的力量，在国家政策引导和利益调节下，建立适应市场需求、满足内生机制属性的商业化金融制度，从而促进农村金融供给主体结构自发调整，优化适宜农村经济发展的金融服务体系，从体制和机制上创新金融服务“三农”的制度，让政府供给的商业制度与市场自发供给的商业制度共荣共生，这才是目前扩充农村金融供给主体的关键路径。

第三节 农村政策金融制度安排绩效分析

一、农村政策性金融制度安排历史回顾

我国农村政策性金融自建国以来，一直在各家金融机构中予以承担这一职能，从人民银行到农业银行和农村信用社，都分别不同程度上履行了国家对农村地区的政策性金融职能，直到农业政策性

专业银行——中国农业发展银行的创立，标志着我国农村政策性金融制度的正式安排。农业政策性金融是在市场金融条件下政府调控经济、支持农业的有效政策工具，主要包括银行、保险、担保、投资等业务类型。其中政策性银行又是核心主体，我国的农业政策性金融业从无到有，发挥了不可替代的作用。

建国初期到1978年这段时期是计划经济管理阶段，这段时间与高度集中的计划经济体制相适应，我国的金融体制高度统一，农村金融活动实际上在人民银行的统一指令下进行，那个时候无所谓政策性金融和非政策性金融。或者可以换句话说，我们可以把它全部理解为政府调控下的金融。农村金融的主要任务当时就是支持农业生产，重点是发展粮食生产，这是第一个阶段。

第二阶段是1979—1994年，国有专业银行分散管理政策性金融业务，随着我国社会主义市场经济的快速发展和金融体制改革不断深入，伴随着商业银行和人民银行的分离，这一时期政策性的金融任务分给了专业银行，比如说农业银行当时承担大部分粮棉油的贷款、扶持贷款、种子工程等等。建设银行当时承担了农业基本建设和基础领域的贷款，工商银行承担了部分粮油收购贷款和国家的主要农产品筹备贷款，中国银行承担了农产品的进出口贷款。1982年还恢复了农业保险，先后主要由中国人民保险公司对农业保险实行低保额、低收费的政策性保险。这段时间是各专业金融机构分别承担了部分的政策性金融业务。

第三阶段是1994年农业政策性银行为主的多元化的发展阶段。1994年4月19日，国务院决定组建农业发展银行，到当年的6月30日，工、农、中、建四家银行都将它承担的有关农业政策性金融业务划给了农发行，农发行的成立标志着中国的农村政策性金融进入新的发展阶段，这个时期农村金融性业务多元化快速发展，1999年成立四家金融资产管理公司，随着四家金融资产管理公司的成立，部分农业政策性不良贷款进行了剥离。2004年保监会启动了农业保险，先后设立了安信、安华和阳光三家不同经营模式的专业性农业保险公司，开展保险公司与政府联办，为政府代办，以及直营等多种形式。2005 年这些保险公司有了一定的扩大，当年保费收入达到 720 亿元。2005 年以来地方政府主导的探索建立农业政策性担保公司开始，这些担保公司已经为农业产业化龙头企业、农户贷款提供担保，这些担保公司都是政府主导的有政府财政支持的和相应补贴的。

经过 20 多年的改革发展，我国已经初步形成包括银行、保险、担保、资产等业务类型的农业政策性金融体系，在支持国家宏观调控，保障粮食安全，农民增收等方面发挥了重要作用。但是，由于政策性金融制度安排是通过唯一一家农业发展银行实现的，因而农业发展银行经营业务范围就决定了政策性金融制度的绩效，这一绩效如何，我们具体分析如下。

二、农村政策性金融制度安排绩效评价

第一，农业发展银行业务范围较为狭窄。从 1998 年开始，为了配合粮食流通体制的改革，国务院决定将农业综合开发贷款、扶贫开发贷款等专项贷款业务从农业发展银行划出，其职能变成了单一的粮棉收购银行。随着粮食流通体制市场化改革的深化，粮棉市场全面放开，农业发展银行的业务活动受到极大的影响，贷款规模明显下降，业务单一的问题愈发突出，在 2003 年、2004 年粮棉油贷款分别为 6809.77 亿元和 7104.26 亿元，占当年农发行贷款总额的 99%。农业发展银行业务的单一导致其难以扩大发展，同时也限制了对其他涉农产业如农产品科技研发、农业基础设施建设等项目的政策性资金支持。

第二，现有政策性金融机构资金不足且来源较为单一。中国农业发展银行的资金来源主要包括：资本金、发行金融债券、财政支农资

金、中央银行再贷款、境外筹资、业务范围内开户企业单位的存款等。中国农业发展银行的注册资本为200亿元，中国人民银行实拨资本金较少，仅为10亿元，其余为农业银行、工商银行以贷款的形式划转的资产和财政退税转增的资本金。资金不足，然而其来源除资本金和吸收少部分企业存款外，主要依赖于向中央银行再贷款和发行金融债券，资金来源与所承担的任务之间存在较大的资金缺口。

第三，农业发展银行的业务经营困难重重。农发行业务的可持续发展需要资金的扶持，也离不开资金的回流。但是由于农产品的市场风险性，地方企业对资金的挤占挪用以及内部监管机制不健全、风险管理落后等原因，农发行的贷款难以回收，信贷资金流失严重。再加上农发行办公费用的快速增长及机构规模的日益臃肿，高成本与低经营利润的矛盾使农发行的发展步履维艰。

与此同时，作为政策性金融的农村保险业支农功能不健全，不能满足新农村建设分散风险的需要。目前，我国农村保险业基本处于停滞甚至倒退的状态，国外的由政府主导、各种金融机构参与的农业保险体系在我国还未建立起来，农业保险在农业生产风险管理中的作用没有得到有效发挥，农业生产的风险也很难分散。

第四节　农村正规合作金融制度变迁绩效分析

一、农村信用合作社的改革历程

我国信用社发展历程，可以简要划分为五个阶段：

第一阶段：试办、推广与调整时期（建国初期到1958年）。建国初，为遏制高利贷盛行，中国人民银行颁布了《农村信用社章程准则》和《农村信用互助小组公约》，在此基础上成立了农村营业所。到1955年上半年，全国各地信用合作社已达15万多个，社员达到9500多万人，全国80%的以上乡镇建立了信用社。

第二阶段：曲折发展时期（1959—1978年）。1958年实行人民公社，银行营业所和信用社合并成为信用部，交给人民公社管理。1959年4月又规定所、社分开，并将信用社下放给生产大队。“文革”时期，信用社管理体制几经变化，直接导致了信用民主组织形式的取消。

第三阶段：改革调整时期（1977—1995年）。1977年和1979年国务院就信用社性质和隶属问题作出决定，将信用社确定为集体金融组织和农业银行在农村的基层机构，正式确立了信用社由民办转为官办金融机构。1984年8月，国务院批准了农业银行《关于改革信用社管理体制的报告》，核心内容是要求把信用社真正办成集体所有制的合作金融组织。随后农业银行对信用社按照政策上领导、业务上指导、具体工作上放权的原则，改变了传统行政命令的方式，转而实行依法管理和应用经济手段管理办法，并通过县联社间接管理。

第四阶段：独立发展时期（1996—2002年）。1996年8月，国务院出台《关于农村金融体制改革的决定》，农村信用社与农业银行脱钩，农村信用社按照合作制原则重新规范，标志着农村信用社重新走上独立发展之路。这一时期，农村信用社按照合作制原则，启动了以产权明晰为主的制度改革，初步建立了信用社自求发展、自我约束、自主决策的经营机制，基本上理顺了信用社和人民银行、地方政府的关系。

第五阶段：深化改革时期（2003年至今）。2003年国务院出台了《深化农村信用社改革试点方案》，决定在原有江苏省试点的基础上，在全国开展8个省市以产权改革为重点的试点改革。本次改革主要解决两个问题：一是以法人为单位，改革信用社产权制度；二是改革信用社管理体制，将信用社管理交由地方政府负责，成立省级联社。与此同时，为支持试点，国家给予四项扶持政策，包括保值贴补政策、税收减免政策、央行资金支持政策及利率政策。2004 年 8 月，国务院办公厅印发了《关于进一步深化农村信用社改革的意见》，将除西藏、海南外的 29 个省都纳入试点工作中。

农村信用社制度变迁，是中央农村金融政策在农村金融机构传导的结果，也是信用社自身适应农村环境在体制上不断演化的结果。农村合作金融制度变迁的绩效如何，是否达到最初制度变革的目标？我们从以下几个方面予以考察。

二、从农村信用社历年总的存、贷款余额看信用社制度变迁绩效

研究农村信用社的存、贷款情况，可以看出农村信用社在满足农村金融资源配置中的资金运用情况。

表 4-5　历年农村信用社的存、贷款情况一览表　单位：亿元

年度	1994	1995	1996	1997	1998	1999	2000	2001	2002
存款	5669.7	7172.9	8793.6	10556	12191	13358	15129	17263	19875
贷款	4159.5	5175.8	6364.7	7273.2	8340.2	10489	10489	11971	13938
余额	1510.2	1997	2428.9	3282.5	3851.3	2868.8	4640	5292.3	5938

数据来源：历年《中国金融统计年鉴》。

从表 4-5 中可以看出，从 1994 年到 2002 年，农村信用社存款和贷款的差额不断变大，从 1994 年的大约 1500 亿元扩大到 2002 年的将近 6000 亿元。这说明农村的资金通过农村信用社外流到城市的情况非常严重，且其趋势在农村金融体制改革的前后并没有发生根本变化。

图 4-1 通过 1984 年以来农村信用社的存贷比情况进一步揭示了农信社制度变迁对于农村经济的影响。图中显示，从 1984 年到

20 世纪 90 年代初期，农信社的存贷比不断上升，上升的幅度将近 0.2。这从一个侧面反映了那段时期由于实行家庭承包制导致的农业发展和乡镇企业的活跃使得农信社在农村地区放贷增加，农信社的“二元经济”色彩得到减弱的事实。然而 1996 年以后，随着农信社体制中商业色彩的不断加强，其存贷比出现了一定幅度的下降，又呈现出从农村地区吸储放贷到城市的趋势。

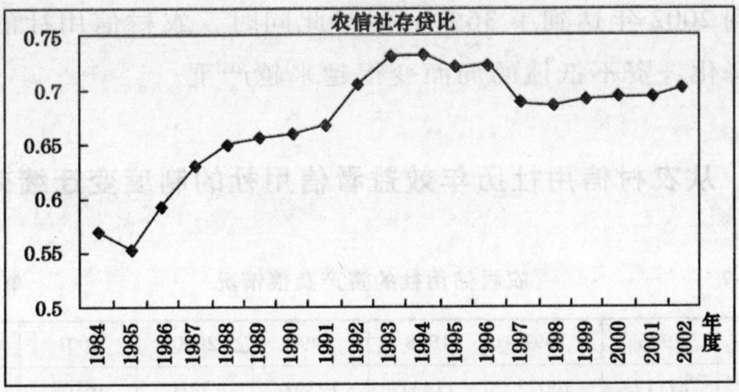

图 4－1　农村信用社存贷差 1984 年—2002 年

数据来源：王曙光：《中国农业发展报告》，中国年鉴出版社，2008 年版第 44 页。

三、从农村信用社历年非农资金流动看信用社制度变迁绩效

表 4－6　农村信用社农户存款贷款余额　单位：亿元

年度	1984	1986	1988	1990	1992	1994	1996
农户存款	438	766	1142	1842	2867	4816	7671
农户贷款	181	258	372	518	760	1081	1478
存贷比	0.41	0.34	0.33	0.28	0.27	0.22	0.19

资料来源：历年《中国金融统计年鉴》。

从表 4－6 中可以看出，1984 年以来，农村信用社农户贷款占其存款的比例一直在下降，至 1996 年已降至 0.19，也就是说，农

户从信用社贷到的款还不到整个农户群体在信用社存款的20%。这表明，农信社的中介使大量的资金从农户手中流向了非农领域，这个时期的农信社更像是一个在农村地区的官办的商业银行，很难被看成是一个合作金融组织。

1996年，国务院关于《农村金融体制改革的规定》出台之后，上述局面得到了扭转，农户贷款占存款的比重自1997年之后逐年增加，到2002年达到了36%。但与此同时，农村信用社的盈利状况不断恶化，资不抵债的局面变得越来越严重。

四、从农村信用社历年效益看信用社的制度变迁绩效[①]

表4-7　农村信用社的资产负债情况　单位：亿元

年度	1996	1997	1998	1999	2000	2001	2002
资产总额	87117	10022	11431	12392	13930	16108	19637
负债总额	87194	10629	12208	13578	15539	17970	18585
净资产	-77	-607	-771	-1186	-1608	-1682	-1052

数据来源：李世美：《我国农村合作金融组织产权制度改革及发展研究》，2005年。

从表4-7可以看出，农村信用社的净资产每况愈下，净资产从1996年的-77亿元一路缩减到2001年的-1682亿元。除了2002年有所缓解外，资不抵债的金额每年都在增加。实际上，农村信用合作社早已丧失了清偿能力。其资产之所以形成这种状况，核心原因是制度设计本身的缺陷，即作为官办的信用合作社必须服从国家利益，承担政策性贷款，同时又要面对市场，承担市场风险。这种双重目标恰好对信用合作社的内部经营和管理形成了“软约束”，特别是为管理层提供了可乘之机，使债务具有合理性。

① 谢平，徐忠，沈高明：“农村信用社改革绩效评价”，《金融研究》，2006年第1期。

五、从农信社改革的初衷看信用社制度的变迁

在农业银行 1984 年的农村信用社改革的方案中，提出了要恢复农村信用社“三性”（组织上的群众性、管理上的民主性、经营上的灵活性）的目标。然而，经过近 20 年的变迁，农村信用社在其实际的发展历程中离“三性”越来越远。

首先，农民加入合作社并没有遵循自愿性原则，退社的例子几乎没有，因此农民在加入和退出合作社上都没有体现“自愿”和“自由”的原则。其次，合作社本来应该坚持互助合作的原则，但是农信社与社员之间的贷款程序与商业银行基本相同，贷给谁、贷多少以及抵押担保程序均由农信社负责人决定，非社员贷款占到 50% 左右。因此，农民从来都不认为信用社是一种农民的互助性的合作金融组织，而是把信用社当做政府或官方银行的某个附属机构。再次，农信社不符合民主管理的原则，从来没有实行过真正的民主管理，由于其表面上的合作制本来就是依靠行政力量自上而下推动的，其内部人员配置和经营决策也自然带有行政管理色彩。最后，信用社本来应该“主要为社员服务”，而不以盈利为主要目标，但是真实的情况是，信用社已经明显地商业化，以利润为第一导向，演变为一个追求营利目标的股份制金融机构（谢平，2001）。

第五节　农村金融新制度安排动因与绩效分析

我国现有的农村正规金融制度体系，主要包括以农业银行为代表的市场化金融制度、以农业发展银行为代表的政府补贴式金融制

度和以农村信用社为代表的合作式金融制度。从农村金融的实践来看，这些制度供给并没有很好的解决农村金融需求问题，甚至在一些地方和领域出现金融制度安排严重失灵。为此，改革农村金融，创新农村金融制度成为新时期我国农村金融发展的重要内容。特别是自2005年中央政府提出建设新农村目标任务后，农村金融制度创新迅速推开。下面，我们就新时期农村金融制度创新及其绩效作实证分析。

一、农村金融新制度供给动因与新制度框架

农村金融改革一直是我国金融的热点问题。“中国金融的最大问题在农村，主要表现为投入少（农村金融资源占全国全部金融资源比重不到30%，城市超过70%；与城乡人口比例正好相反）、机构缺（每万人金融服务网点数城市是农村的4倍）、风险大（不良贷款率农村比城市多15个百分点）。中国金融的最大难点在农村，一方面农村贷款难，另一方面由于风险大，银行在农村又难贷款。中国金融结构调整的重点在农村，解决了农村金融问题也就解决了中国金融发展不平衡问题。”[①] 我国农村金融制度自改革开放以来，先后三次进行了重大改革。新一轮改革是从2003年农村信用社产权制度创新开始的。其改革的动因仍然是农村金融滞后于农村经济的发展。我国多数学者认为，长期以来农村金融抑制造成了农村金融服务体系不健全、农村金融市场不开放、农村商业性金融供给不足、合作金融异化，农村金融无论是在体制上、机制上、方式上都不能适应农村经济尤其是新农村建设的要求。

如何开启农村金融改革新闸门，在2007年全国金融会议上，温家宝总理提出了农村金融改革的主要思路：加快农村金融改革发展，完

① 唐双宁在2008年中国“金融盛会”的讲话，中财网，2008年11月5日。

善农村金融体系。从多方面采取有效措施，加强对农村的金融服务，为建设社会主义新农村提供有力的金融支持。加快建立健全适应“三农”特点的多层次、广覆盖、可持续的农村金融体系。健全农村金融组织体系，充分发挥商业性金融、政策性金融、合作性金融和其他金融组织的作用。推进农村金融组织创新，适度调整和放宽农村地区金融机构准入政策，降低准入门槛，鼓励和支持发展适合农村需求特点的多种所有制金融组织，积极培育多种形式的小额信贷组织。同时，加强和改进监管，防范风险隐患。大力推进农村金融产品和服务创新，积极发展农业保险。加大对农村金融的政策支持。

2008 年中共十七届三中全会通过的《推进农村改革发展若干重大问题的决定》提出了建立现代农村金融制度的要求。该决定指出农村金融是现代农村经济的核心，应当“创新农村金融体制，放宽农村金融准入政策，加快建立商业性金融、合作性金融、政策性金融相结合，资本充足、功能健全、服务完善、运行安全的农村金融体系。加大对农村金融政策支持力度，拓宽融资渠道，综合运用财税杠杆和货币政策工具，定向实行税收减免和费用补贴，引导更多信贷资金和社会资金投向农村。各类金融机构都要积极支持农村改革发展。坚持农业银行为农服务的方向，强化职能、落实责任，稳定和发展农村服务网络。拓展农业发展银行支农领域，加大政策性金融对农业开发和农村基础设施建设中长期信贷支持。扩大邮政储蓄银行涉农业务范围。县域内银行业金融机构新吸收的存款，主要用于当地发放贷款。改善农村信用社法人治理结构，保持县（市）社法人地位稳定，发挥为农民服务主力军作用。规范发展多种形式的新型农村金融机构和以服务农村为主的地区性中小银行。加强监管，大力发展小额信贷，鼓励发展适合农村特点和需要的各种微型金融服务。允许农村小型金融组织从金融机构融入资金。允许有条件的农民专业合作社开展信用合作。规范和引导民间借贷健康发展。加快农村信用体系建设。建立政府扶持、多方参与、市场运作的农村信贷担保机制。扩大农村有效担保物范围。发展农村保险事业，健全政策性农业保险制度，加快建立农业再保险和巨灾风险分散机制。加强农产品期货市场建设。”

从国家层面来看，农村金融制度创新已经成为农村经济与社会发展的重要制度体系，并鼓励农村金融建立多层次、多形式的制度体系。但是，农村金融的制度创新，其掌控权仍然在国家银监局手中，民间金融制度创立始终难以得到许可，并时有被冠名“非法集资”嫌疑。从目前正规金融推出的农村金融制度创新与供给来看，除了原有的农业银行在目标上提出“面向三农”及农业发展银行的新业务扩展外，新制度框架主要有：（1）合作金融的产权制度改革；（2）村镇银行的创立；（3）贷款公司的创立；（4）储蓄银行的创立。下面，我们就具体研究和分析这些新制度供给及其绩效问题。

二、农村信用社新制度供给绩效分析

农村信用社新一轮改革始于2003年。当年6月，国务院出台了《深化农村信用社改革试点方案》，决定将山东省等8省市列为第一批试点单位，启动新一轮的农信社改革。该方案明确指出：“按照‘明晰产权关系、强化约束机制、增强服务功能、国家适度支持、地方政府负责’的总体要求，加快信用社管理体制和产权制度改革，把信用社逐步办成由农民、农村工商户和各类经济组织入股，为农民、农业和农村经济服务的社区性地方金融机构”。这次农村信用社改革，重点解决两个问题：一是以法人为单位，改革信用社产权制度，明晰产权关系，完善法人治理结构；二是改革信用社管理体制，将信用社的管理交由地方政府负责，成立农村信用社省（市）级联社。

1. 产权改革模式与管理模式选择。

（1）股份制模式的选择与目标博弈。中国人民银行行长周小川认为，农村金融改革就是要“花钱买机制”，这个机制实质上就是对现有的信用社产权进行改革。按照市场原则，根据不同区域分别进行不同的产权改革。主要分三类，即股份制、股份合作制、合作制，前两种制度在经济较发达的区域实行，后一种在欠发达区域继续保留和完善。总体改革是以推行股份制改革为主，朝着商业化方向迈进。由此可见，新一轮信用社改革寄希望于建立产权清晰的现代企业制度，通过注入商业化模式，提高经营绩效。这种改革在制度上就是主张退出原有的合作金融制度。中国银监会副主席蒋定之认为，“对农村信用社实行股份制改造，既是市场本身的选择，也是多年来改革探索的结果。实践证明，以行政力量推动的合作没有生命力，长期官办化而偏离合作宗旨的农村信用社再也回不到合作制的轨道上，股份制应当是深化农村信用社改革的主导方向。”①目前，我国农村信用社正在大力推进股份制改革，实行合作制已成为过时的经济制度的标志。

这里，我们需要关注的一个问题是，无论是合作制还是股份制，其制度安排是服从于信用社自身利益，还是服务于“三农”目标，或者是两者兼而有之？从合作制本身来看，该制度本身就是服从于合作者的利益而设置的，合作组织本身不追求利润最大化。而股份制是现代商业制度，完全是以企业自身利益最大化为目标的。因此，这两个制度的目标是不一致的。如果我们承认现有的合作金融制度已经偏离了真正意义上合作概念，或者说现在的农村信用社由于合作制度异化已经回不到合作轨道了，那么，现有的农村信用社改革只能说是以舍弃合作制度为代价，以追求商业化为主要目标，在此基础上被赋予了一个不兼容的政治目标——支持“三农”。对此，我们将通过数据予以实证分析。

① 蒋定之：“探索农村信用社改革之路”，《中国金融》，2008 年第 19 期。

（2）省级联社管理模式。在农村信用社新一轮改革中，关于如何确立管理模式时，虽然国家对改革方案没有做出统一规定，但在实际工作中，除北京、上海和天津成立以市为单位的农村商业银行或合作银行外，其他各地基本上都采用了省联社模式。

长期以来农村信用社在管理模式上都是以金融部门的条条管理为主的。这种模式的弊端也显而易见，即利用国家对农村信用社特殊政策，弥补体制内部的亏损。实行省联社的行业管理模式，对调动地方政府的积极性，使责、权、利统一于省级政府，对更好的发挥地方政府配置金融资源的效率起到了一定作用。但是，这一管理模式的风险不容忽视。从理论上说，省联社的管理应当是一种行业管理，而不是行政化的人财物直接控制，与基层农信社的关系应当是业务指导和服务关系。农信社的管理和决策权应当由入社的农民股东做主，而不是省联社。从各地的实践来看，省联社的负责人由省级地方党委决定，地级和县级的信用社负责人由省联社决定，地方信用社的产权改革模式由省联社批准，因而省联社已经成为地方信用社人财物的管理部门。

在省联社管理模式下，地方信用社的经营方向和业绩考核形成了一个统一的取向——按商业化银行的模式运作，在产权改革上追求股份制银行模式，在经营业绩上追求当期利润最大化。地方信用社为实现向商业银行转型的目标，与地方政府共同谋划，按照商业银行审批的条件，利用国家给地方信用社的各项政策，从而大大加快了地方信用社向商业银行的迈进。

2.“花钱买机制”的产权改革绩效分析。农村信用社新一轮改革的核心是产权制度，即花钱买机制，农信社通过取得人民银行的专项央行票据，置换出历史积累下来的不良贷款，转换经营机制，使改制后的农信社真正成为自主经营、自我约束、自我发展、自担风险的市场主体。这一制度设计的目的是显而易见的，引入市场机制，解决历史问题，实现商业化的盈利目标，并更好的服务“三农”。

（1）信用社产权改革前后经营业绩比较。从表4-8中可以看出，2003年农村信用社改革以来，信用社的不良贷款率显著下降，资本充足率显著提高，作为一个商业营业机构的绩效得到改善。但我们应该看到，这些改善的背后却是央行发行专项票据进行注资的承诺。在这轮注资改革中，中央政府发行央行票据的条件是农信社自行对其一半的资不抵债额进行补充，实际中实行的兑付条件是2年后农信社资本充足率达到2%，不良贷款率要比2002年末下降50%以上，当然还有产权清晰、治理结构完善等定性指标。这样，实际兑付央行票据的硬指标只有资本充足率和不良贷款率两项。从地方政府的农信社来看，为了抓住这个难得的机会，必然要尽快增资扩股。这样就使得短期内的机会主义行为取代了经营机制的再造和治理结构的完善，“花钱买机制”很可能会事与愿违。根据谢平、徐忠、沈明高（2006）对部分第一批和第二批改革试点信用社问卷调查，2004年被调查信用社盈利比2003年翻了一番，但考虑到优惠政策和国家提高基准利率的因素后，2004年信用社自身的盈利能力与之前一年相比并没有提高。

表4-8　　农村信用社改革前后经营绩效

年度	2002	2003	2004	2005	2007
不良贷款率	36.9%	29.7%	23.1%	17.5%	9.3%
资本充足率	-8.5%	-6.8%	—	5.9%	11.2%

资料来源：《人民日报》等媒体相关报导①。

（2）信用社产权改革前后支农业绩比较。为了进一步分析信用社农户贷款的增加的具体情况，谢平等将其调查的第一批试点信用社按2000年的农户贷款比例等分成高、中、低三组。这三组

① 其中，2005年数据为年中值，其余各年均为年末值。

2000—2004 年间农户贷款比例的变化如图 4 - 2 所示。从图中可以看出，农户贷款占比增加较快的是在 2001 年占比最低的一组，这一组信用社的农户贷款占比在过去四年间呈现持续上升的势头。其他两组的这一指标在这四年中相对稳定，占比最高组在 2004 年略有上升，占比中等组则稍有下降。这些结果表明，信用社改革试点在增加信用社农户贷款中的作用有限。农户贷款占比高的地区（即为相对较为贫困的地区），农户贷款的平均占比已经高达 90%，很难再有进一步的提高；农户贷款占比居中的地区（即为中等发达地区），农户种养业专业化使得农户贷款有增长的空间，属于应该增长却没有增长的地区；农户贷款占比较低的地区的经济发展水平较高，农户贷款增长的主要来源为非农活动和消费贷款，占比提高速度虽然较快，但并不是出于支持“三农”的目的。

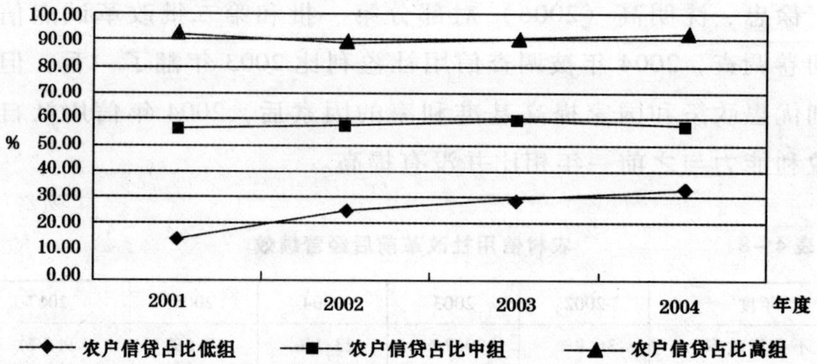

图 4 - 2　高中低三组农户贷款占比的变化情况

然而，与民间借贷关注信誉、未来的现金流和无限责任不同，信用社贷款更加注重抵押品的数量和质量。图 4 - 3 显示，即使考虑信用社的小额信贷在内，信用社的平均信用贷款比率约为 25% 左右。对第一批试点信用社而言，改革试点没有对信用贷款产生明显的影响，第二批试点信用社的信用贷款比率同期更有明显的下降。信用社过度强调抵押品而不是利用其自身的信息优势甄别优质贷款客户，是农户贷款难、民间借贷趋于活跃的一个主要原因。信用社改革过分强调贷款的安全，而不是强调贷款风险与收益的一致，这有可能加剧了农户贷款难而不是相反。

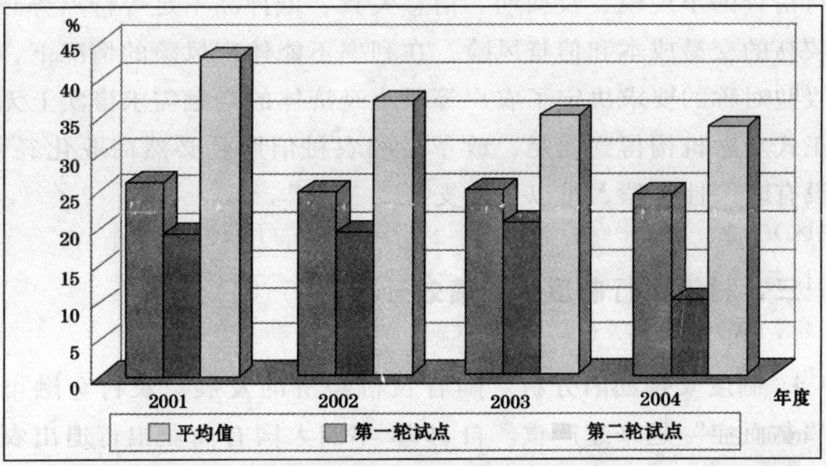

图 4－3　试点信用社信用贷款占比

资料来源：谢平、徐忠、沈高明："农村信用社改革绩效评价"，《金融研究》，2006 年第 1 期。

（3）农村信用社改革绩效悖论的原因分析。首先，市场经济条件下资本资源的配置决定于投资利润率，然而农村经济的弱质性，投资环境的滞后性，平均规模微小的分散性和单位信贷的有限性，资源禀赋和发展水平的区域差异所导致的资金需求的多层次和多元化，决定了信息获取成本和交易成本高而投资收益率低。自然和市场双重风险约束，担保抵押物品的缺乏，更增加了投资的风险。商业化的农村信用社缺乏支持"三农"的内在动力。其次，正如温铁军教授指出的那样，我们目前的改革仍然是基于部门利益制定改革方案，其目的在于建立一个能够降低交易费用、提高融资效率的金融体系。因为产权决定了利益主体的行为，产权的集体性质也决定了制度变迁的主体只能是政府，目的在于实现政府对农村金融资源的重新分配和宏观管理，而忽视了农村经济的多层次、多元化需求和农村金融体制整体功能的发挥。当完成了工业的原始积累之后，农业和农村的稳定和发展也成为国家所追求的目标之一，但相比而言，防范风险，保持金融的稳定似乎是更重要的目标。而农村信贷的小规模、长周期、信息失真、抵押品不足等特点势必造成较高的交易成本和信贷风险，在利率不能体现风险的情况下，风险收益对称的要求决定了农户等弱小经济体的金融需求事实上无法从正式金融机构得到满足，改革后的农村信用社必然商业化经营，若没有政策性补偿，难以冒险支持“三农”。

三、村镇银行制度供给绩效分析

1. 制度安排动因分析。随着农村经济的发展，农村金融市场的“贫血症”越来越严重。自 1998 年四大国有商业银行退出农村信贷市场，农村信用社便成为唯一有可能向广大农户提供正常金融支持的正式金融机构。然而正如众多研究指出的那样，由于产权和组织模式、管理体制、风险分担机制等方面存在问题，农村信用社实际只是农村金融供给的一个摆设，根本没有承担起为“三农”提供有效信贷服务的责任。另一方面，农村信用社却和商业银行、邮政储蓄一起形成了巨大的“资金漏斗”，农户存款倒流城市使农村资金“非农化”十分严重。

在这种情况下，农户的资金需求除了一部分能靠亲友间的“互帮互助”来解决，各种地下借贷组织也生长得欣欣向荣。然而，亲友借贷额度不大，规范性差，易引发纠纷，“面子成本越来越高”（温铁军，2001）；地下借贷组织贷款利率极高，还款条件极为严格，无法满足庞大的普通农户金融需求。

2006 年 10 月，一直在国际上享有“小额信贷之父”、“穷人银行家”美誉的穆罕默德·尤努斯教授以其在孟加拉创立的世界上第一家乡村银行——格莱珉银行获得诺贝尔和平奖。30 年前他曾把27美元借给42名赤贫的孟加拉农村妇女，不久建立起孟加拉乡村银行，至今已形成一个有1200个分行、遍及4.6万多个村庄的银行系统，使400多万孟加拉农村的贫困人口脱贫致富。

为了借鉴格莱珉银行成功模式，填补农村金融供给的空白和引入竞争。2006年底，中国银监会发布《关于调整放宽农村地区银行业金融机构准入政策更好支持社会主义新农村建设的若干意见》（以下简称《意见》），从机构种类、资本限制等方面，大幅放宽农村金融机构的准入政策，并决定在四川、内蒙古、吉林等六省（区）进行试点。

2007年3月，首批村镇银行在国内6个首批试点省诞生。2007年10月，银监会宣布试点从6个省扩大到31个地区。2007年12月，首家外资村镇银行曾都汇丰村镇银行开业。同月，国开行作为主发起人组建的村镇银行挂牌。2008年8月，农行发起在湖北、内蒙古同时成立村镇银行。2008年10月，全国共开设的村镇银行已经达到20多家。

2. 设立村镇银行的双重目标的冲突。根据《村镇银行管理暂行规定》，村镇银行是由境内外金融机构、境内非金融企业法人、境内自然人出资，在农村地区设立的主要为当地农民、农业和农村经济发展提供金融服务的银行业金融机构。服务“三农”是村镇银行的根本宗旨。但同时，由于村镇银行是“自主经营，自担风险，自负盈亏，自我约束”的独立企业法人，各发起人或出资人必然会把实现利润最大化作为自身最大的追求目标；而农民作为弱势群体，农业、农村经济作为风险高、效益低的弱势经济，受自然条件和市场条件的影响巨大。在农业政策性保险严重缺乏的情况下，村镇银行在利益的驱使下很难实现“从一而终”的既定经营理念，它们会逐渐偏离服务“三农”和支持新农村建设的办行宗旨，寻求新的市场定位。在此情况下，发生在农村地区的国有商业银行信贷资金“农转非”现象将不可避免地在村镇银行重现。

3. 制度运行的绩效分析。从第一家村镇银行，四川仪陇惠民村行试点情况看，村镇银行解决农村金融“服务空白和竞争不充分”的能力还很弱，主要表现在：惠民村行存贷比高，未能缓解农村资金外流。成立之初，惠民村镇银行存贷比高达 2.74，甚至高于全县平均存贷比 2.1，资金外流程度更高。

惠民村行对农户信用贷款比例较小，农户还没有成为惠民村镇银行贷款的绝对主体。惠民村行对农户的信用贷款只占到贷款总额的 43% 左右。

缺乏竞争优势，生存空间狭小。仪陇县农村信用社在网点分布、联网结算、资金规模、社会关系等方面具有绝对的优势，惠民村镇银行难以与之竞争。信用社更容易得到农户中的“优质客户”。对于数量更多的中小农户，仪陇县乡村发展协会的小额信贷模式更受欢迎。惠民村行仅有一个营业网点，中间业务少，主要依靠贷款规模获取利润，而目前的贷款规模很小，其财务可持续性受到怀疑。更重要的是，村镇银行支农信贷模式与信用社相比缺乏根本性创新，系统性风险依然较大。

来自江西省的首批试点村镇银行——南康市赣商村镇银行（以下简称赣商银行）的调查信息也表明了类似的问题：

该行成立于 2008 年 2 月，由于群众对村镇银行缺乏了解和信任。目前该行的 80% 的存款来自政府部门，其中 76% 的存款是当地财政局支持的。这显示村镇银行在资金来源方面受到很大的限制。凤阳利民村镇银行 2008 年 5 月成立以来，为支持这一银行的发展，地方财政安排了专项存款 4100 万元，为此，县审计局专门提出财政存款的风险审计意见。

由于上面已经分析的村镇银行在商业运作和支农目标方面的冲突，村镇银行很难做到“一心支农”。被调查的该行管理人员表示，如果仅是服务“三农”，村镇银行就无法持续经营，很快将倒闭。调查数据也显示，截至 2008 年 7 月底，赣商银行最大十家客户贷款中，完全与农业相关的只有两家，一家是南康绿泉林业公司，贷款200万元，用于灾后重建，造林；另一家是一私营业主，贷款95万元，用于林场发展。其余1645万元贷款分布于人造板、汽贸、玻纤、矿业、商铺装修等行业。涉农与非涉农的比例约为1:5.6。

赣商村镇银行经营手段与市商行雷同，没有什么针对“三农”的新内容。在结算业务上，截止目前为止依然是依托赣州市商业银行南康支行进行结算；在信贷业务中，尽管其制订了一套独立的贷款管理制度，但是其基本思路仍然是参照商业银行的贷款管理制度执行，没有新的有效的信贷操作规程。在金融产品中，只有单一传统的抵押、质押、保证、贴现等几项业务，虽然针对南康市经济发展特点，推出了兴康惠农、兴康果业、兴康便民等贷款，但这些品种仍没有脱离传统贷款的老套路，很难受到农户的认可和欢迎。

由于村镇银行目前仍在各地试点，难以用体系的统计数据来对它们的绩效进行分析。但从上述两个案例来看，村镇银行对农村业务表现出很大程度上的“水土不服”，资本金不足、业务单一，开展商业化运作以及存在不少困难，服务“三农”的目标更是远未落到实处。

四、贷款公司制度供给绩效分析

同样是为了填补中国农村出现的金融“真空”，将庞大的“地下金融”引向亟待输血“三农”领域，借鉴国际上小额信贷发展的成功经验，中国人民银行批准在全国5个省（自治区）设立民间商业性小额信贷组织试点。

2005年12月27日，在山西省平遥县，“日升隆”、“晋源泰”两家完全由自然人出资的商业性“只存不贷”小额贷款公司揭牌。

2007年的一次调查表明，平遥的两家小额贷款公司运行情况良好，不仅实现了财务独立和较高的盈利水平，还创造了贷款回收率和利息回收率两个100%的业绩，实现了高水平的风险控制。但同时，良好的经营业绩是建立在强烈的逐利本性和极谨慎的风险规避上的。出于这两个原因，小额贷款公司在贷户选择上设立了较高的“门槛”，在信贷资源分配上存在某种不平等。表4－9来自张杰等（2007）对这两家公司对周边农户金融需求满足情况的调查。可以很清楚的看到，小额贷款公司出于赢利和风险控制的目的，偏向于满足非农的高收入农户的需求。在被调查的100户农户中，有10户存在种植业方面的贷款需求，其中4户来自低收入组，3户来自中等收入组，3户来自高收入组，但是只有1户来自高收入组的需求得到了满足；有44户存在养殖业方面的贷款需求，但只有8户获得了满足，低收入有7户有需要，满足了1户，中等收入组有20户有需要，满足了2户，高收入组有17户有需要，满足了5户；消费性贷款的需求只存在于中低收入组农户中，其中只有中等收入农户的需要得到了满足；工商业贷款需求的满足程度较高，高收入组的农户的需求满足程度最高。

表4－9　　　不同收入段农户小额贷款需求与满足程度①

贷款目的	存在商业性小额贷款需求户数	小额贷款获得户数
种植业投入	10（4/11，3/36，3/53）	1（0/11，0/36，1/53）
养殖业投入	44（7/11，20/36，17/53）	8（1/11，2/36，5/53）
农业基础设施投入	11（1/11，6/36，4/53）	4（0/11，1/36，3/53）
工商业生产投入	58（4/11，17/36，37/53）	27（2/11，5/36，20/53）
消费性支出	6（4/11，2/36，0/53）	2（0/11，2/36，0/53）

注：表中括号内为低、中、高三个收入段中满足项目的户数与本收入段总户数之比，收入段标准分别为1万元以下，1万元～2万元，2万元以上。农业基础设施包括购买农机用具、打井、买水泵等；工商业投入包括从事运输、产品加工、做小生意等流动资金和扩大再生产的需要；消费性支出包括婚丧嫁娶、盖房、看病、子女教育、购买大型家电产品等。

① 资料来源：张杰：《中国农村金融制度调整的绩效：金融需求视角》，中国人民大学出版社，2007年版。

五、邮政储蓄银行制度供给绩效分析

1. 制度安排的内容与动因分析。邮政储蓄所和农村信用社一直是我国农村主要的吸收农户存款的机构。但邮政储蓄长期以来在农村只存不贷，导致大量农村储蓄外流，没有达到资金反哺“三农”的目的。

2006年12月31日，作为邮政体制改革的一部分，中国银监会正式批准由中国邮政集团以全资方式出资成立中国邮政储蓄银行，使我国邮政储蓄实现规范化经营和管理的历史性跨越。组建后的中国邮政储蓄银行的存款余额为1.7万亿元，营业网点超过36000个，其中2/3以上分布在县及县以下农村地区，是我国连接城乡的最大金融网，也是农村金融服务体系的重要组成部分。

根据中国银监会的要求，中国邮政储蓄银行成立后的市场定位是：以零售业务和中间业务为主，为城市社区和广大农村地区居民提供基础金融服务，支持社会主义新农村建设和城乡经济社会协调发展。支持银行在风险可控的条件下拓宽业务范围，充分发挥邮储网络资源优势，促进邮储资金回流农村。在这种新的市场定位下，我国各地的邮政储蓄银行的分支机构纷纷推出了一些针对城乡居民的小额贷款项目。

2005年12月，中国银监会批准在福建、湖北、陕西三省首批开办邮政储蓄定期存单小额质押贷款业务试点，并于2007年3月扩大到全国。这是中国邮政首次推出资产类业务，考虑到目前邮储承担风险的能力，中国银监会规定邮储机构可开展仅限于“定期存单质押”的小额质押贷款试点业务，借款人必须以该省省内邮储定期存单为质押，贷款额度起点为1000元，每笔贷款额不超过质押存单面额的80%，贷款期限不超过12个月。截至2007年3月26日，中国邮政储蓄银行在全国903个市县、1901个网点开办了

小额质押贷款业务，其中农村网点1246个，累计放款金额17.1亿元，其中66.96%是在农村地区发放的。这在一定程度上缓解了农民贷款难的问题，为中国邮储银行未来的业务开展打下了基础。

2007年6月22日，邮储小额信用贷款业务试点在河南省长垣县魏庄镇正式启动。魏庄镇邮储小额信贷的目标客户是该镇的微型或小型企业主、个体户或农户等，主要采取商户联保和农户联保两种形式贷款。两种贷款的期限均为1～12个月，申请贷款时不再需要其他担保，且有多种还款方式。继邮政储蓄推出定期存单质押小额贷款业务后，小额信用贷款业务再次为广大小企业主和农户开辟了一条新的融资渠道。

2. 制度运行成本绩效分析。根据李亚（2007）对河北省境内邮政储蓄小额质押贷款业务的调查，目前该项业务在支农方面，存在以下问题：

一是非农贷款多，农业贷款少。由于前期开办小额质押贷款业务的网点大多分布在经济较发达、人口密集的市区、县城，没有完全延伸到乡镇、深入到农户，客户申办此类贷款大多用于经营性资金周转或个人消费，用于发展农业生产的不多；另一方面，由于观念和意识原因，农民有钱注重存款，即使一时用钱找人拆借，也不愿贷款又支付利息。某市发放的68笔小额质押贷款中，90%为非农性质贷款，只有7笔用于农业生产，占比为10%，61笔非农贷款中，30笔为个人经商周转用款、21笔为购房、8笔为消费、2笔其他用途；某县发放的82.6万元小额质押贷款中8成以上为非农贷款，仅有13.8万元的用途为农业，占比为16.7%。

二是本人存单质押多，他人存单质押少。小额质押贷款是以存单为质押担保且到期一次性收回本息的个人贷款业务，分为本人质押贷款和他人质押贷款两种。从业务实际开办情况看，客户群体大多是本人急需资金，而定期存款尚未到期，为减少存款利息损失而办理质押贷款。据统计，全省累计发放的27552.23万元贷款中，本人存单质押为

21546.85万元，占比为78.2%，他人存单质押为6005.38万元，占比21.8%。调查中也发现，某市一个月内办理的15笔80.4万元贷款均为本人质押贷款。这样，半年期以内贷款多，半年期以上贷款少。如某市280笔小额质押贷款中绝大部分为半年期以内的贷款；某市9家邮储网点累计发放的68笔、340.44万元贷款中，半年期的有67笔、339.54万元，一年期的仅1笔、0.9万元。这表明，没有足够个人存款的中低收入农户与这项业务几乎是隔绝的。

三是期限短，与农业生产不匹配。目前，邮政储蓄机构办理的小额质押贷款期限最长为一年，明显与农业投入生产周期长、收益慢的特点不相适应。调查期内河北省607.55亿元定期存款中，一年期以内的存款为520.46亿元，占比为86%。由于借款人抵押的多为1年期定期存款，从贷款期限看，目前6个月以内的贷款结余3511笔，12042.74万元，占全部贷款余额84.38%；6至12个月的贷款结余716笔，2229.26万元，占全部贷款余额15.62%。调查显示，客户大多因资金短缺，在存款到期前通过质押贷款进行短期资金周转，贷款多为短时应急所需。

另外，各地的试点情况还表明，邮储人员业务水平有限，业务发展受到限制。开展小额质押贷款业务的人员以前都从事邮政存储、汇兑业务，没有信贷业务经验，对邮储资产业务的认识有限，且大多数人都在兼职。这将不利于该业务进行风险控制，影响其长期的发展。

第六节　基于交易成本与国家偏好博弈下外生制度变迁分析

基于前面的讨论，我们不难发现，中国的农村问题是非常特殊的，现有的主流理论或许可以解释其中的一些局部和片断，但无法解释整体和贯穿其中的逻辑。从建国以来到改革开放以来，我国农村外生金融制度变迁一直是国家主导下的强制性制度变迁，国家偏好成为制度变迁的动力机制。但是这种偏好如果是以一贯之的目标函数，制度的安排就该相对稳定，但现实中为什么会不断调整？如果偏好的目标函数改变，那么实现目标函数的核心变量是什么？对此，笔者以交易成本为参数对制度变迁作具体分析。

一、交易成本外部化的农村金融外生制度安排

所谓交易成本外部化，是指金融制度的安排运行的成本不是由制度内部组织承担，而是由制度安排的发起人支付。在改革开放前夕，我国农村金融外生制度一直以来就是由国家作为唯一的发起人，因而制度的运行成本完全由国家“埋单”，各类金融机构和组织的职责就是按国家计划指令发放贷款。农村信用社自1957年试办以来，就很快纳入到农业银行和人民银行的管理体系，制度也随之异化为官办金融，信贷任务完全服从于管理银行，合作金融制度原有的机制失灵，造成交易成本居高不下。以农业银行为主的商业银行同样面临着执行国家信贷计划指令任务的目标，从农业银行1951年创立到1979年历经三次撤并和恢复，可谓频繁变迁，这些变迁的最终成本都由国家完全支付。为什么会在30年间出现如此频繁的变迁？笔者认为，其主要原因源自国家战略下的金融垄断目标。新中国成立后，为巩固政权和建立社会主义制度，金融资源成为重要的财力保障资源。因而，国家为垄断金融资源，使之为国家社会主义目标服务，金融资源的配置就没有考虑交易成本的计量，而是完全按照计划经济要求，成为国家的“第二财政”。这种外部化交易成本的制度安排，其制度本身就缺乏激励机制，而金融机构没有绩效约束目标，且经营机构“政企不分”，必然造成绩效低下，这种绩效也难以用计量数据评价。因而，基于国家的战略目标

和金融资源垄断偏好，这一轮的金融外生制度安排是以交易成本外部化为代价、以金融资源垄断为目标的。

二、交易成本内部化的农村金融外生制度安排

交易成本内部化，是指金融制度安排运行的成本是由制度内部组织机构承担的，国家退出交易成本支付人职责。这种制度安排就要求金融制度的组织机构必须自主经营、自负盈亏，成为独立市场主体。1996 年 8 月，我国农村金融制度按照《国务院关于农村金融体制改革的决定》，要求建立以合作经营为基础，商业性金融、政策性经营分工协作的农村金融体系。为此，农业银行于 1996 年开始了商业化改革，农村信用社于 2003 年开始了以产权制度为核心的改革，这种改革标志着国家金融制度不再是仅仅关注金融资源的垄断问题，而是退出交易成本“国家埋单”的原有体制，促使金融组织机构必须走以关注交易成本为核心向市场化的制度变革。正因如此，农业银行为实现其组织机构的市场化利益目标，将交易成本相对较高的农村金融机构进行了大规模撤并，直到交易成本具有盈亏临界水平的区域——县级城市，作为保留金融机构的底线，并将交易成本较低的县域以上、城市工商业客户作为主要服务目标，实现了交易成本内部化，完成了国家新一轮制度安排偏好——市场化目标。农村信用社同样如此，在大批农村信用社追逐改制为农村商业银行和商业合作银行的同时，农村信用社纷纷将服务目标由原来的农村农户转向城市工商业客户。可以说，这一轮以交易成本为核心的博弈，是以牺牲农村农户储蓄、减少信贷为代价的。

三、交易成本多元化的农村金融外生制度安排

交易成本多元化，是指金融制度安排的运行成本不仅由制度本

身的组织机构承担而且可以由制度发起人国家和各级政府等公共组织承担。这项制度变迁使交易成本支付问题变得复杂起来，究竟哪些制度才享有这些特别优惠权？从我国现行金融外生制度安排来看，这种制度安排主要以农业发展银行为主，也包括正在进行中的农村信用社改制。农业发展银行自 1994 年成立以来，其主要职能是承担着农产品购销与储备、农业综合开发、农村基础设施建设、农业生态环境保护等，并规定银行体制实行独立核算，自主、保本经营，企业化管理。虽然国家在这一制度安排时，最初希望制度运行的交易成本内部化，但实际运行中农业发展银行由于自有资金不足，资本充足率低，自主筹资能力差，资产负债逐年增加；同时，由于业务经营单一，信贷资产质量较差，经营风险加大，造成国家必须通过大量的补贴才能弥补交易成本过高的亏损。而农村信用社为获取国家给予的专项票据置换政策，纷纷通过增资扩股来套现，使得原来由信用社自身支付的交易成本转嫁到国家支付。这一轮的外生金融制度安排，国家偏好既有政治性的目标函数——服务“三农”，又有市场化的目标函数——自负盈亏，这就使得两种目标函数冲突时，金融机构与国家偏好产生利益冲突，围绕交易成本由谁支付的博弈，最终形成多元化的支付策略。

第五章　供给抑制：农村内生金融制度安排

第一节　农村金融内生制度生成与演化路径考察

一、农村内生金融制度生成的历史原因及必然性

内生金融为民间自发组织形成的，它贴近农民实际生活，在农村金融领域中一直占据着极为重要的地位。自古以来，内生金融就伴随着国家农贷制度不断变迁与发展，我国民间农贷制度最早可以上溯到春秋战国时代。虽然经历数千年历史，这一制度依然具有生命力。因此，对这一制度生成路径研究，有助于我们更好的利用认识和利用，并在实践中发挥这一制度的效能。

1. 服务于小农经济为主的农业经济存续与发展。农村金融市场在相对落后的经济中发育起来，决定了初级民间金融活动的必然性。中国封建社会形成较早，千百年来社会改朝换代历有更迭，但是作为其经济形态的农业社会的小农经济和社会形态的封建制度没有根本改变。在中国农业社会中，资本主义生产方式还没有萌芽，或者是处于萌芽状态，但没有占据优势，金融制度也没得到高度发展，而这种经济状态下的社会制度很少变化，社会秩序较为稳定，家庭观念极为浓厚，乡邻亲友的关系异常亲密，血缘关系加上地

缘，人们之间的关系便产生了有无共济、义举被视为当然的行为准则和社会公德。小农经济的本质是生产力落后，家庭经济必须满足生存保障的基本功能，在此基础上追求规避风险的发展。因此，以互助为目的，以保存家庭生存保障为前提，以人为信用主导的各类民间金融组织和借贷活动便应运而生，绵延千百年而不断，且有滋蔓之势。随着改革开放的推进，各种私有、个体经济纷纷涌现，私人对资金的需求日益增加，而真正的商业银行和国有专业银行又不愿向农村地区进行借贷，对农村个体经济的信贷更是非常严格。农村信用社作为农村合作金融组织，正如前文中已经提到过的，经过“文革”十年动乱，早已不姓“农”，成为农业银行事实上的基层组织，因而也很难起到为农民融资的功能。凡此种种，都促使了传统民间金融活动的产生和发展。

2. 适应满足个体民营新经济发展的需要。在中国经济体制改革的三十年来，各种经济体制都有了较大的改革和发展，尤其是国有集体经济的改制和转型，多元化经济正在形成，而与此形成巨大的反照是：中国金融体制一向滞后于经济体制改革。随着改革开放的逐步推进，人们的思想有了很大的解放。现今，大力发展个体民营经济早已形成共识，按照一般的理解，有个体经济就应当有为个体经济服务的金融组织，国家银行和信用社又不能面面俱到满足个体经济发展对资金的需求和服务，这在客观上需要有私人金融组织的出现。

3. 正规金融缺位下的互补优势。一是国有涉农银行退出农村转向城市服务的“逆向选择”为内生金融发展提供空间，非正规金融适应农村市场的需求应运而生。二是内生金融制度具有天然的交易费用优势。农村金融机构因为要承担来自经济再生产过程和自然再生产过程可能带来风险的双重压力，加上农村中广大农户居住分散，贷款规模小，国有银行一般不愿向农业企业和个人农户贷款。而农村民间金融组织由农村内部自发生成，具有微观信息灵敏的特征，借贷双方彼此了解熟悉，促使了交易费用的降低。三是具有天然的市场效率优势。内生金融制度下的各类金融组织在金融服务中，普遍具有正规金融不可比拟的手续简便、效率高的优势。

就内生金融制度的主体而言，历史上形成的主体形式很多，这里从主体的组织化程度将内生金融划分为两类：一类是非正式信贷个人或机构；另一类是合作社或其他社区性的金融服务机构。

二、非正式信贷个人或机构的生成及演进路径

在我国广大的农村和农业地区，特别是低收入地区、偏远地区以及小规模经营的农业地区，非正式融资量占据主导地位，交易规模远远大于正式融资量，非正式贷款远远比正式金融机构贷款更具有简便性和优越性。非正式贷款一般是指农户的亲戚朋友提供给农户的低息或无息贷款，以及由农村从事各类产业经济较为富裕的大户和其他职业货币借贷者所提供的商业信用。非正式金融机构包括各种传统的、不通过正规金融方式的储蓄和信贷。

非正式商业借贷者，也被称为掮客，他们是农村非正规金融的主体，虽然活动得不到政府补贴，但他们在所有的地方都已呈现出强大的生命力，这意味着他们具有融资能力以及对农村条件的适应能力。货币借贷者没有豪华的固定营业场所，没有票据账户，也没有雇用职员，但他们提供了农户迫切需要的金融服务。因为接近借款人，所以他们能够根据农户的要求和信息做出灵敏的反应，在还款上也有着灵活宽松的条件，在交易上实行面对面交易，一般以口头契约形式即可，交易成本很低。事实证明，大量的低收入农户都能获得这种信用。由于农村收入差距的变化，农户中也分离出一部分货币贷款人。一般说来，非正式贷款人常常能很好地判断左邻右舍的信誉，从而能够顺利地收回贷款，这是正规机构贷款很难做到的。货币借贷者与被借贷者之间是不需要官方商业借贷的抵押行为，通常以村庄为边界，只在熟人圈中进行交易。有些货币借贷者

在熟人特别是当地德高望重的人作为中介后，也可以跨越村庄借贷。在官方金融得不到满足情况下，农户借贷需求满足不是取决于当地民间储蓄资金多少，而是取决于农户个体村庄信誉的高低，对信誉道德农户要获得货币借贷几乎没有什么问题。

货币借贷者优点很多，但却得不到大多数人和决策者的重视，主要原因在于他们贷款的利率太高，道义上与传统互助文化不兼容，因而被认为是越轨行为和剥削行为。第二个原因是货币借贷者提供的大部分是消费信贷，而很少是生产信贷。通常认为这种贷款由于没有提高农业产量，因而也不能增加借款人的偿还能力，结果使借款人陷于债务之中。这种贷款也没有为地方和国家“国民经济发展”目标服务，而政府的信贷计划却都是为此目标而做出的。其三，除了国家正规金融制度的排异外，在商业化金融支持者看来，这种货币借贷者活动风险很大，那就是人们或许认为货币借贷者不仅造成了大量民间储蓄滞留，而且借贷本身也不能改善农村金融服务，不能支持农业技术进步和农村经济发展，干扰了农村正规金融活动，形成负面竞争。

这里，我们选取安徽凤阳县民间借贷活动的调查数据作进一步分析，研究发现，农村货币借贷者的借贷利率与正规金融活动具有相关性。在20世纪90年代农村基金会尚未取消时，由于基金会可以满足农村农户和企业要求，农村个人借贷活动的利息率一般在每月8~10厘左右，略高于农村正规金融机构贷款利率；在1995年农村基金会取消后，农村大量资金上存，农村资金缺乏，农户和农村乡村企业贷款紧张，造成货币借贷者活动发达，一方面通过借贷者向社会借贷资金，另一方面向农村资金需求者借贷资金，前者明显高于官方银行储蓄，利息率达到5~8厘左右，以致造成许多政府部门公职人员纷纷将储蓄投放给货币借贷者；后者则将借贷利息按照高于月息1分，甚至达到2分的标准予以借贷，形成巨大利差，一时间民间货币借贷者活动非常活跃。据统计，仅该县黄泥铺一个乡镇干部就从社会各界融资近 1000 万元。由于借贷双方利率都高，而借贷投资出现了盲目冲动倾向，结果还贷出现问题，一直逾期 3 年后才陆续还清。在 1997 年由于地方政府大力发展个体民营企业，对国有集体企业加大改制力度，一批国有集体企业由于破产造成银行大量呆坏账，金融环境紧张，银行普遍惜贷，农村货币借贷者活动再次兴旺。尽管有前车之鉴，但依然不能遏制民间资金需求膨胀带来的利益诱惑。该县西部以刘府、西泉和武店三个乡镇为主，依托石灰石和石英石，发展水泥、石灰和石英砂加工企业，各个企业主各显神通，大量从民间以高息集资，有的业主集资款达到上亿元。

上述案例说明，货币借贷者的活动与存续是与农村经济社会发展息息相关的。在许多农村金融市场上，货币借贷者有其竞争优势，他们能提供正式贷款人所不能提供的金融服务，他们收取相对较高的利率（对小额贷款而言）以弥补所耗费的成本。如果这种农村金融市场有更好的通讯系统和设施的话，资本将更容易流入前景可观的高利润地区。这一过程将降低边际收益率，加剧贷款人的竞争，从而降低利率。但是，如果政府的力量触及到这一地区，把货币借贷者看作邪恶的根源，要铲除他们或利用利率上限来加以约束，资本则会变得更加短缺，从而利率上限将自动失去作用。

在承认货币借贷存在合理性的同时，由于社会道德文化和国家制度的价值取向，这种活动往往为社会不耻。即使消除了那些不利于货币借贷者的偏见，即使政府也通过一些建设性措施来发挥他们的作用，但是在农村仍然存在着对非正式金融机构的限制力量。由于他们适应农村金融市场的条件与农户联系的私人性，货币借贷者要适应现代化、经济增长和竞争的规划是困难的，同时，也不适于对农业生产投资方面的定向贷款和条件贷款。虽然控制贷款运用的努力经常付诸东流，但政府可能并不希望自己被看作为是鼓励消费信贷，尽管他们也通过一部分消费信贷分配资源。

历史地客观地分析货币借贷者，我们认为非正式贷款人在今后的农村金融市场活动中仍有其立足之地，他们将继续提供许多人想得到的并愿意为此支付较高利息的金融服务。非正式商业借贷者作为农村金融市场的一个组成部分，是合法而有益的。政府的目标不应该是取缔他们，而应该是通过加强竞争，使他们的金融服务价格和质量得到改进和调整。

三、合作社和其他社区性金融机构的生成及演进路径

国际经验表明，借款人集团组织包括常规和非常规两种方式。许多国家政府借以建立和支持合作社把信用作为其功能之一。信用合作社就是专门动员储蓄并对会员发放贷款的信用联合。另外，银行可以贷款给临时的或半永久性的借款集团，这些借款集团的唯一职能是共同承担责任。这些组织中有一些已获得成功，为发展中经济的农村金融市场提供了最成功的经验。它们不仅提供信贷，还提供储蓄服务，并广泛利用技术和市场服务。它们已经能够增进、适应农业现代化，并加入到现代化的行列中。

作为农村金融市场的参与者，合作社或农户组织与其他形式的金融合作体并没有明确的业务划分，经营业务是多样性的。作为私人农户的中介，合作社能够通过对还款共同负责以及相互监督的办法，降低借款人和贷款人的成本，减少拖欠风险。此外，他们还充当信息传播者，这有利于在合作销售产品的时候，促进和改善债务的收回。另外，他们还为农户提供技术、投资和销售方面的咨询业务，而外界对他们这种能力的认识是很有限的。总的来说，借款人集团组织确实降低了贷款者的管理费用，但在发展中国家和地区，合作社对贷款偿还仍然非常不稳定。不幸的是，能够将会员储蓄积累到显著规模的合作社其实非常罕见。事实证明，把信贷与其他服务结合起来是不易管理的。当然，这不等于否认某些合作社的管理非常有效。我们相信，正如非正式贷款人或机构有其必然的存在和

发展空间一样，合作金融的潜力其实远没有真正挖掘出来。

社区性金融机构是一种介于正规与非正规金融机构的一种，其主要活动表现为对社区居民的储蓄和借贷提供便利。一些社区银行由于机构松散，具有社团协会或互助性质，不是一个经营性的法人实体，因而被看作是民间金融机构。我国社区银行由于制度准入限制，一直处于空白状态。2009 年出台的中央一号文件明确将社区银行写入国家制度准入范围，这是金融制度史上的重大进步，表明了国家对非正规金融的重视程度，尽管如此，真正意义上在实践层面上可以自由准入，还有待于金融监管权力部门的认同和执行。

第二节 民间非正规合作金融制度变迁绩效分析

为进一步研究农村合作金融对农村经济发展的影响及其作用，本节将从历史的角度考察我国合作金融制度的演化，并分析这种制度变迁的诱因和变迁绩效。

一、传统民间合作金融的组织形式、功能与绩效

1. 传统合作金融的组织形式。

（1）合会。也称轮转储蓄和信贷协会，是一个综合性概念，是各种民间金融组织的统称，是传统的、自发的、具有广泛群众性的资金互助组织。这种组织主要存在于农村地区，一般是在血缘亲缘关系基础上建立起来的资金互助合作组织。

合会的主要形式包括：轮会、标会、摇会、抬会、拨会、寿缘会等六种。虽然各会在具体内容上有所区别，但其运行的机制大体

相同。主要做法是，首先由急需资金的人充当发起人（称“会首”或“会头”），他们凭借个人的信用，请收入较为充裕而又有信用的人出面担保，邀集亲友、邻里、同事等数人乃至几十人（称“会脚”）组成一会，约定每人每次应缴会款和举会时间。第一次缴纳的会款归会首，以后依不同方式，决定会脚收款的次序。其中，按预先排定次序轮收所谓成“轮会”；按摇骰子决定收会名次方式确定的，称为“摇会”；用投标竞争办法决定的称为“标会”。已得一次会款者，不再参加摇骰子排顺序，只交会款。当每位会员都得到一次会款后，该会结束或重新组合。贯穿于合会运作过程的，除了资金的稳定流动，其实质是会头和会员之间在日常生活关系交往上的相互信任关系，这种信任关系在一个封闭的环境中形成了信用关系。

（2）互助储金会。农村互助储金会主要存于经济较落后的地区，有的地方也叫“扶贫互助基金会”，是群众自办、自治、自享的资金互助经济组织。其宗旨是救灾备荒、扶贫扶困、发展生产。一般以村为单位，实行入股自愿、退股自由、民主管理、群众监督。

2. 传统民间合作金融的功能。合会作为一种草根金融组织，其经济功能集中体现在对正规金融的替代与互补上。在正式金融机构僵化的制度性抑制之时，农村各信贷主体随诱导性制度信贷需求快速增长，合会这种处于夹缝中的草根金融组织大量出现，既弥补了正式金融机构制度性抑制所带来的信贷资源大量减少的空缺，又以快捷、方便、简单的方式满足了农村不同信贷主体的信贷需求，在农村发展过程中，其经济意义主要表现在三个方面：一是通过合会的组织化运作，能够通过借贷，为原来闲置的民间的资本进入市场打开通道，以促进社会资本流动带动社会全面发展；二是通过合会平抑正规金融组织带来的信贷空缺，并且直接对一些在正规金融机构难以获得信贷的信贷主体进行信贷，体现了对每一个信贷主体的贷款支持的公平原则，特别是在小额信贷领域发挥着正规金融机构所无法替代的作用和功能；三是通过合会组织提供信贷资源，首先是满足了长期无法获得信贷资源的弱势群体的信贷需求，很多需要金额小、周期短的信贷资金需求者通过合会扩大了生活消费、农业生产消费。其次，个体工商户创业、农村小企业的创立，手续简单和方便快捷的合会信贷成为了很多农村企业家“第一桶金”的主要信贷支持。

农村互助储蓄会带有赈灾救济的作用，为受灾群众或特困群众的生活和生产解决了基本信贷需求；在信贷的发放上，具有额度小、利率低、周期短的特点，与合会相比，更具有扶贫济困的特征。扶贫基金会作为非盈利组织，这一特征更加突出。

二、传统民间合作金融的变迁诱因

中国的民间合作金融组织出现较早，据考证已经有上千年的历史，解放前在华北、华东和华南等地都有关于这种组织的纪录。我国的各种互助会的规模一般较小，大约十至几十人不等，期限一般是一年到十年左右。但是，20 世纪 80 年代以来，在浙江和福建等地也出现了会员多达几百人，融资金额上千万的标会。之所以如此，与政府对我国民间金融长期打压不无关系，与正规金融不能很好地满足民众的信贷需求不无关系。

传统民间合作金融组织虽然在形式上经历了很大变迁，但是其基本形式并没有发生多少变化。历史考察这些变迁动因，笔者认为主要有三个方面因素：一是政治动因，即国家层面的原因。这里主要是指国家处于政治利益的需要，每个时期对金融管制采取不同的态度，包括限制、打击和宽容等。如建国以来到改革开放前夕，国家为实现重工业化和城市经济需要，对农村合作金融实行管制行为，并最终使之官办化；二是经济动因，即经济发展的诱因。我国历史上长期以来处于封建社会，小农经济成为最典型的经济特征，与小农经济相适应，民间合作金融得到了长足发展。而不同地区由于经济发展水平不同，使得合作金融制度也不断适应经济发展而变迁。如我国东南沿海地区，由于商业经济较为发达，金融需求旺盛，合作金融组织就不断由小规模向大规模变迁，各种“会”的发展不断壮大。三是社会制度变迁诱因。即传统合作金融制度和组织的变迁不是孤立的，其变迁收到社会制度变革的影响。伴随着社会制度的不断变革，农村传统合作金融制度必须与之相适应，如农村人民公社解体后，家庭承包制的实行为合作金融制度实行提供了生存的土壤，一度国有化的合作金融组织尽管已难以回归本来面目，但以农民资金互助社为代表的新型合作金融组织正应运而生。

当然，民间合作金融的变迁还有一个重要的原因，就是政府打压行为。为什么政府要对民间合作金融予以打压呢？对政府而言，民间的资金互助会与其他非正规金融组织存在如下缺点：首先，互助会等非正规金融组织和正规金融机构争夺储蓄来源，并且它们具有自发性，会干扰中央银行对社会信用的总量监测和管理，增加了资金的“体外循环”，影响到国家金融调控和货币政策的效果；其次，互助会等机构自身经营管理体制不善，容易酿成金融风险，引发区域金融秩序的混乱，破坏社会信用；再次，互助会和其他一些非正规金融组织的正常运转可能依靠不合法的手段来保证，甚至有的组织带有一定的黑社会性质，不利于社会治安的稳定。因此，适应政府打压行为，民间合作金融也不断变迁，从而在政治条件约束下，以新的形式满足市场的需求，这种变迁也可以称之为合作金融的生存法则。

三、传统民间合作金融的变迁的绩效

传统民间合作金融变迁绩效如何，由于主体缺乏正规金融的财务数据，难以进行直观比较，这里，我们首先考察一下民间金融组织对农户家庭需求满足的绩效，刘民权、徐忠、俞建拖（2006）

对浙江台州资金互助会进行了调查，表5－1显示的是台州地区被调查家庭的借款情况。

表5－1　　入会与非入会家庭借款比较

家庭类型	总户数	借款户数	借款总金额	户均借款	人均借款
入会家庭	171	94	131.62万元	7697.08元	2401.49元
非入会家庭	29	13	11.20万元	3862.07万元	1204.30元

从入会和非入会家庭的借款的比例来看，入会家庭中借款户占其中的54.97%，而非入会家庭中借款户占其中的44.83%，二者之间相差10.41%，这说明入会家庭中借款的比例较高。此外，从借款金额看，入会家庭的户均借款额和人均借款额分别将近是非入会家庭借款额的一倍。刘民权等对调查数据的进一步的研究表明，居民参加互助会能够促进其大件和耐用物品的消费，并对居民的日常消费也有一定的促进作用。

应当注意的是，随着互助会的发展，其融资金额变高，则其会员相应的违约收益也会变大。在温州和宁波、福建的福安等地，互助会每期的融资金融高达数十万元甚至数百万元，大大增加了成员的违约收益，会员卷款潜逃导致倒会的案件时有发生，这种案例显示了民间金融组织收益风险随着规模化的扩大而扩大。

从组织形式来看，民间合作金融发展演化相对正规金融较慢，各类合会的变化，各种互助类合作类金融组织，都是以服务当地群众为宗旨，其收益应当相对稳定。但是仔细考察一下，就会发现，民间合作金融的收益除了自身管理经营外，还取决于正规金融的态度，或者说国家政治态度。当国家放松民间金融管制，而同时正规金融又对农村信贷逆向选择，民间金融的收益就高；反之也然。当社会制度发生变革，民间合作金融同样适应变革而变迁，这种虽然属于诱致性变迁，由于外力影响不同，又分为主动地诱致性变迁

（如现在农村的资金互助社）和被动的诱致性变迁（如农村基金会）。比较而言，主动性变迁，受利益驱动较大，变迁绩效明显，而被动性变迁，受外界力量影响，变迁绩效较小，甚至为负效益。

第三节 农村基金会制度变迁绩效分析

一、农村合作基金会的创立

农村合作基金会是20世纪80年代中期家庭承包导致人民公社解体后，各地在对集体资产清理过程中实行“清财收欠，以欠转贷”而产生的。其发展历程可以分为五个阶段：

1. 萌芽阶段（1984—1986年）。自1983年下半年以来，黑龙江、辽宁、江苏等地的一些乡村，为有效管理和用活集体积累资金，通过清理和整顿集体财产，实行集体资金“队有村管”或“队有乡管”等办法，利用所统管集体资金在乡村集体经济组织之间有偿借用，进行内部融资。这种对集体资金的代管代投活动所产生的效果是积极的，既保障了集体资产的安全和增值，又开辟了农业投资的渠道。中央对此是积极支持的，并在1985年的5号文件中予以肯定，但并未为国家金融监管部门所认可。

2. 改革试验阶段（1987—1991年）。中央对农村合作基金会的肯定、支持，使得全国农村合作基金会蓬勃发展。1986—1988年是农村内部资金融通总量增长最快的时期两年间增加了40亿元。1991年11月，中共中央十三届八中全会《决定》要求，各地要继续办好农村合作基金。同年12月，农业部发出了《关于加强农村合作基金会规范化、制度化建设若干意见的通知》。据此，农村基金会进入了普及发展和配套改革阶段。

3. 高速扩张阶段（1992—1995 年）。虽然中共中央在 1993 年下发了 6 号文件《关于当前经济情况和加强宏观调控的意见》，整顿金融秩序、严肃金融纪律，农村非正规金融的制度环境十分严峻。但是这一时期的农村基金会仍然处于高速发展时期。据统计，1995 年底，全国乡镇一级农村合作基金会发展到 1.97 万个，村级 13.4 万个，分别占当年乡镇总数的 41.7%村总数的 18.3%。年末凑集入会资金 723 亿元，比 1990 年增长 8.1 倍。1995 年，累计投放资金 828 亿元，比 1990 年增长 10.2 倍。

4. 整顿发展阶段（1996—1998 年）。1996 年底，全国已有 2.1 万个乡村和 2.4 万个村级合作基金会，融资规模约为 1500 亿元，创下基金会创立以来最高纪录。这一时期金融秩序混乱，供销社、计生委、民政、劳动和社会保障等部门都加入了创办基金会、股金会，参与高利率资金市场的恶性竞争。鉴于基金会出现的管理混乱问题，也为了防范金融风险、维护国家金融的垄断，1997 年 11 月决定全面整顿农村合作基金会。由于政策趋紧，农村合作基金会的矛盾突然显现。1998 年各地普遍出现挤兑，四川、河北等地甚至出现了较大规模的挤兑风波，并酿成了农村社会及政治稳定的事件。

5. 清理关闭阶段（1999 年 1 月以后）。1999 年 1 月国务院发布 3 号文件，全国统一正式取缔农村合作基金会。

二、农村合作基金会的变迁诱因

农村基金会作为一个时期的特定金融形式，其本质究竟属于何种类别的金融制度？有的认为该种合作基金组织是一种“异化了的合作金融制度”（李莉莉，何广文，2006）；有的认为基金会是一个县、乡政府银行，由县、乡政府控制并由政府参与直接管理的一个金融组织（刘世定，2005）。从基金会创立到强制性退出，前后经历约 15 年时间。为什么这一金融形式可以产生并存续 15 年后最终退出？李静（2004）认为，这是农村金融制度创新过程中的一次试错过程，其最初的发展也是适应了当时经济发展的需要，是微观创新主体发现对制度创新的需求并进行推动创新的结果。对此，本文认为这一制度的变迁主要基于以下三方面因素：

1. 制度创新的原动力。农村合作基金会于 20 世纪 80 年代兴起，其直接的原因是村级集体积累的清收问题，但最根本的动力来自于农民的储蓄积累和投资欲望。自农村实行家庭承包制以来，农民最大的收益就是粮食，粮食积累多了形成了一定的货币储蓄。在这种情形下，农民开始不再满足单纯的粮食生产，而是寻求新的创业与投资，兴办乡村企业成为农民创业的首选。而兴办乡村企业不仅为农民储蓄找到投资新路径，同时使农民储蓄迅速资本化，农民自身也走出一批乡村企业家（范迪军，2007）。因此，与其说是集体资产清收的一个资金管理制度模式，不如说是一个农民储蓄投资的一次内在需求创新。

2. 制度变迁的地方政府驱动力。农村合作基金会不同于一般意义上的合作金融，即这个组织是在地方政府（主要是县乡二级政府）参与下运行的。多数基金会是在地方乡镇农经部门管理下开展工作，也有的基金会是由乡镇政府直接管理。这种管理形式使得合作基金蒙上浓厚的官方金融色彩。地方政府由于在基金会创立时就承担了资产注入的功能，因而注定这个金融组织具有政府功能的体现，如政府借款、政府投资、政府开支等，基金会规模越大，政府控制和支配愿望越强烈，容易引发高息揽储，违规操作等行为。

3. 制度退出的国家性战略。鉴于农村合作基金会规模不断壮大，且暴露的问题越来越多，特别是在 1997 年和 1998 年东南亚金融风波的影响下，出于国家金融安全的考虑，中央政府于 1999 年 1 月最终作出了关闭基金会的决定。作为一个存续了 15 年的农村金融制度，突然退出历史舞台，必然会对农村经济产生重大影响，这个成本支出也是巨大的。据统计，截至 2001 年 1 月底，全国各地由于关闭农村合作基金会而由政府偿付债务总额达599.23亿元（其中地方政府筹资84亿元，中央借款515.23亿元），这不仅使地方政府背上沉重的包袱，而且使得农村经济发展面临重创（王曙光，2006）。

三、农村合作基金会的变迁绩效

农村合作基金会的创立与退出对农村经济发展影响有多大，对此，本文通过以下的经验数据予以分析：

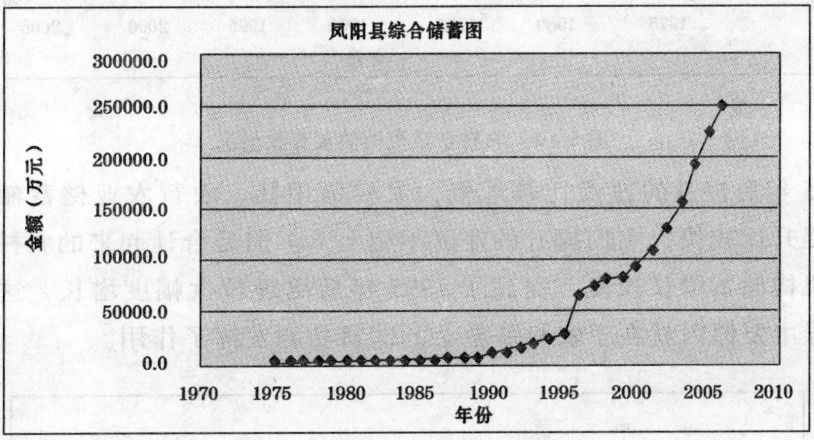

图5－1　近30年来凤阳县综合储蓄

1. 农村储蓄与合作基金会的相关性分析。从图5－1中看出，1975—1985年10年期间凤阳县的综合储蓄几乎为零，说明当时农村农户基本没有多余的钱进行储蓄，根本没有储蓄能力。从1985—1995年期间，由于经济的发展，农村农户的储蓄额不断缓慢上升。在改革开放深入的1996年农村农户储蓄有大幅度提高，总额超过50000万元，持续到2000年储蓄额每年上升的幅度很小。但是从2000年后农村农户的储蓄额快速上升，农户收入快速增加。

从图5－2中可以看出，在1975—1985年，农村邮政储蓄、农村信用社、农行农业处储蓄额都是比较少。农村邮政储蓄额从

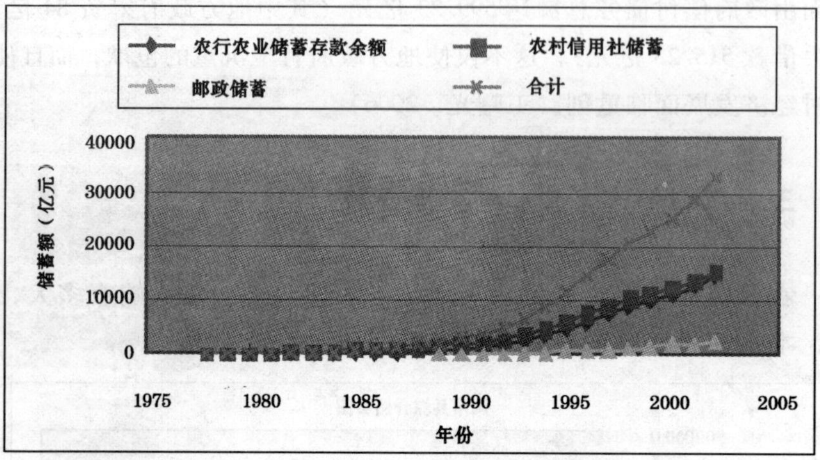

图 5－2　农村金融机构储蓄存款情况

1985 年后提升的速度比较缓慢，农村信用社、农行农业储蓄额两者提升比较快，它们提升的速度不相上下。但是合计起来的农村金融机构储蓄增长较慢，而到了 1995 年后出现较大幅度增长，这一差异主要原因就在于农村基金会的储蓄功能发挥了作用。

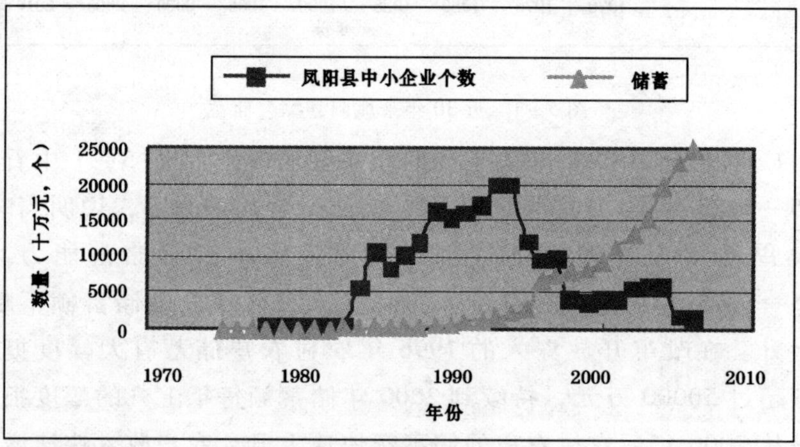

图 5－3　农村资本储蓄、投资情况

由图 5－3 看出，凤阳从 1978 年改革初始，农村乡镇企业数量基本保持不变，在 1992 年左右，中国全面拉开对外开放发展市场经济的高潮，农村乡镇企业有很大的增加，农村出现很多乡村企业家，投资主体很多，农村储蓄提升的不多，其根本原因是农村基金会承担了农村信贷的主渠道。1995 年后，由于农村基金会政策的调整，乡镇企业的信贷主渠道发生变化，企业融资中断，企业数量迅速减少，而随着基金会关闭，原来流向基金会的储蓄流向正规金融，因而金融机构的储蓄不断增加。

2. 乡村企业兴衰与农村基金会相关性分析。在分析基金会对农村乡镇企业影响时，笔者发现全国乡村企业兴衰与农村合作基金会作用具有直接相关性：1978—1988 年是乡镇企业发展的第一次高峰。到 1988 年末，全国乡镇企业个数达到 1888 万，从业人员达到 9546 万人。这是农村基金会的发展时期，这一时期农村基金会已经对农村信贷产生积极作用。1992—1994 年乡镇企业出现第二次高峰，生产总值占全国 30%，税金贡献额占全国的 31%，出口创汇占全国的 34%，农民得到收入占收入总量的 27%。这一时期是农村基金会鼎盛时期，1995 年农村基金会投放资金累计达 828 亿元。1995—1998 年，乡镇企业个数达到 2004 万，比 1995 年减少 9%，从业人员达到 12537 万，比 1995 年减少 2.5%。这一时期农村基金会处于整顿时期，随之而来的就是彻底关闭政策，造成乡镇企业资金链断裂，企业纷纷倒闭。

第四节　基于农户与国家偏好博弈下内生制度变迁分析

无论是外生金融制度还是内生金融制度安排，在农村的信贷主体都是以农户为核心的，因而这就决定了农户偏好与金融制度安排具有明显的相关性，当制度安排为农户信贷提供收益大于成本、且满足需求时，这个制度就是有效的，反之制度安排就会失灵。内生金融制度组织形式很多，这里我们以合作金融制度安排为例。从农村信用社制度的变迁的历程来看，其制度的诱因主要来自“第一行动集团”——政府。农信社从最初的合作组织到人民公社的一个部门，再到国有农业银行的基层组织，及至农业银行的“脱钩”，恢复合作性质，直到现在采取多元化产权改造，均是政府主导下强制性制度变迁。政府利用供给的自然垄断地位，虽然有效地降低了制度变迁的时滞和摩擦成本，但由于国家在农村信用社制度变迁中的效用函数和农村经济主体的效用函数并不一致，并且由于“国家悖论”的约束，政府制度供给很难满足农村经济主体特别是农民的金融制度需求和提高农村金融制度效率（大量的民间金融存在便是一个佐证），制度供给严重失衡。纵观农村信用社制度变迁历史，可以发现农村信用社改革的逻辑主线，即政府效用函数呈现出明显的阶段性特征：1998 年以前的改革，政府偏好于制度稳定和其他重要制度改革（国有商业银行改革），农村信用社居于政府效用偏好序列的末端，农村信用社是牺牲者；随着农村经济结构的变化和金融需求的升级以及“三农”问题的凸显，转轨知识和经验的积累（农村金融制度选择集合的扩展），政府偏好发生了转移，即从稳定偏好（租金最大化）向着良性方向发展（江曙霞，罗杰等，2007）。

上述观点从政府的制度偏好角度解释了信用合作制度变迁的诱因。为更好说明此观点，揭示合作金融制度变迁的诱因，本文以博弈工具对合作制度的参与者决策进行具体分析。

农村合作金融利益博弈参与者主要有两个，即政府和农户。作为农村金融市场的供给媒介——金融组织，既是农村金融需求的提供者，也是农村金融储蓄的需求者。这一媒介方式的供给主体不同，直接关系到金融资源配置的方向。

政府作为农村金融资源配置的第一集团，在农村金融资本的制度选择方式上，必然从自身利益出发，达到控制资源的目标。建国以来，从国家战略考虑，我国面临的主要任务可以分为两个：以重工业为主的工业化发展和新时期以城乡统筹、解决“三农”问题的新农村建设。

当政府偏好第一种战略目标时，政府有两种战略：抑制与扶持。选择抑制表明政府对金融市场的控制与干预，限制各类非官方的合作金融的发展；选择扶持则意味着政府对农村金融市场的放松管理。农户作为博弈参与者，其对策主要有合作与非合作两种。据此，博弈的支付矩阵如表 5－2 所示。

表 5－2　农户、政府博弈支付矩阵表

农户 政府	合作	非合作
抑制	2，1	-2，2
扶持	0，3	-3，-1

上述博弈模型中，我们可以用四种组合表示博弈策略，即：（抑制，合作），（抑制，非合作），（扶持，合作）和（扶持，非合作）。这里，我们简单用序数表示参与人的效用大小，则有：如果政府选择抑制，则农村金融合作制度就属于强制性供给，由政府控制，资金的配置服从政府意图，农户选择合作策略时，农户获得的贷款概率较低，其效用为 1；农户选择非合作策略时，可能获得民间贷款概率高，其效用为 2，即农户获得民间贷款的概率要高于信用合作社。如果政府实行扶持策略，则农村金融合作制度的供给就属于诱致性供给，农户选择合作策略时，就可以建立农户之间真正的合作金融，农户金融需求可以更多的得到满足，其效用为 3；

农户选择非合作时，只能从民间其他金融组织获得贷款，由于缺乏互助性，其效用假设为 -1。对政府而言，农户选择合作策略，而政府选择抑制，则一定可以满足政府控制金融资源的配置目标函数，其效应为2；如果农户选择非合作策略，政府选择抑制策略，则政府控制金融资源目标难以实现，其效应为 -2；如果农户选择合作策略，而政府选择扶持策略，则政府配置金融资源的服务于国家战略的目标就无法满足，其效应为0。如果政府选择扶持，而农户选择非合作，则政府不但无法实现控制农村资金的目标，也没有实现农业的发展，效用为 -3。因此，从这一博弈中可以看出，当政府选择抑制时，农户的最优策略是“非合作”；当政府选择扶持时，农户的最优策略是“合作”。对政府来说，存在严格的占优策略，即只有抑制策略才能满足自己的第一种目标。因而此博弈的重复剔除占优均衡解为（抑制，非合作）。这就是合作金融制度在建国以来的多次变迁的诱因所在。

同理，当新时期政府的目标函数发生调整，由原来的工业化国家战略转向支持新农村建设时，政府的目标函数与农户的目标函数趋于一致，农户获得最大效用同时，政府就获得最大效用。因此，上述博弈的支付矩阵就将发生变化，占优均衡解将变成（扶持，合作）。这就是新时期合作金融制度改革的诱因所在。

第五节　小　结

本章通过分析农村内生金融制度生成与演化路径，考察内生制度演变的动因，比较了制度变迁的绩效，并结合凤阳县案例进一步实证了内生金融制度生成与安排的合理性。同时，以民间合作金融为例，分析考察了传统非正规金融制度演化形式，并对农村基金会的变迁进行了具体考察，分析了基金会与农村乡镇企业的影响。最后通过分析农户与国家的偏好，在农户和国家的博弈中，国家为满足外生金融制度偏好，对农村金融制度的安排与农户偏好形成了不可避免的差距，同时为缩小差距对内生金融制度给与了一定的制度许可空间。

第六章　模式选择：农户合作金融制度模型

在外生制度安排失灵和内生制度安排抑制双重作用下，农村金融问题日趋严重。如何破解这一困境？必须求解于新的制度。从已有的制度运行看，外生制度的出路在于制度本身必须具有激励相容机制，内生制度的出路在于外部政策的宽松。因此，能不能在外部政策放松条件下，构建一个与家庭承包制匹配的内生金融制度，同时与已有的外生制度对接，形成一个新的具有激励相容机制的制度？本章将围绕这一核心问题展开讨论。

第一节　农户合作金融制度安排目标与原则

当前，我国的金融体制改革是以商业化、市场化为主导。在农村金融市场，国有银行的商业化改造使其大范围的撤离农村领域，目前农村信用合作社成为农村金融制度安排的主体。

新中国成立之初，为了促进农村经济的稳定发展，中央政府就决定大力发展农村信用社。但由于历史的原因，20 世纪 60 年代开始信用社被强制纳入国有金融体系，走上了“官办”的道路。改革开放以来，国家曾多次对农村信用社进行改革，希望恢复其合作原则。但实践表明，政府强制性的制度变迁并没有达到预期效果，对农村信用社管理权的下放最终加强了地方政府对农村信用社的控制，但并没有恢复合作金融的本来面目。现阶段建立适应我国农村金融需求的农村合作金融，应是我国农村金融体制改革的根本方向。

一、农村合作金融制度安排

根据国际劳工组织（1994）定义，合作社是一个自愿组织在一起的民主的组织形式、一个具有共同目标的协会。合作金融是合作经济的一种特殊存在形式，以合作制原则为标准，以金融资产形式参与，并专门从事规定范围金融活动的经济形式。合作金融在西方国家已有140多年的历史，同时，农村合作金融也是一个国家金融的重要组成部分。

农村信用合作社是我国农村合作金融的主要形式，甚至是唯一的形式。我国农村信用合作社经过50多年的发展，出现了异化现象，背离了合作原则。历次改革经验表明，使现有农村信用合作社回归“合作原则”，会遇到“路径依赖”的障碍。首先，经过历次改革，我国农村信用合作社已经划归地方政府管理，强化了地方政府对金融资源的控制权，农村信用合作社已成为地方政府发展地方经济调配金融资源的工具，脱离了合作原则。要使农村信用合作社回归合作原则，就必须归社员所有，社员享有对农村信用合作社的使用权、让渡权、处置权和收益权，这样，必然会削弱地方政府调配金融资源的能力，地方政府必定不会放弃既得的权力和利益。其次，我国的农村信用合作社长期依附于国有银行，与国有金融机构及其相适应的社会环境有了很强的“亲和力”，一旦要回归到信用合作制原本的道路上来，仍需要经一个较长的艰难“学习”过程。最后，信用社的员工与真正意义上的农民不再同属于一个利益群体，前者的经济地位明显高于后者。恢复信用社的合作制，意味着信用社从国家银行附属机构的位置上降格为农民自身的金融机构，自然会受到既有经济利益格局的抵制。农村信用合作社的“回归”受到上述种种限制，因此，有必要重建我国的农村合作金融。

但是，我们不能以官方合作金融制度安排的异化而否定合作金融制度的作用和价值。相反，正因为我国现阶段没有真正的合作金融，造成了农村金融体系的不健全，农户在合作金融上没有得到应有的利益。因此，从农村金融需求与供给出发，建立合作金融，特别是农村以农户为主体的合作金融势在必行。

二、农村合作金融制度安排目标

1. 农村合作金融制度，弥补农村正规金融制度的不足。我国历史上土地的所有权并没有呈现集中的趋势。20 世纪 70 年代末的农村经济体制改革，虽然保留了名义上土地所有权的集体所有，但土地的使用权和收益权却分散给了农户，农户成了中国农村经济的主体。这种制度安排最大的制度收益就是社会的稳定。虽然我国城乡差距日益拉大，但占人口绝大多数的农民依附于土地，他们不是绝对的无产者，即使在城市化过程中出现的大量的流动打工者，他们也不是城市的定居者，大多数在农村还保留土地，土地是农民的生存保障。在城市化、工业化进程中，中国并没有出现大量的城市贫民，没有社会动乱，都应归因于这种制度安排。

但是，这种制度安排也是有成本的，即农业不可能有规模收益，农业的产业化也受到了阻碍。我国大量的农村劳动力限制于有限的土地资源上，农业的劳动生产率必然低于社会平均水平，投入农业的资本利润率也会低于社会平均利润率，农业劳动者的收入也必然少于社会平均水平，农村和城市形成了城乡二元结构。在我国人口和土地资源约束条件下，城乡二元结构将长期存在。既然我国的基本体制矛盾是城乡二元结构，且长期存在，我国的金融制度也有必要按照二元结构来分别安排，不能用商业化来同时满足城市和农村的金融需求。

商业金融资本的逐利禀性决定其必定追求“规模效应”，资本的积聚会降低单位资金融通的费用。我国目前的农村制度安排主要是土地的分散经营，没有规模经济可言，农业的资本收益率必然低于其他产业。与这种制度对应，分散的农户是我国农村经济的主体，其所需贷款额小，单位资金融通成本较高。我国农村的制度安排决定商业化的正规金融必定会退出农村领域。在此情况下，有必要建立农村合作金融制度。

2. 农村合作金融制度，有助于降低交易成本。美国经济学家舒尔茨曾经说，农户相当于资本主义市场经济中的企业单位，是按照“理性经济人”的原则行事。斯科特则认为，小农经济关注的是生存，而不是收益最大化，不能用市场的存在作为前提来分析农户的行为。

与西方不同，我国社会的特点，特别是在农村，是以家庭为中心，向血缘基础上的家族扩展，再按人际交往的远近亲疏继续向外延伸形成“圈层社会结构”。在这种以社会关系网络为核心的“圈层社会结构”内，农业生产和平滑生活支出的金融需求通常以“人情借贷”的方式获取。这种借贷基本上是以无息的、互助的方式进行，适应于小农经济。

随着社会经济的发展，“人情借贷”不足以满足具有商业性质的金融借贷需求，农户也会寻求金融机构的信贷支持。但单个农户面对金融机构会面临以下限制：一是中国农户的信贷需求中非生产性需求往往占很大比重，其中除一部分用于维持日常生活的消费支出外，相当规模的资金被用于购置修缮房产、满足丧葬嫁娶的礼俗要求，贷款缺乏未来收入作为偿还保障。二是农户与金融机构之间信息不对称。在“人情借贷”中，贷款者和借款者有着较广泛的联系，因而具有一定的信息优势。而正规金融机构面对的是分散的农户，在进行信贷决策时，缺乏有关农户特点和活动的私人信息，形成了“事前信息不对称”，在利率受到政策限制的情况下，只有实行信贷配给。正规金融机构也缺乏有效的手段监督农户对贷款的使用，形成了“事后信息不对称”，加大了信贷风险。三是缺乏有效的抵押物。一般来说，具有确定价值的抵押物会增加借款额。对于正规金融机构，抵押物的有效性取决于其变现容易程度。农户一般缺少用于贷款的抵押物，即使能提供抵押物，大多为房屋、农具或农产品，正式金融机构由于其与农民生活之间实际距离的存在，在接受的抵押品方面表现出了明显的劣势。四是履行贷款契约的形式单一。农户的产出都为实物，正规金融机构是不接受实物偿还贷款的。农户在偿还贷款时要把实物转换为现金，需要经受市场风险，分散的农户更愿意持有实物以回避市场风险。

民间金融与正规金融组织相比，借贷双方具有较广泛的联系，资金提供者对农户的私人信息有相当的了解，借贷双方的生产经营条件和生活环境相似，对抵押物有较高的认同，契约的履行方式也灵活多变，因此，民间金融更适应农户的信贷需求。发展民间金融的同时规范民间金融活动，合作化成为有效的选择。

3. 农村合作金融制度，有利于农户利益共享。自2007年我国颁布《农民专业合作社法》后，新一轮农村生产合作社迅速发展。从实践来看，农民参与合作社，主要有两方面利益：一是生产产品合作，实行统一销售，一些规模化的合作社甚至可以贴牌销售，突破由一家一户式的市场主体到组织化的市场主体，市场效益明显提高；二是统一够买生产资料，包括种子、肥料及其他生产工具等。这两方面利益的核心都是提高了农民的市场谈判话语权，随着市场谈判主体地位的提高，合作社的成员利益超越了单纯的农户家庭生产利益，增强了农民参加合作社的积极性。但是，农民专业合作社由于组织化和规模化的发展需要，资金需求成为合作社发展的瓶颈。为此，通过建立合作金融制度，农户之间在生产合作的基础上，共享资金互助的利益，不仅可以解决生产规模化问题，而且可以享受到比正规金融资金成本低廉、服务便捷的产品。这也是专业生产合作社为什么在生产合作的基础上要开展信用合作的原因所在。

三、农村合作金融制度安排的原则

真正的信用合作制度生长于农业经济体系内部，是农民自发的联合，而不应是一种外生金融制度安排。内生的农村合作金融应符合自愿原则、互助原则、民主管理原则以及非盈利原则。

我国农村合作金融制度的安排，应从我国的农村实际出发，结合我国现有农村实际，建立真正意义上的合作金融组织。

在农村合作金融的规模方面，不应一味地追求规模效应。新建立的农村合作金融组织主要服务于中低收入的社员，如果组织规模的扩大是由于社员金融资产数量的提高，那么组织的客户层次已经发生了转移，即不再是原来的中低收入群体，这样组织的性质就要发生变化，如果来源于中低收入社员数量的增多，那么组织的信息成本、管理成本都有可能上升，合作金融组织不具备显著的规模经济的特点。

在组织体系方面，考虑我国农村的实际情况，可以建立金字塔型的农村合作金融组织体系。在较小范围内建立具有法人地位的基层合作金融组织，满足农户小额的资金需求，基层合作金融组织由于共同利益的需要，在自愿的基础上联合成立更高层次的联合组织，增强服务能力，即形成农村村级农户资金互助社——县（市）资金互助联合社，自下而上层层入股，形成多极法人体系。各级信用联合社本身是具有资金运营能力的独立法人，可以独立向农户提供较大数额的贷款。这种模式最重要的是要建立村级农户资金互助社，然后以村级互助社为基础，构建互助社联合社。

在内部管理机制方面，坚持社员代表大会是信用社的最高权力机构，必须真正代表社员利益。在基层信用社，严格按照“一人一票”的原则，决定互助社的业务类型、人事任免和重大经营决策。由社员代表大会从社员中选举产生互助社的管理者及常设机构，处理社员平常的小额贷款，较大数额贷款必须由社员代表大会集体决策。社员都可以监督信用社的日常活动，互助社定期向全体社员公布信息以确保广大社员的知情权。

在业务经营方面，互助社服务对象就是参加合作社的社员，主要以中低收入的农户为主，其金融需求形式比较单一，一般只进行存贷业务和与之相关的结算。针对不同农户的具体情况，互助社可以提供灵活的信贷契约。互助社主要考虑的是为农户社员服务，而不是盈利。除为农户提供存贷款服务，农村合作金融组织还应提供诸如市场信息、技能培训等公益产品服务，这是互助合作组织在其发展过程中一个不可忽视的取向。

农村合作金融的发展还离不开政府的大力支持。农村合作金融是弱势农户的互助组织，政府应采取优惠政策扶持其生存和发展，利用信贷和税收等经济杠杆，通过低税或减免税收，低息或无息贷款等方法为农村合作金融组织提供有利的支持，从而促进农业的发展。

第二节　农户合作金融制度模型

一、模型的基本内容

为充分发挥农民资金互助合作在促进产业发展、调整产业结构、稳定竞争秩序等方面的作用，稳定、巩固、提高资金互助社试点工作，推动农村经济和社会又好又快发展，我们按照合作金融理念和原则，构建了农户合作金融制度的“1+1”模型，即“生产合作+资金合作”的模型。如图6-1所示：由专业合作社统一向农户收购生产材料（即负责农户所生产的农副产品的统销）从而达成生产合作；而分散农户向资金互助社缴纳股金，同时资金互助社向有需要的农户提供生产所需的贷款以弥补资金缺额，此二者之间又形成了资金合作。这样，以农户为纽带将生产合作与资金合作相结合的“1+1”模型就形成了。

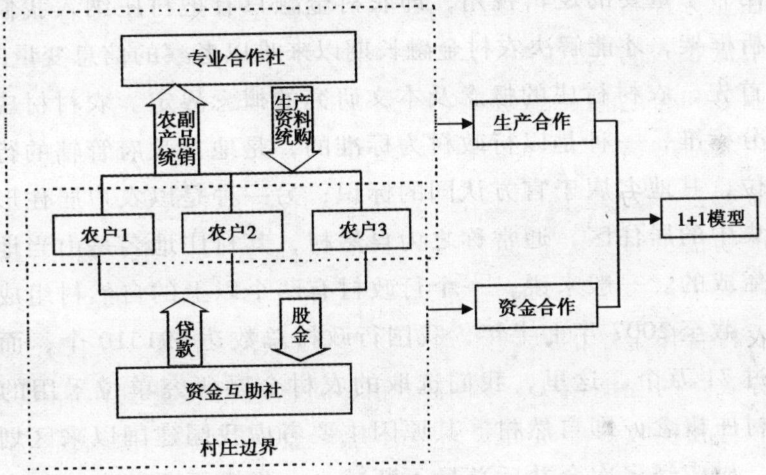

图6-1 农户合作金融制度“1+1”模型

二、模型的理论与现实意义

在前面分析了农户信贷与金融制度激励相容的关系后，我们可以得出一个简单的结论，就是外在金融制度与农户之间存在激励不相容的关系，而内在制度与农户的信贷关系却是激励相容的。为使外在制度更好的发挥作用，可以将外在与内在两种制度进行联结，从而形成一个新的金融联合体，或者说形成新的信贷关系。但是，这种新的关系必须是建立在内在金融制度下一个农户合作金融组织，这就是本文讨论的核心所在。这个命题能不能成立，是基于村域合作金融制度本身的激励相容问题的假想的。现在，我们就具体讨论分析村域合作金融制度及其治理结构运行机制问题。

1. 信息对称机制。

第一，村庄与农户的关系。在研究农村金融的文献中，对村庄与农户关系的研究很少，仅在农村民间金融的研究中可以看到。本文认为，村庄不仅是农村金融的重要的环境变量，而且是农村金融研究的一个重要的逻辑视角，即农村金融只有把村庄纳入我们研究的分析框架，才能解决农村金融长期以来难以考察的信息变量问题。

首先，农村村庄的概念及本文研究的概念界定。农村村庄有两个划分标准，一种是以行政村为标准的，是地方政府管辖的行政区划单位，其地名属于官方认同的标识；另一种是以农户居住形成的相对集中的居住区，通常称之为自然村，其村庄地名是由当地农户约定俗成的。一般来说，一个行政村有两个以上的自然村组成。据统计，截至 2007 年上半年，我国行政村总数达 691510 个，而自然村超过 71 万个。这里，我们选取的农村金融研究单位采用的是第二种村庄概念，即自然村。其原因主要考虑我国建国以来区划调整频繁，村庄经多次合并后总量不断减少，规模不断扩大，与农户联系的紧密性关系不断遭到破坏，有的村庄在地方政府的规划中，已经完全在内容上演变为小城镇了，脱离了村庄原有的内涵和意义。因此，为便于考察，我们选取以农户自身居住天然形成的自然村庄（包括历史变迁较少的行政村）作为我们研究的环境变量。

其次，农户与村庄的地域关系。农户与村庄的关系可以从三个方面考察：一是地域关系，任何一个村庄都有其清晰的地域边界，离开这个边界就会形成新的村庄；二是血缘的关系，通常在村庄内的农户都是有一户或多户大家庭不断分户形成的，在父子、兄弟姐妹的基础上形成了家族等；三是亲缘关系，既有农户和邻里之间形成的亲缘关系，这种关系通常分为两类——以血缘关系为纽带构成的亲缘（有时这种亲缘在农村村庄可以全部覆盖所有农户）和没有亲缘但因居住在同区域结成地域亲缘。由此，我们也可以将村庄与农户的关系描述为圈层关系，核心层为血缘，中间层为亲缘，外层为地缘。而且这个圈层是以每个自然村庄为单位，共同内切于行政村的大的圈层之中，如图 6－2 所示。

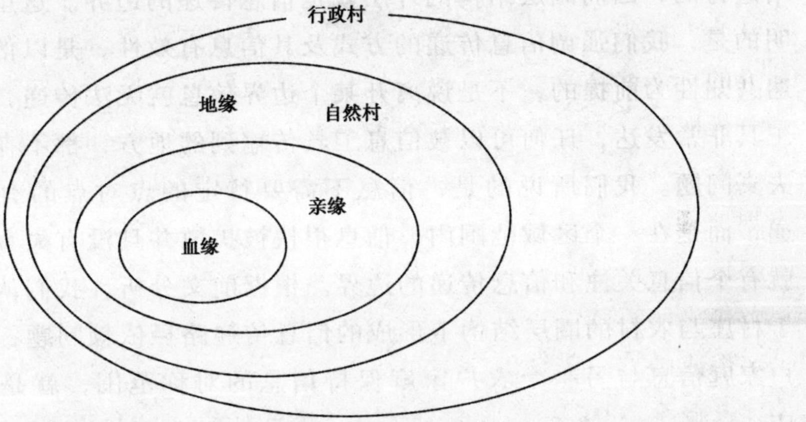

图 6－2 村庄圈层结构示意图

最后，农户圈层关系与信息对称机制。通过分析农户与村庄的关系，我们可以得出圈层结构的结论。这种圈层结构正是我们考察信息对称机制的重要切入点，即信息传递的路径是什么？信息对称的有效空间有多大？这是信息对称内容的核心问题。

任何信息都是依靠路径进行传递的，信息传递的路径在农村表现为乡村的农户关系网，即农户是通过农户之间的网络关系来传递信息的。这个网络不同于现代社会的信息化网络，而是农户之间的结构关系，也就是我们前面分析的农户与村庄的圈层结构关系。一般来说，农户的信息首先是在与家庭有血缘关系的农户中传递。其次在有亲缘关系的旁系亲属关系中、包括五代以外的同宗大家族中传递。其三，在邻里乡亲之间传递。这个信息传递路径可以在乡村文化中得到证实。举例说明，如果一个农户家中办红白喜事，必定分别告知直系亲属、远方亲属和村庄邻居，违反这个规则，这家人一定被乡村文化所指责。这个传递路径最初由点到点的方式传递，很快演化为由点到线、最后由线到线的传递方式。

信息对称在地域上表现为一定的空间范围，离开这个范围信息就会出现失真现象。农户家庭的信息传递是依托特定的圈层结构网络进行的，因而圈层结构的外层就是信息传递的边界。这里需要说明的是，我们强调信息传递的方式及其信息有效性，是以信息的普遍共知性为前提的，不是说离开某个边界信息就无法传递，当信息工具非常发达，任何可以被信息工具传输到的地方，都不存在信息失真问题。我们所说的是，信息不需要特定的点对点的有意识传递，而是在一个区域范围内，信息很快被扩散并且没有失真。这里就有个信息关注和信息传递的边界。根据前文分析，我们认为，由于村庄与农村的圈层结构下形成的信息传递路径依赖问题，一个农户家庭信息与另一个农户家庭保持信息的对称范围，就是一个村庄。

2. 信用机制。

信用机制是我们研究农村金融关注的核心问题，农户家庭在信贷中如何与金融组织建立信用关系，这是正规金融至今没有破解的难题。正规金融始终把农村金融失灵问题简单归结为缺乏有效的抵押品问题。但是，在非正规金融领域，我们从未发现任何农户家庭的信贷必须通过抵押品的方式形成契约。那么，这种由内在制度构成的信贷关系，是怎样形成自身的信用机制的？这种信用机制又是如何运行的？

第一，村庄文化下信用价值观分析。首先研究村庄文化与信用文化之间关系。村庄文化是一个与农村金融制度安排有直接关系的重要因素。我们习惯于把农村非正规金融称为草根金融，这与农村乡土文化紧密相连的。可以说没有乡村特定的文化，就没有草根金融。这种乡村文化在村庄里表现为鲜明的特点：（1）诚信，即农户家庭在村庄里的所作所为，都以诚信为荣，邻里之间相互诚信待人。（2）重情，这是村庄文化最鲜明的特征。热情好客，乐于助人，不仅体现了几千年来乡村文化不变的文明精髓，而且也是城乡文化的泾渭分界线。尽管市场经济条件下有所变化，但总体上依然保持着这一特定的文化内涵。（3）尚义，这是村庄文化的道德层面，即崇尚道义，爱憎分明，是非曲直观点鲜明。正是这种文化价值观，才使得那些有威望的人被推选为家族的族长、村庄干部等。

上述村庄文化的特点决定了信用文化的内涵和本质，即天然的信用道德观。因而村庄文化与村庄的信用文化是一脉相承的，其文化理念是相容的，这就是村庄特有的信用产品——村庄文化道德观。

村庄信贷与信用价值观分析。村庄信贷一直以来是农户家庭之间延续关系的一个重要内容，从经济学角度上说，这就是村庄特有的金融产品。这种产品为什么可以在村庄不断生产，而从不担心由于缺乏信用抵押品出现风险道德问题，我们认为，这种制度可以延续的核心就是村庄拥有的特定信用抵押物——村庄文化道德观。这种文化道德观与实体抵押物有相同的信用功能，即信贷的约束机制，一旦信贷不能偿还，就要付出抵押物或者声誉的损失。对正规金融来说，由于借贷人的声誉损失不足以补偿自身利益损失，因而拒绝这种文化道德观的抵押物，但对非正规金融来说，由于村庄农户朝夕相处，每天可能都有新的利益关系产生，尤其是圈层结构的利益相互关系，只是任何一个信贷农户家庭的毁约，都将在村庄中遭到“集体惩罚”。相反，那些重视信誉，维护信用的农户家庭，不仅可以得到未来信贷的可持续性，而且得到村庄给以很高的声誉。这是一个文化道德与信贷信用正相关的机制。

第二，村庄信用文化与都市信用文化比较。在研究农村金融的信用问题时，我们发现两种制度（外在与内在）其实与两种文化因素有关系，即都市文化和农村文化。下面我们作一下具体分析：

村庄文化与都市文化的价值观分析。村庄文化和都市文化在价值观上具有明显的差异，集中地体现在以下特征：（1）多元化与一元化问题。改革开放以来，都市文化发生了巨大变化，越来越多的国外文化涌向中国。无论是文化的载体还是文化的内容都发生了一系列变化，尤其是文化的主题，受到市场观念冲击，不再是过去单一的政治主题，而是趋于多元化。但是乡村尤其是村庄，在文化上的变化相对较小，文化的主题和文化的内涵依然延续过去的，这就决定了乡村文化价值观没有发生实质性变化。（2）现代化与传统化问题。都市文化不仅在形式上接受了现代理念，而且在内容上也完全接受了现代理念。都市的喧嚣和繁华正是这些现代文化的充分体现。但村庄文化由于远离都市，对现代信息接收较少，因而传统文化的形式和内容都没有丢失，尽管现代文化对乡村同样具有诱惑力，但这个文化不是乡村的主流文化，在村庄具有影响力的是那些年老的族长们，他们对传统文化的认同，使得村庄文化保持着传统特征。（3）市场化与非功利化。都市文化越来越追逐市场化的功利色彩，文化产业化、商业化倾向已成为发展趋势。崇尚金钱、拜金主义盛行，传统道德逐步丢失，非市场化的传统美德正在面临挑战。而村庄文化则将市场化作为道德叛逆不予认同，其文化的价值仍然以延续村庄伦理道德为核心，如农户邻里之间的互助友爱、重情尚义等。（4）主流与支流问题。从整个社会文化来看，都市文化是主流，村庄文化为支流，这是个不争的事实。

上述城乡文化的差异在信用文化上的体现，则表现为都市文化的信用越来越复杂化，趋利色彩浓厚。其一，信用文化由于主体文化的多元化也同样表现为多元化特征，特别是近年来市场经济大潮下，城乡之间、国内外之间的文化交融，使得信用文化在改革开放前后发生巨大变化，诚实、守信问题不得不用合同契约进行约定。村庄文化虽然也经受了市场经济的洗礼，但是村庄的圈层结构的稳定性及其伦理文化的根基稳固性没有发生动摇，这就使得村庄文化在信用上依然崇尚诚信为本。其二，随着社会流动性的加大，无论是市场中的机构还是个人，都在空间和时间上不断发生新的变化。但是这种变化的主体空间在都市。人流、物流、资金流等的相对集中，使得都市无法有效地甄别每个个体信息的准确性。而村庄文化由于空间小、流动性小，结构相对稳定，信息甄别能力强。这种城乡由于在信息变化上带来的文化差异，直接体现在信用文化上：即在都市中由于信息的不确定性带来的逆向选择和道德风险无法控制，必须通过刚性约束——有效抵押物来解决。

第三，村庄文化与都市文化下的金融制度选择。通过分析，可以看出村庄文化和都市文化的差异，这种差异又体现在信用文化上的差异。这里，我们将作进一步深入分析，两种文化的差异对农村金融制度的选择的影响。

首先，都市文化的强势地位与农村金融外在制度的选择。由于城乡文化地位的不平等，都市文化成为主流文化，并被官方认同，从而具有强势地位。在这个前提下，农村金融制度安排就取决于官方文化的价值偏好。金融外在制度符合都市文化的要求，满足都市信用文化的价值偏好，成为官方文化首选。而村庄文化在整个社会中，属于支流，处于弱势地位，不被官方认同，不符合官方的价值偏好，这就是为什么内在的金融制度不被选择作为农村金融制度安排的重要原因。随着市场经济制度的不断建立和完善，作为外在金融制度已经被视为市场经济的重要标志，以更加强势的地位嵌入到农村经济中，这种试图以外在制度供给解决农村金融资源配置问题的办法，已经成为官方文化尤其是信用文化的价值取向。而与村庄文化匹配的内在金融制度由于其弱势文化地位，不被官方认同，合理的制度安排被抑制和扭曲，形成农村金融制度供需上的不均衡。

其次，都市文化的风险道德与外在金融制度的选择。在都市文化中，由于多元化和流动性带来的信息不对称、道德风险不确定问题，使得官方在信用制度上选择了控制风险的强制性金融制度安排，即由官方直接安排的外在制度，并将抵押物作为刚性约束，通过契约进行约定。这种安排在规避信息不对称带来的逆向选择和道德风险上必须支付刚性成本——抵押物，这个成本有多高、在多大范围内契约双方可以接受，这就取决于信贷的交易成本，当交易成本上升到任何一方都无法接受，或者不足以抵消机会成本，这个契约就失灵。而村庄文化及其信用文化的特定性质，决定了外在制度安排的抵押物失灵，即农村抵押物在村庄文化价值上不予认同，信息对称、伦理道德等在农村实际上已经天然的承担了抵押物的功能。这就是为什么外在金融制度在农村不兼容的原因所在。

最后，村庄文化与内在金融制度安排信用机制相容性分析。都市文化和村庄文化是两个不同类型的文化，这两种文化的差异，必然对不同的制度安排有不同的要求，即一个制度如果不能与制度安排的文化环境相容，必然遭到排斥。村庄文化特定的道德规范，已经将信用文化作为特定的约束条件，与金融制度匹配。因而在金融制度中，就不必克隆都市信用文化的刚性抵押契约，使农村村庄文化的信用机制失灵。同时，我们还必须考虑一个现实的经济条件，即国家对农村财产的现行政策问题：一是农民对承包土地的确权问题，二是农民的宅基地确权问题，三是房屋的确权问题。这些虽然都是农民掌控的财富，但现行的法律政策都没有产权凭证，使得农民的生产资料不能形成流动性资产，在法律上也不能成为信用资产。这就需要我们在农村金融制度供给上重新考虑，是通过外在制度供给，还是通过内在制度供给？我们可以对此作出一个比较，见表6－1。

表 6-1　　内在制度与外在制度供给比较表

	信用方式	信用内容	违约成本
外在制度	抵押	资产	资产权属移位
内在制度	声誉	道德	村庄生存环境丧失

上述比较可以看出，在现有的农村经济发展环境和村庄文化下的金融制度是以内在制度为相容条件的。即，满足农民家庭的信贷制度激励相容的约束条件是村庄生存环境，农户家庭必须考虑一旦违约将受到村庄文化和道德的惩罚，失去村庄生存环境，而不是资产产权的移位问题。这个成本也是最小的制度运行成本。

3. 道德风险约束机制。作为一个内在的特定金融制度，村域合作金融自身是否具有道德约束机制，这是决定金融制度运行风险的关键因素。这里，我们具体分析满足道德风险约束机制的金融制度及其约束条件。

圈层关系与圈层信贷分析。我们在考察村庄与农户关系时，发现存在圈层关系。这个圈层关系恰恰与一些文献在研究农户信贷时得出一个圈层关系相吻合。张杰（2006）认为，“中国农村社会的乡土意识与家庭圈层结构决定了他们在相当长的时间内仍会认同与依赖传统的借贷渠道和方式，而不是一下子融入现代信贷制度。对于中国绝大多数农村社会特别是中西部农村地区，小农借贷遵循的依然是我们一再强调的那种逻辑次序，即在农业收入不足以维持生计时，寻求以非农收入为主的家庭内源融资，如家庭预算仍然存在缺口，就寻求外源融资。外源融资的顺序是：首先是寻求国家的信贷支持，其次是在家庭的圈层结构内寻求友情借贷。”但是，在逻辑顺序的外源顺序上，我们的调查和实证正好与之相反，即农村家庭的融资顺序是，先向亲朋好友借贷，再向国家信贷。据 2005 年凤阳县万户农民大调查结果显示，农户家庭的借款顺序为：兄弟姐妹—亲戚—邻居—乡亲—政府—高利贷。

农户家庭之所以存在这个借贷的圈层结构，这是农户与村庄的社会关系在信贷关系上的反映。遵循这一关系，从农户家庭的功能来看：（1）体现了财务成本的核算，即农户是从无息借贷到有息借贷、从成本最小到成本最高的借贷次序进行的；（2）体现了村庄的文化道德，即一个农户的借贷，如果不为自己的亲属认可，该农户的借贷就难以向下推进，或者说难以有信誉寻求新的借贷；（3）体现了农户的"面子成本"，即农户家庭的借贷是与家庭的村庄地位有直接关系的，如果一个家庭不断举债或者没有正当理由举债，将被村庄文化所谴责，即农村所说的"不务正业""败家子"等，这种借贷文化使得农户家庭不在万不得已的情况下，不会将家庭借贷影响扩大化。因此，作为外在的现代金融制度是与村庄的圈层结构不相容的，或者说，只有突破村庄的圈层结构，外在的现代金融制度才是有效的。在圈层结构前提下，内在的村域合作金融制度是激励相容的，也是信贷制度成本最小的。

重复博弈下的村庄民间信贷关系分析。作为内在的金融制度是如何安排农户家庭之间的借贷关系的，这里，我们重点分析为什么会形成重复博弈关系，这种博弈的动机与目标是否冲突，能不能简化博弈次数而直接达成双赢的合作目标？

假设参与信贷博弈的双方为农户与合作金融组织，双方博弈的支出函数为：农户向合作金融组织借款额为 A，农户投资的收益率为 R，金融组织的利息率为 r，如果农户不还款，会受到总额为 P 的惩罚，这个惩罚可以看作是被逐出组织而损失的未来收益，也可以看作是在村庄文化下良心上受到的谴责，则如果农户投资成功，其收益为，金融组织的收益为 $(1+r)A$，如果农户选择不还款，其收益为 $(1+R)A-P$。一般，我们假定农户投资成功会选择还款。那么有 $(R-r)A>(1+R)A-P$，即 $P>(1+r)A$。

但是，如果农户投资失败，当期无法还贷，就会出现第二种博弈，如表6-2所示。

表6-2　　农户与合作金融组织信贷博弈矩阵

金融组织＼农户	还款	不还款
延期	$\delta\ (rA)$，$\delta\ (R-r)A$	$-A$，$A-P$
不延期	$r'A$，$-r'A$	$-A$，$A-P$

其中，δ 为贴现因子，$r'A$ 为农户在投资失败的情况下的还款额，它小于投资成功情况下的还款额。可以看出，当贴现因子足够大的情况下，金融组织会选择延期，而农户会选择还款。这说明，合作金融组织可以克服正式金融贷款期限偏短的缺陷，真正为农业的经营风险提供庇护。

当然，这里我们假设农户第二期会投资成功。在更严格的情形中，我们可以假设农户的投资以一定的概率成功，从而得到相似的结论。

4. 村庄信用文化下的惩罚机制。内在金融制度的安排，虽然没有外在金融制度的实物信用抵押制度，但是其特殊的抵押物——乡村道德文化，承担了信用的功能。这个功能的作用是如何发挥的，我们具体分析如下：

村庄道德文化之所以可以承担信用功能，主要源于村庄小农经济下村庄对农户家庭功能的维护作用。由于小农经济下的农户家庭具有生产和消费的双重功能，而消费功能的发挥由于社会保障制度的不健全，使得家庭保障功能不稳定，寻求外部化和组成新的社会援助网成为农户家庭的共同价值需求，这就使村庄成了农户社会保障的“影子体系”——道德和道义上的村庄文化。这个共同的准则不仅使寻求帮助的农户得到保障，而且也让给予帮助的农户得到安全。如果农户家庭打破这一准则，必然会遭到村庄农户群体的反对，同时也使其自身的村庄保障期望破灭。反之，如果农户家庭遵循这个规则，则其家庭的信誉会得到村庄认同，获取村庄的保障期望就容易实现。这个因村庄文化信用遵守获取的村庄保障“影子体系”，可以用表6-3描述。

表6-3　　基于村庄道德文化的农户与村庄博弈矩阵

	遵 循	不遵循
农户	需求，供给	需求，不供给
村庄（农户群体）	需求，供给	需求，不供给

5. 激励相容机制。农户合作金融制度能否具有激励相容的机制，与传统的农村金融制度相比，这一新的制度供给模式有什么新的特征，或者说，这个制度模式可以改变现有的农村制度供给与需求不对称的困境吗？下面，我们对此问题作具体分析。

第一，传统民间信贷制度下的金融功能错位分析。传统的农村民间信贷制度在金融产品上是以农户需求为对象而产生的。由于长期以来，在小农经济条件下，农户家庭面临生存与发展两个目标需求，特别是生存问题上由于我国在农村没有建立社会保障制度，从而使这个需求转向民间借贷。如，农户家庭的生老病死问题，一直是农村民间信贷尤其是高利贷的重要产品内容。这种金融的社会保障功能是金融功能的异化，一方面反映了国家制度层面的缺失，另一方面也反映了作为正规金融制度下金融产品供给的风险性。如果农户家庭保障制度不能有效解决，任何金融产品都有演化为保障性制度的可能。金融本质是一种趋利的资本，不管是官方还是民间都不会改变这一属性。但是，这种错位的金融功能是难以实现盈利目标的。那么这种金融产品为什么还能长期存在？本文认为，主要有两种情况：①无息贷款，即属于亲友的道义帮助，这是农户家庭圈层结构的村庄文化产品。农户家庭既是这种产品的供给者，也是这种产品的需求者。这种产品没有固定偿还期限，但供给者一旦自己有需求时，被供给者一定要全力偿还，一般要加倍偿还（虽无约定，但村庄文化形成了约定俗成）；②可展期的有息贷款。即当农户家庭偿还贷款有困难时，可以展期，有的展期甚至可以隔代偿还。而这两种情况都不适合外在供给的正规金融，对正规金融产品展期问题，一般都是作为坏账处理，造成农户家庭与官方金融形成不信任关系，使金融产品供给中断，外在金融制度供给失灵。

第二，农户合作金融制度供给的约束条件。传统民间信贷产品虽然在功能上承担了国家的社会保障制度功能，这种错位却容易导致金融可持续发展受到挑战。尤其正规金融产品供给萎缩，甚至退出农村市场。因此，国家建立农村社会保障制度势在必行，这也是突破小农经济或者说改善小农经济的重要前提。目前，我国正在农村建立新型合作医疗制度、最低生活社会保障制度、五保户供养制度、九年制免费义务教育制度和寄宿补助制度等，这些制度在一定程度上解决了家庭的生存问题，使原来错位的金融产品功能得到矫正。在这种前提下，农户家庭的功能从生存与发展博弈的困境走出来，生产性金融需求明显提高，这就为农户家庭生产发展提供了有利条件。这种变化的条件也为我们设计的农户合作金融制度提供了市场基础。在此基础上，我们提出了农户合作金融制度供给的前提条件，就是必须是建立在农户产业发展与合作的基础上。为什么一定需要产业合作条件，这是该制度与传统的内在制度的主要区别，即该约束条件将使原有的传统金融错位功能得以纠正——从生存性保障转向生产性发展。可以说，这个前提条件现阶段是成立的，是基于农村外部制度环境变化和家庭功能得出的结论。

需要说明的是，我们给出的条件不是简单的农户家庭生产，而是农户生产合作，这是个更为严格的条件。这个条件是基于两个方面考虑的：（1）交易成本问题。即当农户家庭生产由原来家庭生产转为家庭合作社生产后，生产规模化带来的生产成本节约、内部合作带来的交易成本节约等，使村域合作金融获得比传统民间金融制度更多的收益，从而使原有的内在制度通过创新，获得可持续发展的动力。（2）外在制度兼容问题。外在金融制度一直以来与内在金融制度是分离的，这种分离的原因除了国家意识形态问题外，最重要的因素就是制度兼容的成本问题。即农村传统民间金融由于没有生产合作内容，无论是道德风险还是交易成本，单一的金融业主体都难以形成优势，使合作风险成本难以规避。这就是农村农户合作金融制度创新的原因所在。

农户合作金融制度的供给分析。在给定的农户合作金融的约束条件下，该制度供给的运行方式如图6－3所示。

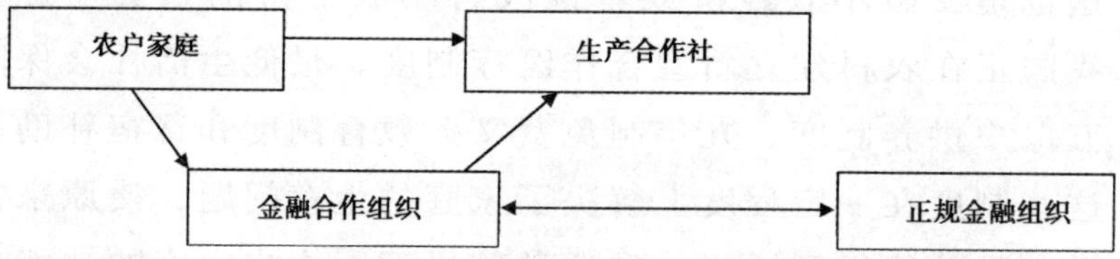

图6－3　农户合作金融制度供给运行方式图

上述的供给模式可以分为三个层次：（1）供给条件。即必须有农户家庭之间在生产上建立合作关系，农户的生产合作形成组织。（2）供给对象。即由单一的农户转为合作社的农户及其集体。农户的资金需求是在合作基础上资金短缺，不是原有的家庭的资金需求。（3）供给方式。即由原来单一的农户直接供给转为两层方式，一层为内部合作农户之间的资金互助，一层为以合作社为单位的资金借贷。

第三节 农户合作金融制度与外在金融制度相容性分析

农户合作金融制度能否成功运行，一个最重要的标准就是与外在金融制度的相容性问题。这种相容性主要体现在两种制度能否联结，联结的成本是否小于或等于通过联结新制度带来的效益。按照制度的相容性原理，我们从以下两个方面作具体分析。

一、制度兼容的成本优势分析

1. 制度兼容的信息比较成本问题。一个金融制度运行过程中，信息成本是最核心成本之一，而传统的金融制度在信息上具有特殊的地缘优势。外在与内在金融制度的联结，正是将两者的优势形成互补，既降低原有外在制度运行的信息成本过高，又改变原有内在制度信息不能共享问题，使新两种制度联合后的信息成本小于或等于未联合的单一制度运行成本，形成信息成本比较优势。

2. 制度兼容的交易比较成本问题。交易规模小、交易频率多、交易成本高，这是农村传统金融制度运行的主要特点，也是农村金融商业化政策后金融组织退出农村的主要原因。内在制度由于制度优势产生的成本内部化，使该制度得以长期运行。而外在制度由于交易成本不能内部化，使得制度运行下的金融机构出现亏损。两种制度的联结，使得交易规模化，从而大大降低交易成本，使交易成本走向内部化，新的联结制度将提高制度运行的效率。

3. 制度兼容的道德风险比较成本问题。农户合作金融作为内在制度的优势是道德风险形成内在的约束机制，而外部金融制度由于非合作博弈的存在，造成逆向选择和道德风险难以控制问题。两种制度的联结，使原有的道德风险约束机制形成放大效应，从而形成新的比较成本优势。

二、制度兼容的新模式优势分析

1. 联结外在与内在金融制度，优化制度供给方式。农村金融制度的本质是为“三农”服务，实现农村经济的健康发展的。这也是国家金融制度设计与供给的目标函数所在。问题是多年的实践证明，农村金融制度供给并没有解决农村金融失灵，相反，国家金融制度下的金融组织机构却不断脱离“三农”，使制度设计与愿望背道而驰。通过分析，我们认识到，造成这一问题的根源是国家金融外在制度与民间金融内在制度的不兼容问题，或者说，正规金融一直企图“独家经营”，对民间金融予以抵制与打压，使农村金融市场扭曲，农村金融产品供给方式扭曲，供给成本加大，供给风险加大。因此，实现金融外在制度与内在制度的联结势在必行，两种制度的联结不仅仅是简单的兼容，更重要的是两者的优势可以放大，两者的劣势可以规避，从而实现新的制度供给方式，实现国家的“三农”金融服务目标，使国家与金融组织、农户家庭成为利益共同体。

2. 创新金融治理模式，促进农村金融的可持续发展。农户合作金融是金融内在制度的一种形式，实际上在治理模式上属于民间金融组织范畴。但是这种模式又不同于过去的传统民间金融组织，即在合作经济的框架内建立起来的。长期以来，外在金融制度直接向农户家庭供给面临交易成本过高、交易规模不大，存在经济问题和潜在的道德风险问题。通过这个模式创新，或者说通过这个金融组织，可以将官方金融组织与民间金融结合起来，使金融供给链由“金融机构——农户”转为“官方金融机构——民间金融组织——农户”，延长了金融供给链条。在这个链条中，官方金融不再单一与农户交易，而是与农户群体交易，规模化的改变不仅使官方金融获益，也使民间金融在原有与农户交易因获得外部官方金融资源效益倍增。因此，我们可以说，农户合作金融制度创新，必将有力促进农村金融的可持续发展。

3. 培育新的市场主体，实现产业发展与金融组织利益一体化。金融的本质是逐利的，对农户家庭金融需求来说，消费金融和生产金融都是客观存在的，由于农村生产力水平低下，农户家庭的收入普遍低于城市水平，这就造成了消费金融偿付的风险性。实际上，农村由于社会保障机制未建立，农户的消费金融本因由社会保障制度承担的功能被迫转嫁过来，使偿付风险加大，一些原本以生产金融为投放的信贷，也因家庭的消费问题而临时变更，使原本就存在信息不对称的正规金融在投放上愈加惜贷。村域合作金融由于在合作经济的组织框架内运行，避免了上述消费金融与生产金融的错位，使合作经济、合作金融在生产、流通和技术等环节上发挥资本的配置作用，农户在经济合作中组织起来，合作经济组织也在金融支持中不断壮大，农村经济的市场主体也由传统的一家一户转向农户群体，农户家庭在合作中推进产业发展、收入增加，金融组织也在合作经济发展中实现利益不断壮大，从而实现农户与合作社及金融组织利益一体化。

第四节　农户合作金融联合制度模型

一、模型的基本内容

通过以上的分析，我们可以看到农户合作金融制度“1+1”模型，为农户有效的解决了信贷资金的成本和方便问题，但这种资金规模小，不能完全满足社员的扩大再生产的需求。同时，外生金融虽然可以解决规模化信贷资金，但因与农户信息不对称，抵押成本高，造成信贷计划难以落实，信贷绩效难以发挥。能不能将内外生制度联合起来作为一个新制度予以安排。为此我们又按合作主体划分在“1+1”模型的基础上提出了农户合作金融联合制度“3+1”模型，即“（龙头企业、资金互助社、涉农银行）+政府”。这个模型的主要内容是：由龙头企业通过向农户下订单的方式统一收购分散农户的产品；同时为分散农户所形成的资金互助社向涉农银行申请批发贷款提供担保，涉农银行向资金互助社授信，后者把所获得的批发贷款化整为零借贷给所需农户以弥补生产资金缺额。资金联合会在为资金互助社提供各种服务的同时还要起到对其监管的作用，而政府在这个过程中既要做到监管资金联合会健康发展，还要肩负起担保公司的职能。

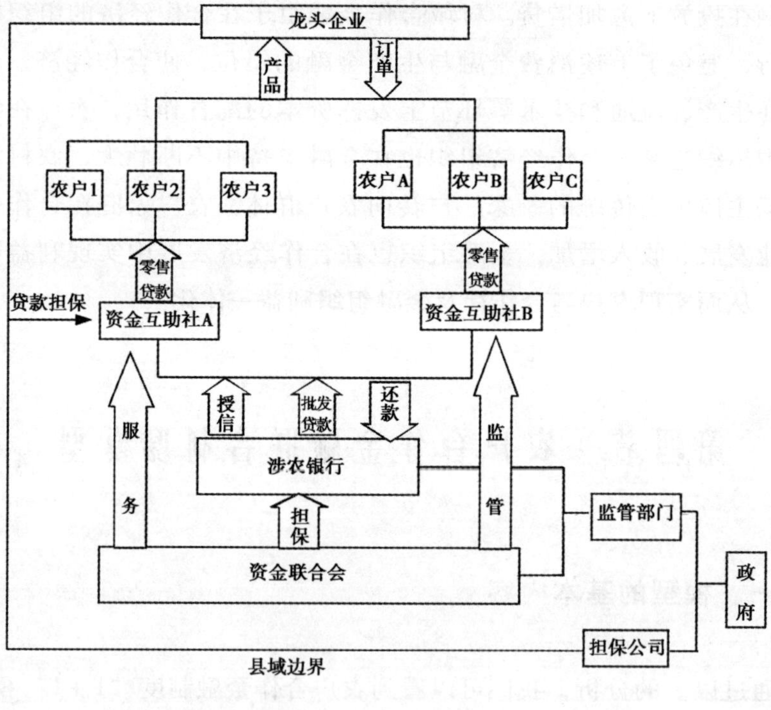

图6-4 农户合作金融联合制度“1+3”模型

二、模型的机制原理

这一制度模型在具体结构上可分为三个层次：一是农户合作组织与龙头企业之间的合作关系，表现为以县域为单位，对涉农企业生产原料实行定向采购，改变原来向市场采购方式，通过订单方式直接与农民资金互助社打交道，这样合作社就将订单作为生产任务分解到合作社成员，并保证在农产品生产出来后按照订单要求统一供给龙头企业；二是涉农银行与农民资金互助社的合作关系，表现为农民资金合作社向涉农银行申请贷款。通常情况下，这种贷款将被否决，其一是资金互助社本身因作为资金组织与银行构成竞争关系，其二是资金互助社在信贷上缺少抵押权证。但是，由于龙头企业的介入，农业订单成为信贷抵押权证的影子，龙头企业本身与涉农银行可以建立信贷关系，对龙头企业的产品市场利益可以有分享权。因此，与龙头企业有直接利益的资金互助社的信贷风险就演化为龙头企业的经营利益相关性风险。在这种风险可控、信息透明前提下，涉农银行与资金互助社就形成了合作关系，给资金互助社授信就成为现实；三是政府与资金互助社的合作关系。政府基于对农民利益的高度重视，对农民信贷关心就演化为协调涉农银行为农户贷款，对此，学界称为“政府干预金融”行为。当涉农银行愿意为农民资金互助社授信且发放规模化贷款时，诉求政府予以信贷风险担保就称为政府与银行的博弈关系，由于共同服务“三农”成为目标函数，政府安排担保公司予以风险担保成为现实。

从运行机制上看，这是一个符合激励相容的制度设计。一是生产利益共享机制。农户合作金融联合制度，是建立在农民生产专业合作与资金合作的基础上的（即“1+1”模型），生产合作是该制度安排的基础前提。在这一前提下，一个利益共同体就形成紧密合作关系，除了产业合作社和资金互助社的成员之间合作外，最为重要的是，龙头企业参与，并作为合作利益第一集团，使共享机制成为可能；二是市场利益共享。生产利益的实现最终要通过市场变现。因此，当龙头企业将订单交给资金互助社后，这一潜在的市场利益就成为现实可能。基于这种市场利益的参与，涉农银行就成为参与农户金融联合制度的第二利益集团，并通过给农户资金互助社的授信和批发规模化信贷为手段，分享基于农户资金互助社创造的市场利益；三是风险利益共享。任何制度运行都有风险成本，农户金融联合制度的风险在于涉农银行的信贷资金安全问题。对此，为从根本上解决这一问题，政府担保成为最后风险人，这是该制度得以可持续运行的关键。政府干预金融与政府支持金融殊途同归，是一个金币的双面显现。任何政府都要服从支持与服务“三农”，而这也恰好是涉农银行的目标函数，在这一共同目标函数约束条件下，政府以担保公司为手段，参与农户金融联合制度的风险利益的第三利益集团。由此可见，合作与分享成为农户金融联合制度的核心，是这一制度安排和运行激励机制所在，是克服单一的农户合作金融制度和单一的外生农村金融制度自身不足的一项新的制度创新。

三、模型的理论与实践意义

该模型的意义主要表现在理论与实践两个层面。从理论意义上看，一是提出并解决了内外生两种制度的联合问题。长期以来，制度经济学关于制度安排与运行都严格地划分为内生与外生两种，没有将两种制度的联合作为研究范畴。因此，造成制度在理论上对立，实践上也阻碍了人们的制度创新。农户合作金融联合制度模型的提出，是内外生两种金融制度的联合，是制度经济学研究的新课题。围绕制度联合，不仅在金融领域，而且在其他各个方面都将开辟研究的新视野，包括联合的主体、联合的范围、联合的约束前提、联合的利益目标，等等。二是提出了制度变迁的多元主体。从制度变迁的形式看，可分为诱致性变迁和强制性变迁两种，两种变迁的主体分别是民间某一利益集团或政府，而且两个主体之间的利益是冲突的。但是，能不能出现第三个主体——民间与政府合作主体，这就是本文制度模型的理论价值所在。虽然制度经济学没有提出这一理论，但是 2007 年诺贝尔经济学奖得主赫维茨、马斯金、迈尔森提出的激励相容的机制理论为制度主体创新奠定了基础。正是基于这一理论，本文结合我国的国情，从农村金融制度现状出发，提出了联合制度理论模型，并把民间主体——资金互助社和政府作为联合制度主体发起人，使这一制度安排具有理论创新意义。

从实践意义看，该制度模型具有三个方面的现实意义。一是创新内生金融与外生金融合作路径，即外生金融组织对内生金融组织可以开展批发业务，内生金融组织可以在承接外生金融的基础上开展零售业务，双方形成了业务合作关系，各需所需，各得所有。二是节约成本，即外生金融制度对接农户信贷成本很高，而内生金融对接农户成本很低，两种制度的联合，正是利用了内生金融的制度成本优势，大大降低了外生成本对接农户信贷成本。三是创新了制度利益共享机制，即从农户的生产合作到信用合作，从农户的订单合作到信用合作，从农户的信用合作到风险合作。这些合作机制的创新，恰恰是两种制度合作创新带来的。这些合作创新的绩效，正是当前我国农村金融制度安排困境的求解目标所在。

第五节　农户合作型与正规合作金融制度比较

农村金融说到底是制度选择与安排问题。从合作金融角度来看，我们既可以选择正规合作金融制度，即由政府安排的由政府主导的合作金融制度，也可以选择民间的以农户合作金融为主体的由社会主导的合作金融制度。在现实中，一些国家实行了这两种制度共生共容的安排。而目前我国的合作金融制度是政府主导的。如何看待这两种制度安排的有效性。下面，我们选择这两种制度的具有代表性的5个核心范畴进行比较分析，进而更好地理解农村关于金融制度的需求与供给问题。需要说明的是，就合作金融制度本身来说，并没有正规与非正规之分，考虑到我国现有的金融制度安排现状，为便于分析，这里采用了非正规（民间）与正规两种表述形式。

一、制度供给目标函数比较

1. 农户合作金融的目标函数

第一，农户合作金融的制度本质。农户合作金融的主体是农户。因而，这一合作金融的性质是农户合作经济组织，是基于农户之间的人与人的合作。在这种合作金融组织中，人是联合的主体，资金是联合的客体，内部管理上实行“一人一票”的民主管理，无论入股多少，都没有管理决策上的特权，这是合作金融的最核心本质。农户合作金融与其他民间金融形式不同还在于，这种形式的金融组织的股金筹集是农户出于相互资助的动机，用群体的资金合力，资助其成员克服经济困难，促进成员经济和社会进步，这种资金互助合作，既有效地抵制高利贷，又能以优惠、灵活的方式为成员提供满意的金融服务，是受群众欢迎的金融形式（曾赛红，2007）。从合作金融的形式来看，这种合作源自农户之间的合作，是合作金融的最基础的形式，与信用合作社、信用联合会等比较，不仅组织规模小、商业信用度低，而且活动范围一般以村庄为边界，属于合作金融的初级组织。

第二，农户合作金融的价值取向。农户合作金融的价值取向服从于合作组织的目标函数。由于参加农户合作金融组织的成员，大都是弱势群体，属于在商业银行或地方信用社难以满足其信用贷款的农民，他们基于互助互帮的共同利益出发，结成合作组织。这种组织从创立之始，就是围绕成员的生产、流通、消费提供资金、信息等服务的，其组织利益体现在为每一个成员的需求互助上，使各成员在组织中充分得到集体的帮助，成员相互提供最低廉的服务，使成员个体在合作组织中努力获取利益最大化，合作组织本身并不追求利益。因此，作为农户合作金融组织的价值取向就是不追求组织的盈利，而是成员利益最大化。设农户合作金融组织的目标函数为 U，成员目标函数分别为 U_1，U_2，U_3，…，则有

$$U = \sum_i U_i \quad i = 1,2,3,\cdots$$

2. 正规合作金融的目标函数。

第一，正规合作金融的价值取向。正规合作金融是相对于非正规或民间合作金融而言的。准确地说，在没有获得国家金融监管部门或政府相关部门许可的各类合作金融，都不能称之为正规金融。目前在我国的合作金融唯一合法组织只有各级政府创办的信用社。严格意义上说，无论正规与非正规合作金融，其目标函数都是追求合作组织成员的利益最大化，合作组织本身不以盈利为目标。所不同的是，与农户合作金融组织相比，一般正规合作金融组织的规模较大、成员较多、具有一定额度的商业信誉，特别是其成员的边界已经突破了村庄边界，社员成分多元化、入股资金量也具有相当的规模，因而这种合作的金融组织，大都是在政府的支持或参与下完成的。因此，正规合作金融的目标函数，除了与农户合作金融组织相同外，还需增加政府的效用函数，用 U'表示，其目标函数为

$$U = U' + \sum_i U_i \quad i = 1,2,3,\cdots$$

第二，农村正规合作金融的价值异化。我国农村合作金融组织自建国以来，历尽多次制度变迁，直到2003年以产权为核心开始

最新一轮的制度变迁，合作金融组织已经难以回到最初的本意上了。在产权的变革目标下，农村信用社把合作银行、股份制商业银行作为追求的目标。那些难以实现商业化银行目标的信用社，在增资扩股时，已失去了原有“合作”内容，无论是入股社员还是治理结构，都失去了合作的内在动力机制，这种形式的农村信用社只能是异化的合作金融。其组织形式上保留着“合作”概念，实质上是政府掌控下的地方银行。为此，新一轮农村信用社都采取了省级政府的管理模式，并赋予既要实现组织自身的盈利目标，又要实现更好支农目标。

我国农村信用社的现行制度改革设定的双重目标，是一对冲突无法兼容的目标。从合作内容看，满足合作组织利益最大化，必然把追求组织效益作为金融资源的配置目标，这种价值取向只能以商业化银行模式取代合作金融。如果以支农为目标，实际上就是服务成员，服务股东，但是由于股东身份的弱化，信用社已经成为由“内部人”或者说由政府指定人员来经营管理和决策。服务股东或成员，既没有动力，也没有约束力，仅成为获取国家和地方政府政策优惠的砝码。据此，我们可以把农村信用社——我国现阶段的正规合作金融制度的目标函数表示如下：

$$U = U' + \Delta U$$

其中，U'表示信用社自身商业目标函数，ΔU 表示政府的政策补贴。

二、制度供给信用基础比较

1. 农户合作金融的信用基础。

第一，民间金融的信用形式。民间金融的形式首先来源于民间信用。民间信用是指在民间自发形成，目前尚未被纳入正规金融体系的商业借贷行为和横向信用关系。与正规金融相比，民间信用具有交易双方信息相对对称、机制相对灵活和效率相对较高的优势（时旭辉，2004）。这种信用体系一般以非正规金融的形态存在并处于政府监管的范围之外，由于其私有产权性质和法律地位的缺失，所以在很长时间内与正规金融体系形成对峙或互补的关系（王曙光，2007）。作为民间金融，其本身就是民间的一种信用形式，这种信用是建立在民间借贷关系上的。按照王曙光教授[①]研究，民间信用可划分为5个阶段：局部隐性阶段；灰色契约型信用阶段；市场化显性信用阶段；规范化合法信用阶段；社会主导型信用阶段。各阶段的区别主要在于信用的契约约定形式。

本文研究认为，民间信用主要源于民间的道德文化约束，当道德文化被赋予借贷关系后，民间的道德文化就转化为民间信用。这里的民间信用是有边界范围的，通常是以村庄为界。当村庄边界被突破后，民间的信用基础道德文化就失去约束了，必须增加信息对称的考察变量。这个变量的放大是通过契约的形式实现的，契约形式越规范，民间信用就越弱化。因此，民间信用是必须界定在特定的范围和特定的对象，具有道德文化的属性。

第二，合作金融的信用。农户合作金融属于民间金融的一种类型，其信用在民间信用区间上看（按照王曙光教授划分方法），属于局部隐性向灰色契约型信用过渡阶段。一方面，这种合作金融突破了原有的农户之间的一对一信贷关系，使得信贷从隐性走向显性；另一方面，这种合作信用仍然在特定的熟人社会，在交易信息上不发生任何商业成本，虽然在信用形式上出现了契约，但契约的约束力仍然依靠村庄内部道德文化。

农户合作金融的信用建立在农户所在村庄共同遵守的道德文化基础上，但道德文化仅仅是农户合作金融的信用基础，并不是其全

① 王曙光：《经济转型中的金融制度演进》，北京大学出版社2007年版。

部信用。由于农户之间通过农业生产建立的合作关系，是合作金融的信用主体，即合作关系所建立的信用是合作金融信用的关键所在。由于开展生产合作，资金成为合作的一个重要要素，在资金的合作中，不仅体现了农户之间的相互信誉，更体现了合作组织的信誉。这个信誉已经远远超越了农户个体的信誉，因而每个合作社的成员对自身在组织中的信誉度更加关注，任何违约行为都将付出极大的个人成本，民间信用得到了组织化的规范。

2. 正规合作金融的信用基础。

第一，国家信用下的正规金融信用。国家信用是相对于民间信用而言的，是以国家为主体进行的一种信用活动。国家按照信用原则以发行债权等方式，从国内外货币持有者手中借入货币资金。因此，国家信用是一种国家负债。国家信用的目标函数是通过金融制度在国家主导下实现的，在国家主导下的金融制度演进中，国家的目标函数包括四个变量，即国家的稳定性租金的最大化，体制内的产出最大化，强制性储蓄的最大化，金融体系资源配置效率的稳定提升。实现这个目标函数的最大化，必须使上述四个变量都得到最大化。国家信用成为整个制度变迁的承担者。民间信用被排挤在国家经济发展的目标函数之外，一方面，自然意味着民间信用体系自身的发育还处于幼稚阶段，不可能对整个国家的信用体系产生实质性的影响；另一方面，也意味着国家在改革初期的制度设计中故意将民间信用视为整个信用体系的一个“不和谐的异己者”（王曙光，2007）。笔者同意这一观点。如果更进一步分析，当我们把国家信用放在国家经济制度变迁中，考察建国以来我国先后实施了由计划经济到市场经济的制度变革，不难发现，金融制度同样跟随发生变革，只是金融制度相对滞后。当我国实行计划经济时期，国家信用成为唯一的信用主体，国家成为主导金融资源的配置力量，任何民间信用都与国家信用的目标函数不兼容。

而在市场经济时期，国家信用与民间信用都成为金融资源的配置力量，由于国家信用下的金融制度依然以国有化的银行为载体，这就意味着金融资源在配置中国家与民间主体在一定程度上存在冲突。为减少冲突，降低国有银行的成本，民间信用依然被抑制，造成民间金融主体弱化。这种现象，也印证了国际金融学者麦金龙和肖的金融抑制理论。

在国家信用主导下，我国正规金融的信用实质上是国家信用的具体化，是国家通过金融关系安排的一种信用。正规金融的信用与民间信用相比，具有以下特征：一是规模化，即无论是开展存储还是借贷，都比民间信用交易规模大，并且呈扩张趋势，从而很好地实现正规金融租金最大化目标；二是规范化，即信用体现在借贷双方中没有口头约定，没有约定俗成的文化习惯，而是通过一套制度对借贷行为进行规范，使交易双方共同遵守，这与民间信用依托内部文化规则约定是有本质区别的；三是契约化，即信用的形式是以契约形式实现的，各类借贷和储蓄关系，都有契约形式予以确定，契约形式不断扩展，形式和内容也日益复杂，甚至被看作是信用的主要内容。尽管正规合作金融制度下的信用与民间信用存在区别，但是合作金融制度本身的信用基础是相同的，这个信用基础就是以合作关系为纽带的社员之间的信用，是建立在社员共同体基础上的信用，这个信用特征与商业金融制度以抵押权为基础的契约信用有本质的区别。

第二，农村正规合作金融信用异化。农村正规金融作为正规金融的一种形式，具有正规金融信用的基本特征。但是农村正规合作金融由于多年的制度演进变迁，现在已失去真正“合作”意义的金融组织形式——农村信用社。考察农村合作金融，我们只有结合农村信用社才能更好地理解这一制度下信用特征。由于农村信用社在合作金融制度上的异化，从而不可避免地造成了其信用异化，主要表现在两个方面：一是对中央政府的政策依赖性的异化，即农村信用社承担了国家赋予的支农任务，由此而形成了政策性亏损，应当由国家“埋单”，但是这个数量的界定是一个混沌区，金融组织机构处于自身利益考虑，将自身非政策性亏损通过“搭便车”，获得国家补贴，造成国家赋予的农村金融合作信用异化；二是对农户的借贷关系信用异化，即农村信用社与农户之间信用关系，不仅没有吸取了民间信用的优势，反而对其进行排斥，无论何种形式的借贷，都引入契约形式，使得缺乏契约抵押权的农户成为正规合作金融的边缘人，造成农户在对接正规合作金融制度时成本很高，要么退出合作，要么通过内部人关系获得契约形式。因此，农村正规合作金融制度下的信用已经失去合作成员间的信用本来性质，失去合作金融组织为成员提供信贷服务的创立之本，那种建立在合作关系上的金融制度，由于失去“合作”本意，使该制度运行成本很高。信用社本来应该“主要为社员服务”，不以营利为主要目标，但是真实的情况是，信用社已经明显地商业化，以利润为第一导向，演变为一个追求营利目标的股份制价值取向的金融机构。以上观点从某种程度上来说，已经成为学术界的主流观点（谢平，2001）。

三、制度供给产品特征比较

1. 存款产品的形式和特征比较。从存款产品上看，正规合作金融的代表机构农村信用社具备目前商业银行提供的各种存款形式，包括活期存款、各种形式的定期存款和定期活期两便存款。而非正规金融机构一般只能接受社员的存款，数额比较小。由于资金来源比较缺乏，社员比较偏好进行定期存款。农村信用社的存款产品由于其有遍布城乡的营业网络和政府信用的保证，受到农户的欢迎。非正规合作金融组织的存款产品相对缺乏竞争力。

2. 贷款产品的形式和特征的比较。从表6－4可以看出，农户合作金融组织的产品主要以小额信用贷款为主，而正规金融合作金融组织的产品和一般的商业金融机构差别不大，从表面上看起来比较齐全。

表6－4　农户金融合作制度与正规金融制度的贷款产品特征比较

机构 产品特征	农户合作金融机构	正规合作金融机构（信用社）
贷款品种	小额信用贷款为主	质押贷款、抵押贷款、小额信用贷款和保证贷款
贷款额度	5000元以下为主，单户贷款不超过股金总额15%	各类贷款均设置不同限额，小额信用贷款1000～10000元不等，单一客户贷款不超过核心资本的30%
贷款利率	利率灵活	基准贷款利率的［0.9，2.3］，实际执行多档次差别化利率
贷款期限	一般一年以内，可以展期	短期、中期长期
贷款手续	手续简单，办理期限短	手续繁杂，办理期限长
还款方式	灵活	一次性还本付息、按季缴息一次性还本、等额本息还款等

资料来源：游晓慧（2008），潘林（2008），李中华、姜柏林（2008），王曙光（2006）。

农户合作金融组织贷款的特点是手续简便、灵活快捷。甚至有很多亲戚之间的借款连借据都没有，只是一个口头协议。以安徽省太湖县银山农村资金互助社的借款程序为例，互助社只需要五道手续：借款人书面申请——互助社受理研究——签订借款合同——立据（5000元以上的须提供抵押物产权证明书或担保人担保）——放款。基本上做到：小额借款随到随借，大额借款一般不超过6小时。对于信誉优良户还能享受电话预约送款上门的服务。与当地农村信用社贷款需要办理13道手续和较长的审核时间相比优势明显。而与之相对应，农村信用社的农户贷款不但手续繁杂，而且贷款农户所付出的实际成本往往很高。根据《经济参考报》的一篇报道：河南农民李鹏良从信用社贷出 1 万元，实际只得 4900 元，因为要扣 5000 元作强制存款，再扣 100 元当股金。此外，为获得这笔贷款，还需要再花费 1000 元请吃饭。

综合以上情况，我们可以看出，农户合作金融和非正规合作金融的产品结构有相当的互补性，农户合作金融组织关注中低收入农户的基本消费和投资需求，信用社的产品更能满足富裕农户和农村工商企业发展的需要。如果二者能够通力合作，将使农村的金融服务更加完善。

四、制度供给风险成本比较

根据制度经济学的理论，任何制度的创立和运行都必然产生成本。在制度的产生形式上看，可以分为强制性和诱致性两类，所谓强制性变迁，一般是以政府部门为主体创立一种新的制度或对旧制度实行变革产生的新制度形式；所谓诱致性变迁，是以民间社会为主体的对原制度实行渐进性变革产生新制度形式。

1. 农户合作金融制度供给的风险成本。

第一，农户合作金融制度的内部运行成本。农户合作金融制度属于民间制度，制度的创立是以农户为主体发起创立的，是对原有的民间金融制度的创新，这一制度内部运行成本可以分为三个部分，即内部交易成本、管理成本和监督成本。

农户合作金融组织是在血缘、人缘和地缘关系基础上形成的，借贷行为一般只发生在熟人社会，是在一个大家彼此熟悉的社区范围内进行的。一方面，贷款人对借款人的经济状况、还款能力、道德品质和资信状况都有清楚的了解，这就解决了融资过程中信息不对称的问题；另一方面，在熟人社会违约及失信的结果是违约者声誉的损失，这种损失不仅影响当事人以及与其相关的其他人的社会生存环境和质量，甚至还可能影响到后代，往往有着极大的威慑力。因此，农户合作金融的内部交易成本较小，手续简便、服务快捷，能够更好地为农户服务。

在管理成本方面，不同农户合作组织有不同的安排。一般来说，农户合作金融组织的管理人员为义务性质，不领取报酬。在实际调研中，笔者也发现，有些组织的管理人员是付费的，标准是按低于村干部的标准领取报酬，但总体来说，管理成本比农村信用社要低。

在监督方面，一些农户合作组织实行的是集体审议和监督，超过2/3的社员同意才能借款。同时注重外部监督，由社员代表选举产生监事长监督。还接受相关政府部门的监督。这些做法的成本可以用时间来计量，但由于合作金融组织的集体行为具有义务性质，不需要支付资金成本。但是正规金融不具有义务工作性质，任何监督都必须在付出付出时间成本的同时，都付出资金成本。

第二，农户合作金融制度的外部运行成本。目前，国家没有对此制度的法律许可态度，农户合作金融组织一般处于独立经营、风险自担的状态。政治型的外部成本为0。与此相反，正规合作金融是国家意志的安排，政治目标函数是刚性的约束前提，其运行成本以 K 为计，必然存在 $K>0$。

2. 正规合作金融制度的供给成本。

正规合作金融制度的内部运行成本和外部运行成本，依据科斯关于交易成本的具体分类，可以给出正规合作金融和非正规农户合作金融的成本对照表，从而明显比较两种制度安排下的成本优劣势。

表6-5　正规合作金融和非正规农户合作金融的成本对照

类别	政治型	市场型	管理型	监督型	合计
正规金融	1	1+1	1+1	1	6
农户金融	0	0	1	0	1

五、制度供给的管理模式比较

1. 农户合作金融制度的管理模式。

第一，农户合作金融制度的治理结构与功能。农户合作金融制度本质上属于合作经济范畴，其治理结构具有合作经济组织相同的治理结构。从民间合作金融发展历程来看，先后经历了如合会、标会、合作基金会、互助储金会等，我们这里讨论的是一般意义上的合作金融制度，其特征可以概括为：（1）合作金融以资金互助合作为基础；（2）合作金融是以资金为媒介的人的合作；（3）合作金融不以单纯的利润为目的；（4）合作金融以民主方式进行管理；（5）合作金融以灵活的方式进行经营（曾赛红，郭富春，2007）。这些特征决定了合作金融制度下的治理结构是秉承了合作经济的治理结构形式的，即以“三会”为主体的组织，入社的社员大会合作组织的监事会和理事会，其中社员代表大会为合作金融组织的最高决策机构，理事会是执行机构，监事会是监督机构，如图6－5所示。

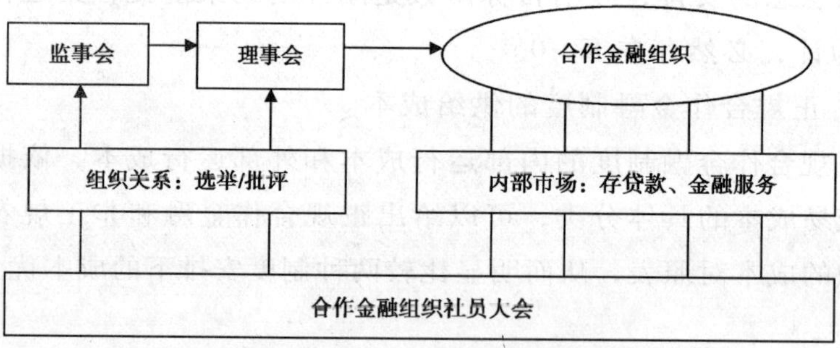

图6－5　合作金融制度的治理结构图

在这个组织框架下，合作金融组织职责分明，各个机构之间互相制衡，保障了合作金融组织的健康运行。在这个法人治理结构下，其功能体现在：（1）互助合作功能。无论是“三会”，还是决策、执行、监督机构，都是围绕社员互助而发挥职能作用的，体现每个社员参会的意图，代表社员的意愿，分享组织带来的利益。（2）风险控制功能。这是监事会的主要职责，也是理事会和社员代表大会的职责，控制风险的核心是对社员资格的认同，这是与商业银行的本质区别，即不是对资金借贷的项目运行风险和资金担保的风险机制的考虑，而是审查社员的参社前品行和道德。（3）信息共享功能。农户合作金融组织在农户基础上构建了一个合作平台，这个平台不仅限于资金合作，更多的是信息共享。虽然农户合作金融是以村庄为边界，以圈层为载体，但是由于现有的经济制度是以家庭承包制为内容的，家庭作为生产单位在市场经济中处于弱势的交换主体，因而农户合作，建立新的合作经济主体，实现了在合作中共享优势信息。（4）民主决策功能。与正规合作金融相比，这个功能是民间合作金融的最大优势，即决策的民主属于社员代表大会，理事会必须遵循社员代表大会的意愿，参社的农户享有入社和退社的权利。这个决策功能也是农户合作金融赖以生存的基础。

第二，农户合作金融制度的激励相容机制。农户合作金融在机制上体现了正向的激励相容的机制。具体表现为：（1）自身的利益最大化。参加农户合作金融组织的农户，一般都是被正规金融排斥在外的，难以获得正规金融服务的，处于正规金融大门之外的弱势群体，以农村的传统小农为主。在农村的各个阶层中，虽然他们缺乏如农村二、三产业的群体的经济活力，包括政治话语权，但是在农村人口中占据主体地位，或者说我国现阶段在农村地区，大部分农村人口的主要职业还是从事传统的种植业。这些群体由于缺乏现代农业或农村二、三产业的投入资本，造成小农经济的循环重复。农户合作金融组织，满足了农户获取金融资源的愿望，农户与合作金融组织交易，与正规金融相比，不仅资金成本低，而且交易不受各种正规金融下的契约制度限制，农户较易获得最大化利益。

（2）组织利益最大化。农户合作金融组织作为农户自身的联合体，与正规金融相比，没有组织自身的商业化利益，追求社员利益最大化是该组织的核心目标。（3）农户与组织的利益一体化。满足社员的资金互助需求，是实现组织可持续的要求，组织存在的价值目标就是提供农户与组织交易的中介。但是正规合作金融组织，由于存在组织的盈利目标，存在组织管理层的雇佣成本，存在组织运行的商业化成本，使得正规金融组织的目标函数与参社成员的目标函数的不兼容，正是这一不兼容函数，在外部环境发生变化时，正规金融组织就会出现金融产品利益最大化而不是社员利益最大化的道德风险，而农户合作金融组织没有各类商业成本，没有逆向选择的利益，使得组织利益与农户利益实现一体化的价值目标。

2. 农村正规合作金融制度的管理模式。

第一，农村正规合作金融制度的治理结构与功能。农村正规合作金融制度要求，合作金融组织必须构建和完善“三会一层”的制约机制，这是实现法人治理的基础和前提。一是建立社员代表大会，发挥社员民主决策职能。社员代表大会是企业的最高权力机构，它代表产权的所有者，对企业拥有控制和决策权。切实赋予社员代表大会对理事会、监事会人员的提名权和民主选举权，增强其参与信用社的管理意识，提高参政议政水平。对任期内敬业精神不强、经营管理不善、有违规违纪行为、工作失职而造成重大经济损失的高管人员，社员代表大会有权直接罢免其职务。二是建立理事会，发挥理事会领导职能。理事会是信用社经营决策机构，对社员代表大会负责，理事会要严格按照现代企业制度所有权和经营权分离的机制，实行理事长、主任分任制，明确理事长、主任职责，严格按章程规定的权力认真履责，建立健全与经营执行机构相互制约的关系，防止权力过于集中，解决少数人控制的问题。三是建立监事会，发挥监事会监督职能。监事会是企业内部监督机构，对社员代表大会负责，对理事会和经营管理层的履责行为进行监督，要把监事会建成名副其实的监督机构，发挥日常监督作用，监察、稽核等监督部门由监事会进行业务指导并形成以监事会为中心的内部监督体系。

目前农村信用社在形式上均建立了法人治理结构，即由社员代表大会、理事会、监事会和管理层组成的制度。应当说，这种合作制度是符合现阶段我国农村金融国情的，是完全可以实现金融资源的有效配置的。如果严格遵守合作制度要求，规范建立合作金融组织，必然可以为农村金融构建一个激励相容的机制。但是，现实中，这些治理结构的各项制度和机制能否实现合作金融制度的目标，能否形成对农村信用社的激励机制，使农村金融资源在合作制度安排下达到最佳的配置效果。如果不能，其原因何在？对此我们将具体分析。

第二，农村正规合作金融制度的激励不相容机制。现阶段我国农村正规金融制度的治理结构，主要是以农村信用社为代表的金融组织。由于这一金融组织是从合作金融组织演化而来，从以农民为主的创立到政府管制下官方经办，合作性质已失去原有本意，具体表现为：（1）社员大会流于形式。社员代表大会是农村信用社实行民主管理的基本形式，是最高权力机构。而现在的社员代表大会，很少按章程规定适时召开，只是按规定走过场，以职工大会代替。大部分的贷款投向、财务收支、费用开支等重要事项不能定期公布，接受社员监督更无从谈起。信用社社员成了弱势群体，使得农村信用社民主管理的质量和效果严重削弱。社员代表大会常常由理事会主持召开，按这一程序，自己主持召开会议选举自己，选举产生监督自己的机构，审议自己的工作报告，难以发挥社员代表大会应有的职责。（2）监事会职责定位不清，职责模糊。县级联社监事会由于没有常设机构，一般只设监事长，通常的做法是由内审稽核部门负责人担任，由此带来的是稽核部门履行监事会职责，实质上使监事会成了联社内部稽核审计的一个部门或者科室，无法有效履行监督职责。（3）理事会领导下的主任监督机制失灵。信用社普遍是理事长兼主任，理事长即是主任，主任即是理事长，集权力于一身，各种意义上理事会领导下的主任负责制，实质上成了理事长全权负责制，不存在二者之间制约关系。

农村信用社作为正规合作金融制度的安排，长期以来严重偏离“合作制”的经营方向，在经营管理上一直效仿商业银行模式，资金筹集靠的是国家信用，资金运用是国家统一信贷政策，农村信用社“三性”严重弱化。这种异化的制度下的治理结构，使得原有的合作功能已经丧失。因而，合作金融制度对农村信用社来说，也就没有任何制度优势，依靠合作制度带来的激励机制也就失效，可以说合作金融制度对农村信用社而言，是激励不相容的，这也是新一轮信用社“花钱买机制”的原因所在。

第六节　小　结

在现代化商业金融体系中，每种金融组织都追求利润最大化，但是农村虽然广袤，由于农村是分散性区域，都是商业金融组织的边缘地。广大的农户在日常生产和消费中存在对金融的需求，农户就按照需求情况自发形成金融组织安排。故本章就首先从理论上分析对农村金融制度的安排与原则，探讨农村的金融制度安排的原因与优势，结合中国实际的农村情况，构建了两种基本模型，即：农户合作金融制度安排模型和农户合作金融联合制度模型，并具体分析了这两个模型的结构内容、机制原理和理论与现实意义。最后与正规的商业金融制度作了比较，证明了农村合作金融制度存在的必要性与必然性，特别是求解了农村金融的可持续发展路径——外生金融与内生金融的联合制度安排。

第七章　农户合作金融制度安排有效性分析

第一节　农户有限理性和农村文化信用有效性分析

一、农户有限理性假设

现代经济学中完全理性可以总结成四个基本特征：第一，工具理性，经济主体考虑的是使用恰当的手段达到既定的目标；第二，愿望目标，个体经济主体的目标是他的愿望，术语叫做偏好；第三，内在一致性，经济主体的偏好是性状良好的偏好（DD），具有传递性、完备性和反身性；第四，最优化，经济主体在一定约束条件下选择最恰当的手段来达到目标。但是森（1995）指出了完全理性假设的逻辑矛盾，提出了有限理性理论。我们认为，现代主流经济学家的理性假设：完全理性、有限理性并没有正确和错误之分。究竟采用哪一种假设取决于所研究问题的层次和范围。在研究中国农村农民的经济行为时，有两点特殊之处值得考虑：一是农民自身的文化累积。无论是从主观方面，还是客观方面，中国农村特别是中西部地区的农民所受到的农村教育质量和数量，均无法与城市居民相比。从主观上说，农民对子女的教育投入，大多仅仅是满足于小学初中文化可以出去打工而已，其根源在家庭收入只能满足温饱，而无暇顾及发展问题。二是行为的成本与收益的衡量。鉴于知识累积的局限，在一定程度上阻碍了农民对新信息的接受，使得农民对新信息的认识具有一定的滞后性。其原因在于：一是行动目标不明确。完全理性假设把经济主体的目标用一个效用函数来表达，而在现实中，经济主体的行为有可能目标不明确、也可能有一个目标，还有可能有几个不相容的目标。这些目标极有可能不能加总为一个完整的偏好顺序，因此不能用一个目标函数来表达。二是行动手段的不明确。在有限理性假设下，经济主体对于达到既定目标所要采取的手段可能是明确的。这个假设有丰富的经验证据。詹姆斯·汤森在研究中国政府决策过程时指出，中国精英对政策过程持有实验主义的观点。中国转型的过程中，很多重要改革的实行都是先试点再推广。这反映出决策主体对于达到某一个目标所要采取的手段是不明确的，需要探索、发现。三是手段和结果之间关系的不明确。有限理性的假设下，经济主体对于手段和目标之间关系的认知可能是不明确的。在转型过程中，有很多政策的结果都出乎决策者当初的意料之外，这种现象反映了有限理性的这一特征。

从农户自身来看，我们必须将家庭作为农户行为分析的约束前提。一方面，家庭承包制是目前农村经济的基本制度，家庭作为农户基本单位，家庭的性质和功能决定了农户行为；另一方面，农户的行为又是服务于家庭目标的，家庭目标是农户行为的准则。由于我国现阶段农村生产力不发达，家庭经济是典型的小农经济特征，因而与欧美发达国家家庭农场经济具有天壤之别。一是家庭具有社会保障功能，我国农村尚未建立健全社会保障制度，生老病死主要依靠家庭，这一功能使得家庭功能决定了不能从事风险投资，对完全理性下的风险投资追求利益最大化的价值不予认同；二是家庭具有满足成员生存与发展的内在要求，这一目标函数使得家庭必须具有经济功能，而这一经济功能要求家庭成员必须从事风险小、稳定性好的经济活动，即农业简单再生产，包括非农性的就业等；三是家庭具有满足家庭成员多样性目标要求，这就使得家庭与外界其他经济组织的建立多种联系，为家庭成员活动创造便利条件。因此，可以说，农户的经济行为是建立在满足和服务家庭的基本功能基础上的，有限理性是现阶段我国农户经济行为的主要特征。

二、农村文化信用有效性假设

由前文分析可知，在农村由于存在着“圈层社会”和“熟人社会”，因此如果行为主体在交易中，出现违约现象，他将受到圈层内其他人的集体惩罚，其损失是惨重的。支付这一成本的惩罚力量来自乡村的文化道德，遵循这个约定俗成是乡村社会的集体共识。我们可以把这种文化道德视为一种最原始的契约形式，是一种信用准则。因此，我们假设在农村这个特定的区域内，信用是可靠的，是有效的。

第二节 农户与内外生金融制度安排博弈分析

激励相容理论是制度经济学的一个突出的贡献，这一理论告诉我们，如果一个制度设计能达到促进参与人和组织目标达成一致，这个制度就是激励相容的，但是如果参与人为达到自身利益最大化不惜采取欺骗瞒报手段，这个制度就是激励不相容的。据此，我们来具体考察我国农村金融制度在满足农户家庭信贷上，是否具有激励相容的机制。

一、农户信贷与外在金融制度的激励相容分析

外在金融制度是否具有激励相容的运行机制，关键在于这一制度在实施中，农户作为参与人是否愿意显示其信贷动机，并且与在执行这一金融制度中形成的金融机构都能获取各自的期望收益。为此，我们运用博弈工具进行分析。

假设博弈参与人为农户与银行，则双方的支付函数如博弈矩阵表7-1所示。

表7-1　农户与银行信贷博弈矩阵

金融机构＼农户	还款	不还款
提供贷款	I，K	$-C$，K^*
不提供贷款	0，0	0，0

其中，$-I$，$C>0$，$K^*>K>0$

该一次博弈的纳什均衡（不提供贷款，不还款），对应的收益（0，0）小于（I，K）。如果是政府此时强制要求银行发放贷款，则必须给予银行相应的补贴以弥补其$-C$的损失，而且很有可能导致（提供贷款，不还款）的情形出现。

上述博弈分析揭示了在与农户的一次性博弈下，正式金融机构不良贷款率居高不下，继续运行走入困境的原因。

二、农户信贷与内在金融制度的激励相容分析

与上述正规金融机构的情况不同，内在金融机构与农户之间是多期重复博弈。在重复博弈下，如果贴现率为δ，要保证（提供贷

款，还款）的均衡结果，需要满足：

$$\sum_{n=0}^{N}\delta^{n}\cdot K > K^{*} + \sum_{n=1}^{N}\delta^{n}\,0 \text{ 即 } N > \frac{\ln(K - K^{*}(1-\delta)) - \ln K}{\ln\delta}$$

也就是说，对于合作社和农户的重复博弈次数 N 只要大于可计算的 $\frac{\ln(K - K^{*}(1-\delta)) - \ln K}{\ln\delta}$ 的值，农户一定会选择还款。

第三节　农村金融内在制度与外在制度的激励相容分析

一直以来，我国农村金融在制度安排上，只注意到了正规金融的制度设计，而对非正规金融制度视为干扰和破坏农村金融秩序，因而在制度安排上形成了外在金融制度一维式供给格局。由此，也形成了官方金融机构不断派生和不断调整，对民间金融不断限制和不断打压。这种金融制度安排的直接结果是，官方金融面对农村金融的需求既不能保障供给，而且面临着无市场竞争的垄断局面。在垄断前提下，金融机构已无动力机制去开拓市场，将大量的经营性亏损再转嫁给制度设计者。显然，在我国农村金融的制度设计思想上，存在着一种偏见，即官方金融的外在制度与民间金融的内在制度是不兼容的。

按照激励相容的理论，结合我国农村金融的现状，我们对农村金融的外在制度与内在制度是否具有相容性作一个分析：

1. 相容性的目标函数分析。无论是农村金融的外在制度还是内在制度，在制度的效用函数上，都是满足农村金融的需求，对农户家庭来说，外在制度是通过官方金融机构——目前主要是信用合作社来完成的，对内在金融制度来说，主要是通过民间借贷来完成的，如私人借贷、合会、标会、基金会及各类互助资金会等。也就是说，二者在目标函数上具有为相同客户服务并获取自身利益的一致性。所不同的是，外在制度在供给方式是由政府主导的，而内在制度是由社会主导的，但制度设计的目的都是为农村、农户和农业服务，这就决定了两个制度之间的相容性问题，即制度不是对立的，而是兼容的。在这种制度下形成的金融组织或者说制度的载体，在经营客户上具有同质性，这种同质性可能导致的后果是在经营上的竞争问题，但是这并不影响二者在经营服务上为农户提供信贷和获取信贷利益的相同目标。

2. 相容性的信息显示机制分析。外在制度与内在制度能不能相容，一个关键的问题是，要看二者之间能不能具有内在的信息显示机制。首先，从单一的外在金融制度看，理论和长期的实践已证明，任何外在制度由于其制度的交易成本已经决定了制度的边界问题，这个边界就是金融机构设置的最底层区域。由此，正规金融不下乡村是制度的成本决定的。这个制度面临的最大问题就是如何搜集信贷客户的信息和处理信息，实际上，正规金融在面对千家万户的农户家庭信贷需求，既不能在信贷前解决贷款资格审查的信息对称问题，又不能在信贷后解决贷款偿还的信息对称问题。这就是外在金融制度致命的弱点。其次，从单一的内在金融制度来看，由于该制度是内生于农村经济之中，与农户家庭具有天然的相容性，不仅对农户家庭具有信贷需求的信息对称机制，而且具有天然的信贷偿还信息对称机制，也就是说，内在制度是信息成本最小化。这就是内在金融制度最大的优越性所在。但是这一制度也具有致命的弱点，即在信贷的规模上无法面对千家万户的需求，只能是单一的面对面、点对点、户对户式的简单交易，交易额度和频率都受到了自身融资能力和管理能力不足的约束。其三，从外在与内在制度各自的优缺点可以看出，二者之间如果做出制度的合作或联结，就完全可以解决各个制度本身的残缺问题。即，假定两个制度可以联结，则两种制度下的不同金融组织就会开展合作，就会出现以下情形：

正规金融组织贷款（批发）──→非正规组织（零售）──→农户

这里需要说明的是，本文在研究这一问题时，对非正规金融组织做出了专门的约定，即不是所有的非正规金融组织，而是专指农户合作金融组织，是区别于其他非正规金融组织的。这主要是从农村金融目前尚没有建立消费金融制度，或者说国家尚没有解决农户家庭的社会保障问题。由此，上述的两种制度合作可以改写为：

外在制度──→贷款──→内在制度──→农户

（正规金融组织）商业信用 +（农户合作金融）民间信用

在这种合作模式中，由于参与人正规金融和农户合作社都面对农户信贷需求，但参与人达成了合作条件下的共同收益最大化目标。我们用博弈工具可以做出更好的说明，如表 7－2。

表 7－2　　正规金融与农户金融信贷博弈矩阵

正规金融 \ 农户金融	合作	竞争
合作	C, C	－1, 2
竞争	2, －1	0, 0

正规金融和农户金融的合作竞争博弈，其中 C 为两种制度合作时各自的得益。可以很容易地看出，当 C 的值较小，比方说为 1 时，该博弈是典型的囚徒困境博弈，出现的是两种制度相互竞争的局面，这对应的是民间金融遭到政府抑制的情景。当 C 的值较大，比方说为 3 时，二者合作是均衡之一，对应的是政府支持并合理引导民间金融发展的情形。由此可见，如果政府因势利

导，降低正规金融和农户金融的合作成本，二者是可以优势互补，共存共荣的。

3. 相容性的交易成本竞争力分析。这个分析是建立在外在与内在两种制度联结的基础上的，也就是说在正规金融机构与非正规金融组织合作的基础上。

假设正规金融与非正规金融合作，并且非正规金融为农户合作金融组织，我们来具体考察两者合作后形成新的机制及其交易成本的变化。

交易规模的变化。正规金融由原来与千家万户的交易转变为与农户合作金融组织的交易，这个交易形式的改变，使得交易规模迅速扩大，农户信贷需求通过合作组织形成联合体，联合体再将信贷总量与正规金融组织对接，组织与组织之间进行交易，从而使规模效益发挥出来，正规金融分享了由于规模带来的效益，合作金融组织分享了由正规金融组织带来的综合信贷规模效益。由于两种制度联结，形成在两种制度下的金融组织的合作，改变了传统的农户家庭直接与正规金融或非正规金融的交易形式，农户与合作金融交易，合作金融再与正规金融组织交易，使得两种金融组织的交易量与原来交易方式相比，都明显下降。这种由交易量的下降直接带来的是交易成本的下降，从而提高了组织制度的运行效益。

道德风险成本的变化。对外在金融制度来说，由于该制度下形成的官方金融机构在提供农户信贷因缺乏抵押品，致使道德风险问题一直困扰着金融机构。但是内在制度，由于信贷双方天然的依存和地缘、亲缘甚至血缘关系，在村庄乡土文化特定的道德约束下，使抵押品成为多余的信用凭证。因而当这两种制度联结后，内在制度的天然信用优势，正好替代了外在制度的缺陷。也就是说，当外在制度下的官方金融机构与内在制度下的农户合作金融开展合作，原来有官方金融机构与农户的信贷关系就会转化为组织与组织的关系，而基于农户联合的组织恰恰规避了道德风险问题，这种信用优势必将带入两种制度的联合体中，从而使道德风险成本得到有效控制。

第四节　内生与外生金融制度安排交易成本分析

农村金融的交易费用分析，我们主要以农户家庭的需求和供给作为分析依据，考察不同金融制度和组织在满足农户的金融需求时，分析由此形成的两个方面成本，一是农户家庭为之所付出的成本，二是不同金融制度供给发生的成本。按照交易费用理论，我们进行比较分析，从而在交易费用上，不仅得出农户家庭在金融需求满足上各类支出成本大小秩序，而且也得出不同金融制度供给的成本大小秩序。

一、农户家庭的金融需求成本比较分析

1. 农户家庭的融资顺序与金融偏好结构考察。农户家庭的金融需求尽管类别不同，但是在融资上表现为一致性的顺序已经被诸多学者证实，这里，我们采用安徽省凤阳县的《万户农民大调查》中有关数据进行分析如表7－3。

表7－3　农户家庭融资结构表

借款对象	亲友邻里	信用社、银行	高息借款	其他
借款比例	69.4%	19.38%	10.08%	0.41%

从表7－3中可以看出，农户家庭融资的顺序是先是亲友，在亲友邻里融资不足或融资无望的前提下，开始求助正规金融，在正规金融供给不足或失灵情况下，开始求助民间高息贷款，即我们通常所说的高利贷。这个顺序既是农村农户家庭金融需求满足的成本选择，也是农户家庭的金融偏好。首先，从成本上看，农户家庭首选的金融供给是亲友邻里，而不是金融组织机构。这个选择体现了乡村文化，也是中华民族的互帮互助传统美德——无息信贷，是成本最小化、信用最大化、道德风险最小化的金融产品。这种借贷多数是口头约定，没有任何文字契约。但从空间上看，农户家庭之间这种信贷契约关系，基本上是在一个村庄范围内形成的，支付这种无息的信贷成本虽然在契约形式上表现是零成本，但是在考察中，我们发现维系这一成本的是“人情债”。这种“人情债”对农户看来说，在偿付这笔无息借款时，必须增加一些用以表达“感谢”的内容，通常表现为对借款方的劳务帮组、馈赠家庭中一些劳动产品等，同时也潜在的表明未来会以同样的方式回报借款方。其次，在亲友邻里借款不能满足需求情况下，农户家庭则将借贷需求转向正规金融，即农村信用社和农业银行等。这种信贷是有息的，并且是明码标价。这种有息信贷成本毫无疑问高于亲友邻里的借贷，但是为什么农户家庭会在正规金融之外还要求助于高利贷？我们看一下2008年安徽凤阳农户申报信用社贷款的满足调查问卷表。

表7－4　2008年安徽凤阳农户申报信用社贷款的满足调查问卷表分析

总申报数	当年发放数	未发放数	拒贷率	不符合信贷项目率
22574	16269	6305	27.9%	10.67%

上述表7－4问卷表明农户家庭在信用社的信贷满足率仅为72.01%，加上有需求而未贷的实际信贷总量为61.34%，这种相对来说较低的满足率可以证实是农户家庭放弃正规信贷的一个重要

原因。这种拒贷率加强了农村贷款难的正向效应，使农村更多的农户家庭在信贷选择上放弃正规金融。除了在正规信用社信贷得不到满足的情况下，农户家庭不得不寻求高利贷外，我们还发现另外一个成本，即农户家庭寻求正规金融通常要为信贷员支付“好处”，这是正规金融信贷利息的额外成本，是典型的寻租成本，从而使一些缺乏寻租成本和机会的农户对正规金融信贷选择放弃。其三，农户寻求高利贷是家庭信贷的最后选择。这个利息成本支出明显高出前两项信贷制度成本，其成本取决于信贷方的意愿。由于这类信贷主要用于农村的生存消费、发展消费等消费类，没有当期偿付能力，在时间上一般是应急所为，因而需求的刚性使借贷者处于不对称地位，被借贷者往往根据借贷者的本地信誉予以借贷，这种借贷的偿付风险与正规金融关注的完全不同，民间高利贷只要认为借贷方是村庄守信的人即可，至于到期偿付通过何种方式不是其关注的主要内容。

以上分析，我们还得出了一个简单的结论，农户家庭的融资偏好是与信贷融资的成本息息相关的，即农户的金融需求从无成本的亲友邻里到有息正规金融再到高利贷。这个结论，也证实了我们前面分析的我国小农经济制度下的农村金融不适宜商业金融的制度安排，而应考虑给更多的空间让民间金融形成有效规模，替代正规有息金融，减少高利贷的空间。实际上，大多数资金充足的农户对资金缺乏农户的友情借贷毕竟是有限的，如果存在一个合适的金融组织，就会为资金充足农户与资金缺乏农户之间生产性信贷提供媒介，但在中国的农村经济中，这类机构长期被视为非法而无法生存与发展。正是在这种情况下，一方面，农户的信贷需求（尤其是生产性需求）得不到满足；另一方面，大量的农户存款进入国有正式金融机构而转移到非农部门，并由此转换成金融剩余，用于改革中国家对国有部门的金融支持（张杰，1998）。

2. 不同金融制度对农户家庭信贷供给的成本比较。按照前面所述，我们可以将亲友邻里的无息民间金融、高利贷民间金融和官方金融三种金融制度合并为非正规金融和正规金融两种，或者也叫做民间金融和官方金融。按照制度经济学关于交易成本的范式，不同金融制度对农户信贷供给成本，可以看作是市场型交易费用。即科斯所指的“为了进行市场交易，有必要去发现谁希望进行交易，有必要告诉人们交易的愿望和方式，以及通过讨价还价的谈判缔结合约，督促合约条约的严格履行，等等。”（Coase，1960）。其构成分为（1）搜寻和信息费用；（2）讨价还价和决策费用；（3）监督和执行费用。下面，我们就来具体考察不同金融制度的市场型交易费用。

非正规金融组织在对农户家庭提供信贷的成本，由于交易者源于有着地缘、亲缘和血缘的信息对称的村庄，因而在一般情形下，不存在搜寻和信息费用。只能与资金的使用机会成本相比。作为无息的资金，主要来自亲友邻里，其资金损益可以看作与放在正规金融机构存款的利息的差。而作为高利贷的资金成本，除了存款利息外，一个潜在的成本就是资金的投放的合法性风险，尽管高利贷的被借贷者对借贷者持有民间信誉掌控权，但是由于高利贷行为属于国家打击对象，缺乏合法属性，因而随时有被清缴的可能。正因如此，高利贷者总是以地下活动来维持其金融非常规运行。这里，我们设正规金融利息为 I，高利贷贷款回收率为 I'，则民间友情信贷成本为 I，高利贷成本则为 $I+(1-I')Q$，其中 Q 为贷款总额。正规金融成本除了利息以外，其主要成本还有机构管理成本和贷款风险成本，我们设机构管理成本为 C，贷款损益率为 I''，则正规金融成本可计为 $I+C+(1-I'')Q'$，Q' 为贷款总额。

二、金融供给的各类制度运行成本比较分析

1. 正规金融制度运行费用分析。按照制度经济学关于交易费

用的分析范式，正规金融制度的运行发生的费用，可以分为三个部分，即政治型交易费用、管理型交易费用和市场型交易费用。从其外部保障运行的制度费用和从其内部保障运行的机构费用两部分加以考虑。

外部保障费用，可以具体到农村正规金融的具体制度安排来考察。（1）以农业银行为代表的商业性金融制度。根据国家赋予农业银行的不同时期的职能要求，农业银行可以分为二个阶段：一是综合职能阶段，从1979—1993年，既有农村金融的领导职能，又有政策性和商业性职能。这个时期国家在财政、税收补贴及政策性信贷优惠制度可以看作是农业银行的保障性费用。二是商业化职能阶段，从1994年开始至今，尽管国家取消了农业银行承担的政策性信贷优惠政策，但是国家从战略意义出发，于1999年通过不良资产剥离的办法，组建了长城资产公司，将农业银行的约3458亿的不良资产一次性划转。又于2008年通过注资的办法，由中央汇金公司一次性注入1300亿，使农业银行的资产结构符合上市的要求。这两次为农业银行商业化化解债务或“买单”的成本，都是为了保障农村商业化金融制度运行。由此可见，农业银行的制度运行的外部成本之显著。（2）以政策性银行为代表的政策性金融制度。由于特定的制度安排决定了政策性银行的微利性，政策性银行从农业银行分离出来后，专门从事支持农村的公共产品或准公共产品信贷。近年来又将信贷业务集中到农村粮油棉的收购专项上，成了国家粮油棉的专储银行。每年国家通过专项低息或无息资金安排，以实现国家战略储备需要。如果将这些资金转换成市场化资金，其资金成本差是巨大的。因此，这种金融制度运行的外部成本同样巨大，并且由国家承担。（3）以农村信用社为代表的“合作金融”制度。农村信用社作为合作金融制度，理应由地方入股的社员股东发起的一个地方性非官方金融组织，但是我国的农村信用社已历尽多次制度调整，现在已实实在在变成了一个官办金融机构，其机构模式是在省级政府设置的信用联社管理下的县级法人治理机构。这一制度的外部成本，主要包括中央政府为新一轮信用社转型债务的票据贴现问题，地方政府给予的各项优惠政策问题，如营业税减免、改制转型时的债务问题等，这些成本同样是巨大的。因而保障这一制度运行的成本与前两项的金融制度安排相比，同样是巨大的。

内部机构运行费用。主要包括市场型交易费用和管理型交易费用。这个费用包含机构设置的设施投资费用和机构运行的管理费用。由于正规金融不同机构在这方面具有同质性，因而我们只需分析这两个方面的成本内容结构，以便与非正规金融作比较研究。（1）机构设施费用，主要包括办公场所和办公设备。无论是农业银行、农业政策银行，还是信用社，都花巨资新建办公楼，并把办公楼作为企业形象，争相比阔，这个费用如果计入成本，即使在县一级，任何一家机构投资都以千万元计算。在办公设施上，同样是以现代化设施为基本手段，辅之以交通工具等。（2）管理费用，包括人员的报酬、福利、各项交往活动、会务等。

2. 非正规金融制度运行费用分析。非正规金融与正规金融制度运行相比，最明显的特点是没有政治型交易费用，即国家不需要支付保障其运行的外部成本。无论是国家还是地方，各级政府对民间金融持有的态度都是谨慎的，鉴于20世纪90年代农村基金会的教训，民间金融不仅不被各级政府所支持，甚至作为一个扰乱金融秩序的非法性制度，予以打击和清除。因而在制度安排上作为保障性的外部性成本可以看作是零成本。

从内部机构运行的成本来看，非正规金融的市场型交易费用和管理型交易费用，与正规金融差异很大。（1）从市场型交易费用来看，亲友邻里的无息信贷由于出于道义和乡土文化，体现了一种中华民族美德，是农户家庭的互助互济式信贷，由于完全是农户个人之间的往来，交易者相互间都是金融的供需交易者，其信息处于完全对称，因而这一成本可以归结为零；作为有息的高利贷，虽然借贷双方也处于信息对称情形，但由于这个金融制度的非法性，使得该金融制度运行中必须支付两个方面的交易成本，即讨价还价和决策成本、监督和执行成本。由于高利贷缺乏合法化地位，使得借贷双方处于不对称地位，信贷的偿付风险也因此产生。但是这种风险与其说是金融产品的风险，不如说是国家监管下的不平等待遇造成的风险。（2）从管理型交易费用来看，在固定交易费用上，非正规金融无论何种民间金融均表现为零，没有办公场所和办公设施，是信贷者之间的直接对接，且无契约式信贷成为主要形式；在可变的交易费用上，非正规金融中无息信贷同样因没有组织运行费用，其交易费用为零；高利贷在两个方面可能产生成本：一是“掮客”或信誉证人中介费，二是代理费用，即高利贷者为保证有资金经营，会为此揽储，因而在借贷中必须支付资金提供者“红利”。

3. 正规与非正规金融制度运行费用比较。通过上述分析，我们可以将正规金融和非正规金融制度的运行费用进行比较。这里，为方便比较，我们将每一次交易中凡发生交易成本的项目统一设为一个计量单位，具体结果如下表7－5。

表7－5　　正规与非正规金融制度运行费用比较

类　别	政治型	市场型	管理型	合　计
正规金融	1	1+1	1+1	5
无息贷款（亲友互助）	0	0	0	0
高利贷	0	1	1	2

第五节　内生与外生金融制度联合竞争力分析

根据制度经济学的理论，农村金融制度存在着两种不同的供给模式，即诱致性制度变迁与强制性制度变迁。作为制度供给，这两种方式虽然都是为了满足金融制度需求，但他们所体现的绩效是不同的。这里，我们将通过具体考察农村金融中诱致性与强制性制度两种不同制度变迁形式，比较其竞争力问题。从我国农村金融制度供给形式来看，正规金融制度的变迁主要来自强制性，而非正规金融制度的变迁则来自诱致性。下面，我们从三个方面作具体分析：

一、不对称信息比较优势

不对称信息（asymmetric information）是指一个经济当事人知道另一个经济当事人所不知道的某些情况，甚至第三方也无法验证，即便能够验证，也需要有所花费。农村金融制度在供给上分为正规金融与非正规金融两类，但是这两类金融制度下所产生的组织机构在获取信息上差异较大，这种差异直接表现为制度安排的竞争力问题。

1. 时间上的信息不对称问题。

第一，关于事前信息不对称问题。从时间上看，信息不对称可以发生在事前，也可以发生在事后。我们先来考察一下正规金融和非正规金融在事前信息上的不对称问题。从正规金融来看，这种制度是由国家或地方政府供给的，在远离农户生产生活的农村外部产生的制度，在组织机构上表现为机构以县或以乡镇为单位来布点。实际上，我国现有的正规金融与农户打交道只有信用社一家。这里，我们就以信用社作为正规金融制度来考察分析。在农户信贷信息获取时间上，正规金融的供给程序通常都是由农户先提出申请，并通过信用社的信贷审查，这种审查一般是由当地信用社的信贷员负责。由于需求信贷的农户多，造成信贷员审查不仅对客户难以全面覆盖，而且时间上形成滞后效应。这种滞后效应，既影响了正规金融的信贷效率，也对农户信贷项目的正常经营产生了一定影响。从农户对正规金融需求来看，主要信贷需求是农业生产和再生产。而农业生产的季节性和周期性，又决定了金融需求必须满足一定的时间要求。因此，当农户家庭的生产性信贷在正规金融上难以满足后，必然通过非正规金融来替代。从非正规金融来看，由于这种制度是内生于农村农户中，并在地缘上村庄邻里为界，通常没有专门的组织和机构，在农户之间形成了信贷需求与供给的双重性。因此，农户家庭一旦有了信贷需求，农户之间彼此信息对称，信贷供给者不仅对信贷需求信息的真实性而且对需求者偿付信息的可信程度，都保持了高度对称。据此，我们可以看出正规金融和非正规金融的在事前信息上，处于不同的地位，非正规金融制度表现出明显的优势。

第二，关于事后信息不对称问题。当正规金融对农户的信贷满足后，这种信贷资金的使用是否是原来信贷的项目，该信贷项目到期后能否如期偿付，这个信息对正规金融来说，是严重不对称的。由于农户家庭信贷需求的多样性，正规金融的信贷资金远远不能满足农户的信贷需求，特别是农户家庭的消费需求远比生产性需求更强烈，从而使农户的生产信贷资金演变成家庭应急支出的可能增大。如果正规金融要想获得信贷资金使用事后信息，必须支出一定的信息成本。基于正规金融组织和机构对农户资源的管理幅度，一个机构难以做到对所辖区农户家庭的信息完全掌握。同时，这种信息是动态的，对农户家庭来说，每天都有可能发生一些重大事项，这些只有具有一定地缘关系（通常是以村庄为界）的相邻农户获悉。与正规金融相比，非正规金融的情形完全不同。其一，任何农户家庭的信贷供给者，即非正规金融组织或个人，始终与农户朝夕相处，不仅对信贷需求者的信贷资金使用情况了解，而且了解对信贷需求者何时有偿付能力的信息。其二，非正规金融组织或个人在提供信贷资金时，与正规金融关注的事后信息角度不同。正规金融期待到期借贷者履行还款信用，到期不能偿还可能就转化为呆坏账。而非正规金融关注借贷者到期的还款能力，能力如果丧失就必须通过新的展期或新的非正规金融来替代新的能力，从而继续维持农户家庭的信用。因而，在事后信息上，非正规金融制度相对于正规金融制度，同样表现出明显的优势。

2. 内容上的信息不对称问题。信息经济学将内容上的不对称分为隐藏知识（hidden information）和隐藏行动（hidden action）两类。无论是何种隐藏，我们认为都是在内容上，造成一方当事人不能获取另一方利益关系人的正确信息。

从正规金融来看，这一制度是外生于农村经济的，属于强制性供给，对需求的个体信息，缺乏内在的互动性信息。在隐藏知识方面，信贷供给者对需求者的需求真实性、资金使用的专项性、资金项目的操作能力等，都没有足够的能力可以掌握清楚。在隐藏行动方面，同样存在着资金使用的专项性、资金项目的使用实际后果与预期差异性问题。这里，既有借贷者主观方面的隐藏，又有客观方面的隐藏。从主观方面看，借贷者为获取借贷资金，在借贷项目的内容和规模上必须满足资金供给者的约束要求，这就造成在资金项目上不符合信贷要求的信息隐藏动机，当信贷供给者没有能力获取这些信息真实性时，隐藏信息目标就顺利实现。从客观上看，即使借贷者获取了信贷资金，但由于农业信贷的特殊风险造成了借贷者偿付能力难以如期偿付，使得借贷者采取隐藏行动的方式，以期获得资金供给者给予展期等目标要求。正规金融在获取借贷者的初始信息上，必须花费一定的成本，如果需要克服隐藏知识不对称信息，必须花费二次成本，如果再克服隐藏行动，就必须实施跟踪服务，这个成本是一个动态的未知数。面对这些昂贵的信息成本，正规金融不得不放弃不对称信息的获取。

非正规金融则不然。这一制度供给者内生于农村经济，资金需求者与供给者具有很强的互动性。无论是借贷的信息真实性、资金的专用性及资金使用的后果，资金借贷者都不会予以隐藏，由于资金借贷者的在信息上具有天然的地缘、亲缘和血缘等多重优势，使得借贷双方都愿意将信息共享最大化。一方面，借贷人通过信息对称使资金供需双方加深信任度、美誉度；另一方面，借贷人更愿意通过信息对称让供给者关注资金使用后果，资金一旦出现不可偿付的严重后果，供需双方可及早达成共识并调整为新的借贷关系。由于非正规金融与借贷人之间不存在不对称信息，因而就没有正规金融的信息不对称成本。

综上所述，可以看出在不对称信息的内容获取方式及其成本上，无论是隐藏知识还是隐藏行动，正规金融都没有非正规金融具有优势。

二、逆向选择比较优势

与信息不对称直接相关的问题是逆向选择（adverse selection）。在信息经济学中是指事前信息不对称。在这种情形下，具有信息的一方具有机会主义倾向。逆向选择是制度经济学关于委托—代理问题的一个模型，反映了利益各方在契约签订前的信息不对称问题。一方拥有私人信息的“代理人”，另一方是没有相应信息的“委托人”，由于信息不对称，在合约达成前，代理人为达成有利于自己的合约，试图把自己的私人信息故意隐藏，而委托人完全不知晓，形成了逆向选择。逆向选择最著名的例子就是Akerlof（1970）提出的“柠檬原则”。其主要内容是，在二手汽车市场上，既有美国人称为“桃子”的好车，也有被称为“柠檬”的次车，由于存在信息不对称，汽车卖主知道的信息多于买主，结果买主因无法分辨其差异，造成好车和坏车必然以相同的价格出售。在给定的情况下，Akerlof 认为，大多数参加交易的汽车将是“柠檬”，好的汽车根本不会参加交易。“坏”的汽车把好的逐出市场。Rasmusen（1989）还给出了一个逆向选择的行动顺序：自然（N）首先行动并选择了代理人的成本函数（高成本或低成本），这只有代理人自己知道。委托人（P）随后行动并为代理人提供一个合约。代理人（A）接受或拒绝该合约。

1. 正规金融制度供给下的借贷者逆向选择行为分析。按照委托—代理理论，正规金融的制度安排下的委托人就是金融机构组织，在我国农村正规金融中，就是农村信用社，而代理人则是农户家庭，这两者之间建立的关系就是委托—代理关系。农户家庭由于对信贷项目具有完全信息，而信用社并不了解信贷人的私人信息。为避免出现信息不对称而造成的福利损失，即由不诚信造成的不诚实成本，委托人信用社通常引入担保或财产抵押方式进行避免。但是担保和抵押都是需要花费成本的，这种成本相当于信息租金，对委托者来说是一种收益，但对代理者来说就是成本。代理人如果支付不了这个成本就会放弃合约的签订，这种“放弃”的规模越大，对委托人的潜在利益损失就越大。这使得正规金融在委托—代理契约关系上形成了“囚徒困境”。为此，正规金融制度最终选择了信贷配给作为博弈的纳什均衡解。但是这些均衡都只能是次优的。同样，农户家庭为获得信贷，同时为避免支付信息租金，则退出这个信贷合约，转而寻求其他金融产品，这就是代理人的逆向选择。因此，农户家庭不仅与正规金融组织之间存在委托—代理关系，而且存在非合作的博弈关系。正是这种非合作博弈关系，使得正规金融的资源在供需配置上没有达到帕累托效率标准，其配置剩余部分就是正规金融的逆向选择福利损失。

2. 非正规金融制度供给下的借贷者逆向行为分析。在非正规金融制度安排中，委托人一般由自然人出任，因而不同于正规金融机构的法人，在获取代理人及农户家庭的信贷信息时，具有天然的成本优势。具体来说，对于亲友邻里免息的金融产品，委托者和代理者双方都保持了高度的信息对称，因而避免了逆向选择的发生。对于有息的高利贷金融，除了委托者和代理者双方保持了信息对称外，委托者有时为避免道德风险，有时也要求代理者提供担保，但是这种担保通常是由当地有威望的熟人来出任，又叫“中人”，与正规金融担保需要有稳定收入或公务员作担保完全不同。由于“中人”从名望和面子考虑，其保费一般为零或接近于零，因而容易为代理人所接受。作为非正规金融制度的委托人和代理人，两者之间也同样存在博弈关系，但是由于博弈的各自效用函数都能得到满足，形成了合作博弈模式。如果不考虑外部性，即非金融制度安排的合法性问题，从理论说，这种金融资源在供需双方的配置上是可以达到帕雷托效率目标的。

三、道德风险比较优势

在委托—代理理论中，委托人和代理人之间存在着事后信息不对称，具有优势的一方有事后机会主义倾向，这就是道德风险(moral hazard)。

1. 正规金融制度下的道德风险。农村正规金融制度安排，从委托—代理关系看，能不能实现借贷双方的共同的目标函数，是是否产生道德风险的关键。假设借贷双方是风险中性的，那么如果存在着双方目标函数的不一致，道德风险就会产生。而道德风险下产生的代理成本的关键因素是委托人和代理人在应该实施哪一种行为上的冲突。代理人行为的不可验证性阻碍着这一利益冲突的有效解决。解决这一问题的出路在于最优激励契约设计，即通过合约中事先设计好的激励安排，使处于信息不对称的个人行为更有效率

(Richter, Furubotn, 1996)。但是基于目前我国实行的正规金融制度，是否能够寻找到一个激励相容的机制，以解决信息不对问题？我们从以下两个方面进行分析：

第一，激励不相容机制问题。我国农村正规金融在制度安排之初到现在，先后由一个内生的制度演变成一个外生的制度，由一个诱致性的制度供给演变成一个强制性的制度供给。目前，正规的金融制度主要由政策性、商业性和合作性三个金融组织机构组成，但实际上合作性金融已经演变成商业性的金融。由于农业发展银行和农业银行基本上不与农户打交道，我们还是以信用合作社来分析考察。

农村信用社在委托人与代理人之间的关系上，能不能设计一个激励机制？回答应当可以的。问题是这个激励机制能否满足委托—代理关系下的激励相容条件。作为委托人希望得到代理人的事后信息，但是这些信息的获取一方面需要大量的采集成本和处理成本，另一方面即使代理人如实提供了事后信息，也必须通过验证才能证实。从目标函数来看，委托者希望信贷资金安全性和利息都得到保障，因而不希望发生事后信息的道德风险问题；作为代理者希望资金使用效用和利益最大化，可以如期履行合约。这两者的目标函数是相同的，应当没有道德风险问题。但如果我们对委托人与代理人之间的关系仔细考察，就会发现委托者与代理者的合约在实际执行中具有外部效应，即如果代理方出现道德风险问题不仅不能受损反而获益。这就是正规金融中激励不相容问题。

第二，寻租与双向道德风险问题。从前面激励不相容的问题中，我们还引出一个新的影响激励相容的重要变量——寻租，这是正规金融中造成道德风险的核心要素之一。委托人在与代理人发生契约关系时，并不是机构组织直接打交道，而是通过多个具体的委托人进行的，这些委托人由于具有个人利益机会主义，从而与代理人合谋缔结信贷关系，并通过代理人获取合谋租金，这个“租金”使得代理人增加了信贷成本，为实现利益最大化目标，代理人就会产生道德风险，将“租金”再转嫁给委托人，出现恶意呆坏账的道德风险。这也是委托—代理理论中双向道德风险研究的问题，即在原有的道德风险模型中考虑一个重要的变量，监管者的道德风险。根据多级代理理论，监管活动本身也是信息对称者，监管中的道德风险和串谋经常联系在一起的（Cooper，Ross，1985）。正规金融由于其机构管理的幅度所限，在信贷双方很难形成单级委托人和代理人的关系，其结果是多级的委托和代理关系，而每增加一级，就越会出现双向道德风险的可能性。

2. 非正规金融制度下道德风险。农村非正规金融在委托—代理关系中，无息的亲友邻里信贷是典型的单级委托人和代理人之间的关系，借贷双方由于信息高度对称，没有任何拥有私人信息可以出现机会主义的倾向，因而没有道德风险问题。对于有息的借贷特别是高利贷，既有单级的委托人和代理人的关系，也有多级代理人的共同代理现象，如代理者请出的中介人、担保人等。但是这类代理人由于在委托人和多级代理人之间都是信息高度对称者，这种代理的功能不是信息替代而是加重信用的权重，是在委托—代理的关系模型中，增加了声誉（品牌）的变量，从而使得民间借贷机制实现了激励相容的约束效果，这也是为什么高利贷金融产品在官方政府的打压下始终不能退出金融市场的原因。

四、内外生制度联合优势

1. 信息联合优势。既然内生金融制度在村庄范围内就有天然的信息对称信息，也正是这种天然的信息使得内生制度交易成本最小化。而与之相反的是，外生金融制度缺乏这种信息和交易成本优势，如果将这两种制度联合，毫无疑问，制度内部的整合就充分发挥出这种优势。能不能整合到位？如何整合？这就是本文研究的核心模型——农户合作金融制度联合模型。这一模型不仅在理论上我们分析了其可行性，而且将在后面的案例中作具体实证分析。

2. 信用联合优势。内外生金融制度都很关注信用问题，不同的是，外生金融的信用形式是以国际通用的商业形式表现的，在制度运行中体现出具体的刚性约束；而内生金融制度的信用是以民间信用的形式表现的，没有刚性约束，是以看不见的乡规民约形式，或者说是大家彼此遵守潜规则，因而这种信用的替代成本不需要物化形式。这两种信用联合，不仅可以避免的农户信贷中的逆向选择问题，而且还可以大大降低信贷信用质押成本。

3. 利益联合优势。这里利益集中体现在两种制度的目标函数上。从外在金融制度看，其目标函数是制度的组织利益最大化，追求商业化最大化利益，使金融组织机构得以发展壮大，股东利益得到保障。而内在金融由于组织内部是社员合作共同体，满足社员自身利益最大化就必须要求组织利益最小化，因而两种制度的联合，就在制度与组织之间建立一个合作利益机制，这就是我们前面讨论的外在——批发——内在——零售，这一利益联合体模式。这种模式，既可以满足外在制度的利益，又可以满足内在制度的需求。

第六节　小　　结

按照制度经济学关于激励相容机制理论，任何一项制度的安排只有具有内在的激励相容机制才是有效的。农户合作金融制度安排是否有效，同样需要考察这一制度是否具有激励相容机制。本章通过分析农户的经济行为，考察有限理性下的金融行为及其特有的文化信用问题，考察内外生金融制度激励相容机制，分析内外生金融制度交易成本，并对两种制度的各自优势的合作优势进行了比较，得出了两种制度在合作金融的大框架下的运行可行性的新模式。

第八章　国外农村合作金融经验与启示

从国际视野角度看，迄今为止，合作金融已经有100多年的历史了。按照与国家的关系，有的学者将合作金融分为两种类型：一种是独立自主型，以日本国家为代表；另一种是国家控制型，以法国为代表（焦谨璞，2007）。如果从合作经济的角度看，有的学者则认为可以分为美国、欧洲和日本三种模式（杜吟堂，2002；甘少浩，2008）。实际上，由于各国的政治、经济制度和文化传统等不同，在合作金融上选择的制度也各不相同。下面，我们就选择比较典型的一些国家合作金融制度进行分析比较，并从中汲取可以指导我国合作金融的共性经验。

第一节　德国合作金融制度

从国际上看，德国是世界农村合作金融的发源地。1847年，德国雷发巽和舒尔茨·德利奇分别在农村成立了最早的信用合作社组织。1932年，这两大合作金融系统合并组建成德国的合作银行（Deutsche Genossenchaftsbank，简称DG），形成了现在的德国信用合作体系。

一、德国农村合作金融体系

德国的合作金融体系只有一个系统构成，即合作银行体系，呈单元金字塔状。德国的合作银行体系自下而上分为三个层次：第一个层次是基层地方性合作银行，目前约有 2500 多家，每个银行的规模不大，150 人左右，以 1 ~3 个村为业务区域。这些银行都是独立法人的经济实体，由农民、城市居民、个体私营企业、合作社入股组成，且是服务对象。第二个层次是 3 家区域性合作银行，即 GZB 银行、SGZ 银行、WSZ 银行。区域性合作银行由基层合作银行入股组成，由基层信用合作银行所有。地区性合作银行是经营管理机构，采取民主式管理。第三个层次是合作银行体系的中央银行，即德意志合作银行，是由区域性合作银行和地方合作银行入股组成的，在组成股份中，地方合作银行通过区域性合作控股公司拥有 49.7% 的股份，地方合作银行直接入股 2.9%，区域性合作银行拥有 30.1% 股份，其他合作社拥有 13% 的股份，其他机构拥有 4.3% 的股份。中央合作银行参与国外业务，并且在国外设有分支机构。

二、德国农村合作金融体系的特征

1. 自上而下的服务体系。德国的合作银行管理体制是一个自下而上的逐级入股、自上而下的服务体系。基层合作银行、区域性中心合作银行和德意志合作银行三级之间的关系，不具有任何隶属关系。德意志合作银行作为中央合作银行，为区域性中心合作银行提供各种金融业务，主要有：资金融通、合作银行系统资金支付结算，开发提供各类金融产品，提供证券、保险、租赁、国际业务等金融服务，保证和维护合作银行的共同利益，为基层合作银行和区域性中心合作银行没有能力解决的业务项目提供支持。从管理上看，基层合作银行和区域性中心合作银行的最高决策机构是社员代表大会，银行的主要负责人任命不需要上一级合作银行的批准，但需经政府批准。从资金上看，下一层合作银行向上层合作银行存放资金，而上一层则向下一层融通资金。基层合作银行吸收存款的70%要上存到区域性中心合作银行，区域性中心合作银行再将4%上存到德意志合作银行。在贷款方面，德意志合作银行对基层和区域性的合作银行则予以资金上大力支持。

2. 功能分级界定明晰。基层信用社主要面向社员提供存贷款业务，并开展结算业务、信用卡、证券、代理业务以及代办保险等。区域性合作银行主要职能是，面向基层合作银行提供资金支付和结算服务与短期再融资服务；为基层合作银行提供闲置资金的存放场所，支持基层合作银行开展证券和国际业务等。德意志银行本身不经营零售业务，对地方合作银行提供资金融通、支付结算、业务开发等，包括资金平衡管理、为成员提供证券业务和开展相关业务等。

3. 高效的行业自律风险控制机制。德国的合作银行采取的是三位一体的监管，即联邦金融监察局负责非现场监管，联邦中央银行及其分支机构进行一部分现场监管，合作社审计联合会和区域性审计协会则负责对合作社进行经常性的审计和监督。除此之外，德国的合作银行在风险监督上最鲜明的特点就是行业自律体系，包括德国全国信用合作联盟和合作社审计协会等。信用合作银行管理按照信贷资产的一定比例缴纳信贷保证基金。区域性的合作社审计协会，既是全国合作社联合会在地区一级的机构，又是全国信用合作联盟在地区一级的机构。承担着对地方各类合作金融机构的行业业务监督，这种自律监督有效地保障了合作银行体系运行的安全、有效，也是政府监督机构无法替代的。在行业自律监督的基础上，德国的合作银行体系还建立了一系列信用保证制度，包括 hermes 的中小企业保险体系，存款保险制度，贷款保险制度等。同时，德国政府对农村金融又是有所为、有所不为的。最典型的，例如对待合作银行制度，德国政府既没有建立法国式中央政府管理机构，也没有美国式的政府监管机构，合作银行主要依靠自发形成和行业自律管理，延续数百年而蓬勃发展。

三、德国政府对农村合作金融的支持政策

德国是世界上农村合作组织的发祥地，农村合作金融的发展也具有悠久的历史。为扶持农业发展，政府对农村金融十分重视，其扶持政策主要包括：

1. 利息补贴与利率限制。政府对农业的补贴范围很广，涵盖所有的种养业、农业生产资料、农产品加工、水利设施、土地改良与规整、农业结构调整、房屋建筑、生态农业、环境保护等。补贴的项目资金来源于联邦财政、州政府财政或两级政府各自分摊。对农村贷款最高利率实行限制，对参与农业贷款的金融机构实行利息补贴，或减少其存款准备金比例。

2. 优惠贷款。主要分为两类：一类是州立银行提供优惠贷款，另一类是国家政策性长期低息贷款。州立银行提供优惠贷款的种类较多，根据不同的项目分为1万~125万元不等，利率优惠从10%~35%不等。国家政策性金融机构安排长期低息贷款，承担贴息的银行包括土地改良银行、联邦银行、LR银行、德国复兴银行、农业养老金银行等。国家政策性银行和州立银行的资金最初来源主要靠财政资金和一些特别基金，或来源于政府注资，这些银行完全转向通过货币市场和资本市场融资，政府为其作融资担保。银行用于农村信贷的补贴资金来源，则以项目的性质而定，属于联邦政府公共投资项目的，由联邦财政承担，属于州政府公共投资项目的，由州财政承担，有些项目则规定由联邦和州政府财政共同承担

（焦谨璞，2007）。

3. 政府干预信贷。除了通过补贴、贴息等手段外，政府直接通过国有政策性银行、州立银行等参与农村信贷，并对农村信贷给与激励政策。德国复兴开发银行、地产抵押银行是现代农村金融体系的直接构建者，也是农村金融发展的导向标。德国公共性质的州立银行更是直接进行重点项目的贷款甚至无偿拨款，负责协调地区间银行的流动性储备。

第二节　法国合作金融制度

一、法国的农村金融体系

法国是欧洲最大的农业生产国和世界最大的农产品出口国之一。1880 年法国农民为了抵制高利贷的盘剥，开始建立农业信贷合作社，1894 年和 1899 年议会颁布法令成立地方农业互助银行和地方农业信贷银行，1920 年法国政府为统一管理各地区农业互助信贷银行的业务，成立了国家农业信贷管理局。1926 年国家农业信贷管理局改名为农业信贷银行，由农业部和财政部领导，形成了一个全国性农业互助信贷体系，一直保留到现在。

法国农业互助信贷体系实行总部、各省行和地方合作银行三级管理、三级经营和两级核算的制度，其中总部和省级农业互助信贷银行各为一级独立核算单位。

在法国农业互助信贷体系中，总行是国家农业合作信贷银行的中央机关，受农业部和财政部的双重领导。其组织机构主要包括：(1) 董事会。董事会是总部的最高权力机构，由 30 名成员组成，其中董事长由农业部部长担任，其他董事从国民议会成员中各产生

3 名，由政府制定法律官员 4 名和政府官员 8 名，其余的董事从各省行的主席或经理中产生。董事会的任务是审批银行的基本政策、规定国家没有明确规定的贷款条件、组织总部与各省行之间的资金融通、制定贷款的分配标准等。（2）正、副总经理。总部总经理由总统任命，8 名副总经理由董事会任命。总经理在董事会的领导下开展工作，并在法律行为与民事行为上代表总部。（3）行政委员会。又称理事会，由 11 人组成，主席由总部总经理担任。主要任务是参与经营大纲和方针的制定，执行董事会的决议。（4）总部另设领导委员会和 8 个职能部门。

总行下一级是 94 个省农业互助信贷银行，它们由各省行政区划内的地方合作银行（或称地方农业互助信贷合作社）联合组建。省农业互助信贷银行的组织机构主要由董事会、领导委员会和信贷委员会等管理机构。

作为第三级的地方合作银行是法国农业互助信贷体系中的基层单位。它们不办理具体银行业务，只负责贷款发放的推荐和审查。其权力机构为董事会，董事会主席和副主席均由股东大会或股东代表大会选举产生，董事会成员均不拿工资，只按照参与有关活动的实际需要补助一定数额的交通费。地方合作银行的社员除农民外还有一些其他部门的人员，主要是从事农产品加工的小场主和雇员。目前，全法国共有地方合作银行 3028 个，社员总数达 360 多万人，已超过了法国的农业人口。由于它们充分发挥集体的力量为社员服务，并注重保护社员的经济利益，因而深受法国农民的欢迎。

二、法国农村金融体系的特征

法国农业信贷银行自成立至今，形成了独具特色的混和治理结构格局。在管理机制上，既有合作金融的社员参与决策权，又实行了严格的商业银行纵向管理，甚至经历了总行从国有化部门转化为上市公司的转制过程，因而体现出所有权和经营权多样化分配的格局；在资金控制权上，既存在对政府政策性资金（国家贴息贷款）分配的参与，也实行“地区行—营业行”的商业银行信贷审批权分割，还充分保证社员的审贷权力。

首先是自下而上的社员民主管理权力的实行。从1989年各基层信用社自发联合组建地区行，到1920年根据国家《农业法典》成立准国家机关性质的全国总行（CNCA），直至1945年地区行全国联合会（FNCA）的建立，自下而上的选举充分保证了合作制的本色。其次是自上而下的经营权的强化。1950年，该地区行对基层信用社的“再贷款行”为信贷行；取消基层社信贷权，另设作为地区行分支机构的营业所，负责信贷业务。1988年，按照“非上市股模式”把总行股份化、把全额国家股90%转让给地区行、10%转让给雇员。2001年，总行转变为法人股、内部职工股和上市流通股并存的股份有限公司：社员对于基层社—地区行—总行的间接持股体现了合作金融的性质；内部职工股体现了激励机制；外部公众持股扩大了资金来源。

法国农业信贷的治理结构的发展充分体现了中央政府的逐步淡出，以及作为独立法人的地区行和基层社与地方农业管理当局的若即若离的关系。首先，在基层社成立后的1897年，中央政府就拨款4000万法郎作为全国各基层社运作的启动资金，用于农业贴息贷款，履行政策性金融职能。在1988年总行股份合作化之前的68年间，法国农业信贷在运作上处处体现着国家干预的影子。根据法律规定，总行董事会由中央政府、农业行业代表（由国家任命）和地区行代表组成，同时，由中央政府决定总行行长人选。特别是在1966年地区行独立发放贷款之前，中央每年以再贷款形式给总行提供农业信贷资金，再由总行在各地区行间分配。此后，中央政府逐步减少直接干预，农业信贷银行实行按市场利率吸收储蓄或在银行间市场融资，再由中央（农业部）贴息的方式进行自有贷款。

法国农业信贷的治理结构存在多元主体参与的特征。一是确保了社员的民主参与权和信贷市场准入权；二是实行了权力与义务对称的政府参与权，即如果政府出资，则给与政府法定参与和决策权，当自我融资逐步取代政府投资的主流地位后，机构的独立性相应增强；三是决策权与经营权的平行设置，充分体现了合作社的主权民主性和金融机构要求的盈利性、效率性的统一。

三、法国政府对农村金融的支持政策

法国农业信贷银行既承担低利的政策性贷款，又经营商业性贷款。法国政府从20世纪60年代起，每年从农业预算中划出一笔专项资金拨给农业信贷银行，作为农行发放中长期低息贷款的利息补贴。截至1982年末补贴利息贷款余额达1186亿法郎，占贷款总额的30.9%。补贴贷款的利息额逐年增加，1966年只有6亿法郎，1982年增为62亿法郎，约占农业部年度预算的22%左右。

除了对农业信贷银行发放的长期支农贷款给与利息补贴以外，政府在纳税方面也对银行给予优待。这些措施使得法国农业信贷银行的业务范围日益开拓发展，跃居世界大商业银行的前列。

第三节　日本合作金融制度

日本的合作金融在国际上属于起步晚的，但日本的信用合作体系却是比较完善的。从农村金融来看，主要有合作金融和政府金融两大部分，其中，合作金融占主导地位。从合作金融特征上看，日本的合作金融是政府扶持下的合作模式。

一、日本农村合作金融体系

日本的农村金融体制可以归为“二、三、三”结构。即二重结构，包括民间农林渔业金融机构和政府的农林渔业金融公库；三个系统，包括农业系统、渔业系统和林业系统；三个层次，包括最基层的市、町、村农协组织，最上层的全国性机构农林渔业金融公库和农林中央金库，中层的都、道、府县级信用联合会。信用合作体系是日本农协的一部分，依附于农业协同组织，是农业协同组织的一个子系统，同时又是一个具有融资功能的金融部门。

1. 组织结构。日本的农村合作金融体系有三个层次的金融机构组成：基层农协的信用组织，中层的都、道、府、县的信用联合会，上层的中央农林金库和全国信用联合会。

2. 基层农协。基层农协是农村合作金融体系的基层机构，直接吸收农户和其他居民及团体入股。信用业务只是农业协同业务的一个组成部分，主要任务是对农户提供存款和贷款业务，农协成员可以优先获得贷款权。日本1947年颁布的《农业协同组织法》规定农协为合作社组织，以为社员服务、不以盈利目的为宗旨。其组织原则是：农协是人的结合，而不是资本的结合，实行一人一票制；农协实行按股分红和按社员与农协往来额分红相结合的分配原则，股息和红利均有最高额度限制，同时限制分红对股金的最高比例；农民参加农协即成为正式会员，享有自益权（包括利用农协的事业权、分享权、退股权）和公益权（包括选举权、被选举权、表决权、请求改选领导成员权等）。非农民参加农协，成为非正式会员，只享有自益权，不享有公益权。

3. 信用联合会。是指由都、道、府、县组成的信用联合会，简称为“信农联”。信用联合会是农村合作金融体系中的中层机构，共有47个机构部门。信农联以所属会员即基层农协为主要服务对象，通过存贷来调节各基层农协的上存资金。基层农协的剩余资金中，定期存款的30%和活期存款的15%要上存信联社。当基层农协的资金出现危机的时候，信农联可以利用这些上存资金来从中调剂。信农联的贷款首先用于满足辖区内的农协资金需要，其次用于支持农、林、渔业有关企业的资金需要，也支持一些额度较大、期限较长、当地农协难以支持的农户。

4. 农林中央金库。这是农协的信用业务的最高机构，成立于1923年。主要职责是协调全国信用联合会的资金活动，按照国家法令营运资金，同时负责向信用联合会提供信息咨询，指导信用联合会的工作。其主要成员包括日本农业合作、日本渔业合作和日本林业合作3个组织。农林中央金库的资金来源是信农联上存资金和经过政府批准发行的农村债券，资金用途主要支持信农联的资金需要，也向一些农业企业发放贷款。

二、日本农村合作金融体系的特征

与其他国家相比，日本的农村合作金融体系具有以下鲜明特征（焦瑾璞，2007；王曙光，2008）：

1. 政府色彩较浓，财政扶持力度较大。日本的金融体系分为中央银行、非政府金融机构和政府金融机构三类，其中非政府金融机构是日本金融体系核心。日本政府一方面对金融机构的业务领域和具体业务进行严格的管制和行政指导，另一方面又对各类金融机构进行过度保护，使日本金融机构有着“不倒神话”，存款保险制度形同虚设。在农林中央金库成立伊始，由于资金短缺，政府曾出资20万亿日元协助，体现了政府的高度重视。

2. 金融系统复杂，功能划分非常细密。日本的农村信用社系统可以分为农业系统、林业系统和渔业系统，每个系统都有三个层次，即基层农协的信用机构+都道府县的信用联合会+最高层的农林中央金库，形成复杂综合体。各种金融机构形成了分工明确、密切合作的农村合作金融体系。三级经济组织之间只有经济往来，没有行政上的隶属关系，上级组织运用经济手段和窗口来指导下级组织，形成独立的资金运营系统。

3. 以服务会员业务为主，经营业务趋向商业化。从服务对象看，主要是立足基层、方便农户，坚持以农村社区和社员服务为中心，其资金的利率与分红既照顾会员利益，又兼顾集体利益，使合作金融保持可持续发展。从经营业务来看，日本的合作金融系统既具有合作金融组织的特点，也兼有商业金融的特点。如在贷款业务上，日本农村金融体系的各级机构不仅向会员提供贷款，也向非会员提供贷款，而且大量从事证券投资业务。

4. 信用保险制度健全，风险防范监管严格。为促进合作金融系统的稳健运行，日本设立了健全的农村信用保险制度。对农协存款业务的风险防范制度包括存款保险制度和支持农协经营基础制度；对农协放贷业务的风险防范制度包括对发放贷款的直接保证和支持农户经营基础的制度。存款保险制度指的是当农协破产时保证对存款人返还一定的存款金额的制度，由作为公共组织的农水产业合作金融存款保险制度机构运营。支持农协经营基础的制度主要是强化农协自身的经营，防止发生破产，从而保护存款者。系统组织一体化运营“JA 银行防止破产系统”。

除了存款保险制度外，日本合作金融的保险制度还包括：临时性的资金调剂和相互援助制度、农业灾害补偿制度和农业信用保险制度。在监管上，采取行政与系统内部双重监管，保证了合作金融体系的运行安全。

三、日本政府对农村合作金融的支持政策

1. 农贷利息补贴制度。又称之为制度贷款，是指按照法律、

政令、条例以及纲要，国家、地方公共团体或相当于地方公共团体的机构称为贷款的当事者，通过利息补贴、损失补贴、债务担保以及其他类似的优惠政策进行干预的那部分贷款。制度贷款属于长期低息贷款，按政策干预的方式不同分为三种：吸收各银行的资金投入农业，政府给予债务担保；利用农协的资金，政府给利息补贴、损失补贴和债务补贴和债务担保；政府通过国家金融机构直接发放财政资金贷款。制度贷款主要用于农业政策所鼓励生产事业，主要有农业渔业贷款、农业改良贷款和农业现代化贷款。

2. 农业保险补贴。日本的农业保险制度的特点是由政府直接参与保险计划，并具有强制性，凡是生产数量超过规定数额的农民和农场都必须参加保险。保险额根据每千克保险额乘以标准产量的70%计算得到。每千克保险额每年由农林渔业部规定，标准产量由农业互助社按田块情况确定。粮农缴纳相当于正常年景收入的10%的保险费，政府对农作物的保费补贴为50%～80%。保险补贴和损失补偿对农民收入的稳定起到了重要支持作用。

3. 对农协合作金融补贴。日本政府对农协信贷的支持表现在存款利率优惠、税收优惠等方面。在以往对金融机构采取利率限制时期，政府允许农协存款利率高出0.1%，而且农协目前享受22%的税率优惠，对农协按照事业的利用量分配的利用额分红不课税。

第四节　美国合作金融制度

美国不仅是国际上金融高度发达的国家，而且也是农村金融比较发达的国家。从现有农村金融体系来看，已经形成了由农村合作金融体系、政策性金融体系和农业保险体系共同组成的完善的农村金融体系。

一、美国农村合作金融体系

美国的农村合作金融由联邦土地银行系统，联邦中期银行信用系统和合作银行系统三大独立的系统所组成。三大系统都有一套自主经营的机制，有着明确的职责范围。根据美国农业信贷的法律规定，全美被划分为12个农业信贷区，每个农贷区设立一个联邦土地银行、联邦中期信贷银行和合作银行，这些提供农业信贷的机构由作为联邦政府独立机构农业信贷管理局领导、监督和管理。

1. 联邦土地银行系统。主要分为联邦土地银行和联邦土地银行合作社两部分。（1）联邦土地银行实行股份所有制，为全体合作社所有，并间接归全体借款人所有，从业务管理上归所在区的农业信用局管理。每个合作社必须向联邦土地银行缴纳相当于本社社员借款总额5%的资金作为股金，以取得作为联邦土地银行下属合作社和从联邦土地银行取得借款的资格。（2）联邦土地合作社，为有意愿向联邦土地银行借款的农场主所有。凡是想从联邦土地银行借款的农场主，必须向联邦土地银行合作社认购相当于借款额5%的股金，并成为合作社的社员。偿还全部借款后，社员自行决定是否退回股金。如果该社员两年内没有向联邦土地银行借款，所持股金自动转为无选举权、只享受经济利益的股份。

2. 联邦中期信用银行系统。该银行系统由12家联邦中期信用银行及下属的生产信用社组成，最初由政府出资组建，股权为政府所有和控制，后由农业生产信用合作社收购了政府股权，使之完全归属农业生产信用合作社所有。联邦中期信用银行不直接向农场主发放贷款，也不经营一般银行贷款业务，只对信用合作社发放贷款和贴现。美国中期信用合作社发放甲、乙两种股票。甲种股票由政府委托信用管理局持有，如果银行破产，则优先清偿，该类股票已分期出售给了信用合作社；乙种股票则由生产合作社持有。联邦中期信用银行同样归农业信用管理局领导。

3. 合作银行系统。根据美国国会1933年通过的法案，专门在美国建立了为农村生产合作社提供信贷服务的合作金融机构。全美除了在12个信用区各建立一个合作银行外，还在华盛顿成立了中央合作银行。合作银行是独立的经济实体，由理事会决定经营方针政策，受所在区的信用管理局督导。合作社最初归政府所有，根据1955年《农业信用法》规定合作银行发行甲、乙、丙三种股票，合作银行逐渐购买政府持有的甲种股票后，归合作社所有，中央合作银行归合作银行所有。

二、美国农村合作金融体系的特征

1. 农业信贷机构各具特色，金融产品差异化。美国的农业合作金融体系的三大独立系统，是按照各自的职责明确范围的，实行“分业经营，分业管理”。联邦土地银行只办理长期不动产贷款，贷款对象主要是个体农场主。贷款期限法定5~40年，实际上大多数贷款为5~35年分期偿还贷款。贷款业务主要通过联邦土地合作社直接面向借款人，贷款额度不超过评估报告中评定的借款人经营农场价值的65%，加上借款人须缴纳的股金，最高不超过68.25%。联邦中期信用银行专门对合作银行及其下属组织农业生产信用合作社发放中、短期贷款，主要业务是充当信用“批发商”，即对生产信用合作社发放贷款和贴息。生产信用合作社从联邦中期信用银行贷到资金后，负责向农场主发放中、短期生产性贷款，并承担风险。合作银行的主要对农业合作社提供贷款和咨询服务，贷款分为设备贷款、经营贷款和商品贷款三类。

2. 自上而下“官办民营化”，多元复合体系。美国的三大合作金融组织体系源于美国政府制定和实施的一系列农贷法律的结果。为克服商业银行难以满足农业贷款需求问题，美国政府先后出资创立了联邦土地银行、联邦中期信用银行和合作银行。可以说，美国的合作金融不是自发成长的，而是政府干预的结果，但在合作金融组织建立后，又按照市场机制的要求，通过激励政策，使政府的股权退出，使合作社和农场主成为新股东，并按照“分业经营，分业管理”的经营政策，形成了具有市场化机制的多元复合体系。

3. 监管机构独立健全，政府与行业协会双重监管。为保证合作金融的健康发展，美国采取了有别于商业银行的监管模式。（1）设立独立的政府监管体系。在20世纪70年代，美国国会专门设立信用社管理局，对信用社行使监管职能，总部设在华盛顿。其主要职能是，向在联邦注册的信用社发放执照，监督和考察在联邦注册的信用社、中央和州资金调剂清算中心，管理和运用信用社存款保险基金。（2）互惠与自律的行业协会。美国信用社协会（Credit National Association）是为信用社服务的联合社团，并分为地区分会、州协会和全美信用社协会三个层次，其会员包括现有的信用社、州协会、信合保险集团、资金调剂清算中心等。全美信用社协会与联社之间有比较明确的分工，联社主要为社员信用社提供资金融通、投资代理、资金清算、证券托管等经营性服务；协会代表会员信用社协调公共关系、进行职业教育、出版、政策咨询等非经营性服务等。（3）完善的保险机制。主要分两个部分：一是美国的信用社存款保险基金。该基金的宗旨是为参加存款保险的信用社提供存款保险，以保护存款人的利益。根据联邦信用社法规定，所有的联邦信用社必须参加该基金，大部分州注册的信用社也自愿参加了该基金。存款保险基金主要为信用社的会员提供存款保险，向困难信用社提供资助。二是美商储蓄互助相互保险集团。该机构主要为信用社提供保险服务的商业性保险公司。其主要业务是为信用社及信用社员提供各种保险产品，以保护信用社及社员资金、财产等安全，为美国信用社的发展起到了风险保障和损失补偿机制建设的重要作用。

4. 行社相互参股，决策管理民主化。联邦土地银行对土地合作社贷款，合作社成员必须认购土地银行相当于其借款 5% 的股金；联邦中期银行对生产信用社发放贷款，信用社成员必须购买相当于其借款的 5% ~10% 的合作社股金。土地与生产合作社的贷款对象基本相同，土地合作社不直接贷款给社员，而信用合作社则直接向社员贷款，但是两种合作社都分别持有贷款行的股权。同样，合作银行为农业合作社贷款，合作社成员通过认购其发行的股票持有其股权。由于合作社按照“一人一票”的方式参与认购股票的银行决策管理，使银行与合作社之间形成利益风险共同体，民主决策的机制可以充分发挥作用。

三、美国政府对农村合作金融的支持政策

1. 政府对建立合作金融体制的支持。主要表现在两个方面：一是通过政府出资组建合作金融体系，即三大合作金融组织都是由政府出资兴办，然后通过股权转让方式退出，使合作金融组织成为各类合作社所用的银行系统；二是对合作金融组织予以优惠政策扶持，如对信用社不征收营业税和所得税，不收取存款准备金；允许信用社资金到国债市场上购买国债，对信用社的管理经营不予干预等。

2. 专项贷款的政策支持。如农产品抵押贷款、低息贷款、销售贷款补贴等。美国为化解农业生产者的生产风险，推出了农产品抵押贷款政策。政府事先制定每年单位农产品的支持价格，在农产品收获后的任何时间，农场主可持农产品向农业部所辖的农产品信用公司（CCC）申请抵押贷款，等价格好了以后，再赎回抵押的农产品出售，也可以将抵押的农产品让渡给 CCC。无论市价多低，CCC 都必须接受。这种抵押贷款与我国的农产品实行保护价收购很相似，不同的是生产者可以赎回再售。农场主低息贷款是一种特

殊的商业贷款，贷款对象为中小农场主，其贷款前提必须是两次商业贷款被拒绝者，每年由农业部负责发放。

3. 专项补贴。美国的专项补贴很多，农业法对农业补贴做出了专门的规定。从补贴的形式上来看，主要有“销售贷款补贴”、“固定直接补贴”和“反周期补贴”三类。补贴的农业品种主要有小麦、玉米、稻谷、棉花、油料、花生、大豆、蔬菜、水果等。从补贴政策效应看，由于补贴与农产品的面积、产量挂钩，巨额补贴主要集中在少数大规模农场。据估算，目前30%的农场主获得了70%的补贴，加速了美国农场经济的规模化发展。

第五节 国外农村合作金融的共性经验与启示

通过对国外一些国家的农村金融制度及其组织运行情况的分析比较，我们可以概括和总结出一些共性的经验，同时结合我国的农村金融实际，分析和研究对我国农村金融发展的有益启示。

一、农村金融体制与合作制度选择

1. 合作金融在农村金融体系中重要位置。通过对上述各国的农村金融体制的研究，我们发现，合作金融无一例外的成为农村金融的主体，其他金融形式如商业金融、政策金融为补充。这种合作金融的主体地位是与农村经济特有的生产经营性质相适应的。农业生产作为受自然条件约束的弱质性产业，农业产品作为市场经济中的缺乏弹性的基本生活性商品，农户无论是以家庭还是以农场为单位组织生产，都毫无疑问面临着比较收益和交易成本非农化逆向选择问题。合作金融作为农村金融的主体形式，使得农村金融的成本内部化了，从而为保障农村经济发展提供了有利条件。

2. 合作金融组织与生产合作社互惠互利关系。从各国合作金融组织的形式看，合作金融都离不开合作经济组织而独立存在。如美国的联邦土地银行贷款给农场主，必须有借款人组成的合作社审查；联邦中期信用银行只向生产信用合作社贷款等。农协作为日本独具特色的合作组织，同时具备了共同生产销售、采购和信贷的功能，使资金融入合作社产供销一体化之中。德国的合作组织类型繁多，其合作金融是由小生产者和农民自发建立起来，生产合作社与合作金融相互服务，合作社的一些成员既是生产合作社的成员，也是基层合作银行发起的股东。

3. 合作金融与商业金融合作关系。无论是欧美还是亚洲区域的国家，农村合作金融与商业金融之间都存在合作关系，这种关系有的体现出政府的主张，如美国的合作金融就是由政府发起，并得到联邦政府的各项政策扶持；有的体现着利益共同体的关系，如德国除了合作金融外，涉农的银行还有土地垦殖银行、土地改良银行、农业地租银行和抵押信贷银行等，这些商业银行与合作银行共同组成了农村金融服务体系，尽管各银行提供的产品有着一定的差异，但银行之间特别是与合作金融组织之间存在着各种相关性的业务合作关系。

二、农村合作组织的治理机构与制度安排

1. 合作金融的组织方式。这里，本书在研究中，最为关心的是，合作金融的组织是不是把专业合作社与资金合作社合二为一，是不是两者可以并行不悖。从前面介绍的各国农村合作金融组织形式来看，不同的国家选择的形式各不相同，体现了各国的不同特色，呈现出多样化特征。应当说，产业合作社与资金合作社即合作

金融的组织关系，既有融为一体的，也有各自分开的，但两者之间一定都是紧密相连的。如日本的合作金融是依附于农协系统的，农协是合作金融的最基层组织，农户参加农协，农协入股参加信农联，信农联再入股组成农林中央金库，形成三级组织体系。德国的合作金融组织是产业和资金合二为一的组织，最先由农民和城市小手工业组成，如舒尔茨合作社和雷发巽合作社，随着这两个合作社的不断扩大，形成了德国两大合作金融系统，在1932年合并为德国的合作银行。美国的合作金融则是自上而下由政府出资创办，然后再向合作社出售股份直至全部退出，但所有的金融组织都是与各种生产型的合作社建立信贷紧密关系的，并且信用合作机构均有农业信用管理局进行领导，因而其政府色彩依然较浓。

2. 合作金融的运行方式。合作金融与正规金融或者说与商业金融、政策性金融乃至政府什么关系？他们之间能不能兼容？这种兼容在组织形式上表现为何种相互关系？在金融产品的设计与供给上表现为何种合作关系？通过前面介绍的一些国家合作金融经验来看，可以概括为两点：（1）网络化关系。从横向看：表现为农户或农场主的合作，包括各种自然人或企业合作，如德国、美国等；也有按行业参加的，如日本的渔业、林业和农业三个方面形成的农协组织。从纵向上看，无一例外都各自形成一个上下互通的网络，如日本基层农协，都、道、府和县级信农联，中央农林金库，共三级。同样，德国也是由低层的信用合作社（地方合作银行）、中层的区域合作银行和顶层的联邦中央银行组成。虽然美国的合作金融体系一分为三，但三个金融组织系统都是各自往下延伸到生产合作社或信贷协会，然后再延伸到农户。（2）产品互补与产品代理关系。从金融产品关系上看，基层合作金融的主要功能就是向合作社成员提供信贷支持，承担上级合作金融组织的客户信贷评估、金融产品代理等。如德国和日本的基层合作金融组织，可以直接发放贷款，对农户信贷需求在自身难以满足时则向上一级的合作金融提出申请。美国的合作金融组织以联邦中期银行为代表，只对合作社发放贷款，因而合作社充当了合作金融信贷“批发商”角色。

3. 合作金融的监管方式。由于合作金融的“非官方”特殊性质，其运行监管采取何种方式，也是合作金融制度安排的一个重要内容。按照合作金融的现行各个国家做法，主要有两种做法：(1) 独立的监管体系。以美国为代表，专门设立了比较健全的农业信用合作管理体系，包括监管机构、行业自律协会、资金融通清算中心和互助保险集团。(2) 行业自律。以德国为代表，合作金融组织接受11家区域性合作审计协会的审计，而审计协会是由合作社交纳会费共同组成的。在此基础上，德国还成立了基层合作银行、区域性合作银行、德意志合作银行等共同发起的全国信用合作联盟为会员提供各种服务，包括为会员信用风险防范提供各类服务。

三、政府在合作金融中的地位与作用

政府在合作金融中扮演什么角色？在对国外合作金融的研究中，不难发现，各国的政府都没有忽视对合作金融的重视和支持。概括起来，主要有三种模式：(1) 政府主导型，以美国为代表，从合作金融的创立和发起，都是由政府出资创办。(2) 政府干预型。以日本为代表，日本的合作金融虽然源于欧洲，但在合作金融组织建立过程中，政府的制约与扶持力度都非常大，一方面对金融机构及其业务进行严格的管制与行政指导，另一方面又对其实行过度保护，特别是中央财政出资与各金融组织构建的存款保险制度，有力地保障了合作金融体系的稳健性。(3) 政府扶持型，以德国为代表，政府对合作金融组织主要提供各类补贴政策，鼓励合作金融组织为农村经济主体贷款。

四、国外农村金融发展对我国的启示

研究国外农村金融发展的一些成功经验，目的是更好的对深化我国农村金融改革，特别是创新农村合作金融制度，提供有益的启迪。虽然每个国家由于历史、文化和经济发展水平不同，形成了各种不同的农村金融制度和体制，但是一些共性的经验值得我国农村金融学习和借鉴。

1. 合作金融的制度与体制的设计理念。从制度层面看，国外的经验表明，合作金融制度必须体现以下特征：（1）合作制度的群众自主性。即合作金融制度的主体是农村社会低层的农户、手工业者、家庭农场主等以从事农业或手工业为主的相对弱势群体，组建合作社方式是个人自愿行为，在进退合作组织上，也是由社员自由选择。（2）非赢利性。合作金融制度其核心内容是在“人的结合”前提下的“资本”结合，以人为主体，体现资本的互助精神，因而其资本不是逐利的，这是与商业金融最本质的区别。（3）管理的民主性。“一人一票”制是合作金融制度的管理最核心的决策制度，社员大会是最高的决策权力机关。

从体制层面看，国外的经验表明，合作金融体现的特征是：（1）组织化。即合作金融在体制上是由各个合作组织形成的，这种组织与商业化公司不同，更多的是开放性的组织形式，人员多少不限，但一定是体现共同利益的集体。（2）纵向网络化。即不是一个孤立的组织，而是在低层合作组织的基础上，形成由各合作组织联合或通过股份方式的上一级组织，并以此类推，直到中央国家级。各级之间，通常不是领导与被领导的关系，而是业务指导或提供相关业务服务的关系。（3）官民结合的系统化，或者说民间合作金融组织与政府金融组织相结合的系统。从底层看，合作金融主要是由民间组织形成的，这种民间组织到了中层（以区域性为主）

多数仍然是民间性质，但到了顶层则主要由中央政府或联邦政府为主出资组成的中央合作银行，或者由中央政府任命其负责人。央行与下级合作金融组织之间开展各种业务，包括资金清算、业务咨询、联合信贷、国际业务支持等。

上述关于合作金融制度与体制两个方面的经验做法，为我国合作金融发展提供有益的借鉴：（1）底层合作金融组织的创立问题。我国现有的合作金融是农村信用社，由于体制的多次变迁，其“合作”性质早已有别于我们讨论的合作金融了，而且在东部和中部一些地区，这些信用社彻底转变为商业性质的金融机构。因而，对照国际上的合作金融制度来看，我国是没有真正意义上的合作金融，即使一些地方出现了“草根”式的合作金融，但在严格的监管制度下，被视为非法集资类的民间组织。（2）合作金融制度安排问题。我国农村金融问题相当多的被认为是现在的信用联社体制上存在的问题，因而在信用社体制上不断变革成为农村金融改革的重要内容。但是由于这种体制已无法回归到合作金融的本意上，使得合作金融至今仍然走不出困境。从国外实践看，必须按照合作金融的本意，再造合作金融，并以农户为主体，构建最底层的合作金融，使合作金融体系可以生根发芽。（3）合作金融的运行体制问题。参照国外的合作金融的运行体制，我国的现行信用社在体制上既没有底层的合作组织，更没有央行机构作为合作金融的高端支持（虽然其间信用社曾在人民银行和农业银行代为管理过，但都是作为行政方式来维系的）。因而，在鼓励民间创立合作金融组织的同时，还必须考虑合作金融的体系升级问题，即合作金融组织的更高一级如何构建，是通过股份方式，还是会员制方式，建立由区域性质的合作协会或联合会等，然后由国家或国家支持下，在区域性合作金融组织的基础上，创立中央合作银行，使合作金融形成网络化、系统化。从这个意义上说，我国的合作金融体制构建任重道远。

2. 生产型与资本型合作组织的依存性。从国外的合作金融体制运行来看，合作金融组织都天然的与各类生产型的专业合作社保持着联系。根据两者紧密程度，具体划分为：（1）产业与资金合二为一的合作金融。这种组织既有产业合作的内容，又有资金合作的内容。如日本的农协，具有共同销售、采购和信贷保险等综合功能。（2）资金与产业相关型的合作金融。如美国的联邦土地银行和联邦中期信用银行系统，分别和其下属的生产信用合作社发生业务关系。

合作金融本质是人与人之间的合作，这种合作的精神体现的是社员之间的互助关系，由于金融的本质是逐利的，如果社员关注的是资本的获利问题，这种合作必然不可持续，资本必然选择更大的机会空间。但是合作社的社员在发起合作社时就希望通过合作减少自身的外部交易成本，因而内部互助必然体现在资本的安全和资本配置的低成本上。避免资本风险和降低资本的配置成本，最好的办法就是与产业合作，而产业合作恰恰是生产合作社的优势。因而，无论是“资金＋产业”的合作方式，还是“资金合作＋产业合作”方式，都是合作金融的运行的核心内涵。从我国现有的合作金融来看，由于金融制度的限制和金融管制政策，造成长期以来农村基层合作金融的缺失。目前农村主要是生产型的专业合作社，没有对应的资金合作社，更没有产融合一型的合作金融。农村信用社独立运行，没有和各类生产合作社建立紧密关系，使得农村信贷关系没有得到改善，农户信贷成本很高，这种异化了的合作金融组织，已经失去了合作制度的优越性。借鉴国外合作金融经验，我国合作金融制度的推行，必须从基层构建真正的合作金融组织，这是合作金融制度运行的基石。

合作金融源于农户或农场主的合作精神，这种合作精神在土地私有制国家广泛存在，说明合作制是与市场经济并行不悖的。我国现行的农村土地制度虽然是集体制度，但家庭承包制的实行使农户成为生产的主体，实行市场经济以来，如何降低家庭农户与市场交易的成本，合作组织的建立，不仅使生产单位规模化，而且在内部形成资源共享，大大提高了市场经济的竞争力。从生产合作到资金合作，使生产要素功能得到了最大发挥。因此，从家庭承包制到生产合作社或生产与资金合二为一的合作社，是我国农村生产方式调整与创新，合作金融制度是这种新的生产方式的必然选择，各种合作金融组织也必然随之应运而生。

3. 合作金融的监督管理特殊性。从国外合作金融的监管来看，由于政府的高度重视和支持，形成了合作金融体系高度发达的体系。对待合作金融的体系运行，从国外监管的经验做法看，在监管的形式上有专门的监管组织，如美国的信用社管理局，更多的是行业自律、行业自我监督等，或者采用官方与民间共同监管的方式。除监管的组织形式外，一个最值得我国借鉴和研究的是监管的制度安排问题。具体来说，主要有：（1）存款保险制度。如日本的合作金融体系的存款保险制度规定由日本政府（财政）、中央银行、农林中央金库和农协县级联合组织各按25%的比例出资组建“农林水产协同组合贮金保险机构”，对农民在农协的存款给与保险保障。当农、渔协经营破产时，保险机构对存款者在1000万日元以下的存款损失直接进行补偿，存款金额超过1000万日元的损失者，其余额将在农协债务清理时再给与补偿。德国的信用合作体系建立了统一的保险基金，一旦投保的合作银行有经济上的危机，根据情况可以从保险基金资产中获得现金资助、有息或无息贷款以及信用担保等。美国规定，所用的联邦信用社都必须参加存款保险基金。参加保险的信用社每年必须将其吸收存款的不少于1%存入存款保险基金，在此基础上，信用社将其存款的0.08%作为保费上缴。（2）贷款保险制度。如德国规定，每个信用社按照风险资产的一定比例，通常为5%，存入贷款担保基金，用以化解出现危机的信用社的危机。（3）贷款担保制度。如德国合作银行发放贷款时，一般不要求申请贷款者提供抵押品，而是通过赫尔梅斯保险体系（Hermes）投保的形式来解决风险分摊问题。具有国家性质的赫尔梅斯的保险系统向贷款者提供短期小额贷款的担保，如果难以偿还，则投保额的80%由赫尔梅斯保险系统承担。美国则通过由全美信用社按合作理念建立美商储蓄互助保险集团，为信用社提供风险保障和损失补偿（王曙光，2008）。

相比较而言，我国的农村合作金融组织仅有一家信用社，与国外相比，不仅体系不发达，缺乏上下网络化的组织优势，而且在监管方式上也不健全。特别是在金融稳健制度安排上，几乎为零，一旦出现风险，必须由政府埋单，这种风险控制的成本是很高的。由于没有偿付风险的利益联动机制，造成信用社自身在经营上缺乏风险约束动力，实际上，这种体制下的合作金融隐形风险是很高的。

第九章　基于家庭承包制发源地凤阳县的案例研究

安徽省凤阳县作为农村改革的发祥地，地处我国中部地区，以该县作为案例来研究农村金融问题，更具有代表性。选择此县作为案例的另一个重要理由是，笔者将本研究课题的主要思想特别是农户合作金融制度安排的构想，通过地方政府的行政许可，在该县作了一个全面的试验，并在实验中不断总结完善。可以说，农村合作金融制度安排在这里特到了充分体现，不仅是制度本身的价值，而且超出了制度价值以外。实验过程中，有各种不同的意见和观点，代表了当前对社会各界对农村金融的看法。

第一节　基本县情

凤阳县地处安徽省东北部、淮河中游南岸，辖 15 个乡镇、1 个省级工业园区、198 个行政村和 26 个农村社区，国土面积 1949.5 平方公里，总人口 74 万人，其中农业人口 58 万人。

一、基本概况

凤阳古为淮夷之地，春秋时期为钟离子国，隋开皇二年（公元 582 年）称濠州，明洪武七年（公元 1374 年），朱元璋赐名

“凤阳”沿用至今。历史上，凤阳曾两度名扬海内外：一是600年前出了中国第一位农民皇帝朱元璋，建立了大明王朝；二是30年前小岗村在全国率先实行农业“大包干”，拉开了中国农村改革的序幕，“小岗村”被誉为中国农村改革第一村。凤阳花鼓被誉为“东方芭蕾”，现被国家列入首批非物质文化遗产保护名录。“凤画”是凤阳独有的民间绘画艺术，誉为“皖北三绝”，被列入安徽省首批非物质文化遗产保护名录。全县有承包耕地108万亩，山场30万亩、可养水面16.5万亩，是全国首批商品粮基地县之一、100个产粮大县之一、商品瘦肉猪生产基地县之一；已探明的矿种达37种，其中石英石和石灰石储量均在100亿吨以上，特别是石英石资源品位较高，是中国优质石英砂原料基地；凤阳旅游主要有自然资源和人文资源两大类。是安徽省旅游强县、中国文化旅游大县、安徽省创建文明县城工作先进县。享有“帝王之乡、花鼓之乡、改革之乡、石英之乡、曲艺之乡”的美誉。

凤阳属典型的江淮分水岭地区，地形南高北低，南部为山区，中部为倾降平缓的岗丘，北部为沿淮冲积平原。海拔一般为15～17米。境内最大湖泊是花园湖，正常水位下湖面约30平方公里。最高山峰为狼窝山，海拔340.3米。淮河流经县境北部52.5公里，其他主要河流有小溪河、板桥河、濠河、天河、窑河，均由南向北注入淮河，河网密度0.19公里/平方公里。径流量为年平均3.21亿立方米。气候属北亚热带江北区亚湿润季风气候，年平均气温14.9℃，年降雨量904.4毫米，年蒸发量1609.7毫米。无霜期212天，生长期220～240天，年日照时数2248.7小时，年辐射总量为120.0千卡/平方厘米。

安徽省凤阳县农村经济发展，从农村改革开始，三十年的发展历程，取得了丰硕的成绩。这三十年，是凤阳县农村经济不断从经济发展的停滞中探索新的发展途径的过程，是不断从农村经济发展的各种要素释放强大能量的过程，是不断深入农村改革、开拓改革领域、完善改革机制的过程。在凤阳县的农村经济发展取得的成就可以归纳为6个方面：农业生产能力增强，农业产业结构趋于合理，农业产业化道路蓬勃发展、新经济形式出现，农民收入增加、生活水平提高，农民贫困状况改善、社保体系逐步开展，农村财政、金融支农政策日趋完善。其中，尤为注目的是农民收入增加、生活水平提高。改革初期，“大包干”推动了农村农业经营模式创新，极大地提高了农民的收入。

2000年以来，凤阳县积极实施农村税费改革，按照安徽省相关部门的要求，从农民利益出发，坚持做好农村税费减免工作，农村改革税费成效显著，全面取消了农业税，认真落实粮食直补、粮种补贴和农机补贴等政策。农民收入的增加，有利于农民增强购买力，增加消费内容，有利于改善农民的日常生活消费支出的状况，改善农民的饮食健康，农民的税收负担不断减轻，农民得到的实惠不断增加。此外，凤阳县采取综合措施，如大力发展乡镇企业和县域经济，积极推进阳光工程，培训劳动力，提高农民技能，鼓励劳动力外出务工等，不断拓宽农民增收途径，努力探索农民增收的长效机制（见图9-1）。目前，凤阳县农民收入持续增加，农民生活

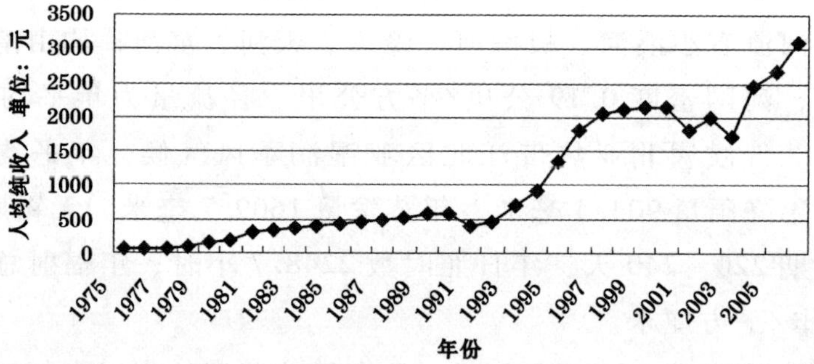

图9-1　1975年以来凤阳县农民人均纯收入变化趋势

状况不断改善。农民家庭主要耐用消费品如电器、车辆、通信电话数量大幅度提高，住房条件不断改善，农民拥有居住房屋面积大幅

提升，房屋结构明显改善。农民家庭卫生设备改善，饮用水逐步实现自来水。但从经济结构上看，依然是典型的农业经济为主的大县，2008 年该县一、二、三产的比例为 30∶38∶32，农业三分天下有其一，农业人口占总人口的78%，农民人均年收入 4448 元，低于全国平均水平。

二、经济发展的历程

中国经济改革起步于农村经济改革，作为农村经济改革的最早诞生地，安徽省凤阳县是研究农村经济改革与发展的基础坐标。

早在 20 世纪 60 年代，安徽省因大跃进、浮夸风等破坏农业生产的活动导致农业歉收、粮食短缺，为了解决这个问题，当时的安徽省推出了“包产到组”的试点，进而实行“包产到队、定产到田、责任到人”的田间管理责任制，并且实际操作中有很多地方实施了“包产到户”。这种试点极大地调动了农民群众的生产热情，使粮食产出在当年立即大幅度增加，消除了吃不饱饿死人的状况。虽然由于当时的中央政策对于这样的“单干风”持有否定态度，进而“责任田”试点夭折，但是却为安徽农村改革埋下伏笔。直到 1978 年小岗村农民创立“大包干”，拉开了农村改革的序幕。改革开放以来，凤阳县的经济发展经历了四个阶段：

第一阶段，改革突破和农村经济快速发展阶段（1978～1984 年）。1978 年 12 月党的十一届三中全会确立了改革开放的思想路线，一直到 1984 年 10月党的十二届三中全会中共中央做出经济体制改革决定，这一阶段是改革起步阶段，突破人民公社制度，全面实行家庭承包经营，主要特征是启动农村改革，确立了符合市场经济要求的农村微观经营制度。“大包干”制度的实施，变更了土地的集体所有权制度，将土地的经营权、收益权、租让权等从集体所有权中分离出来，将土地长期或者是永久地承包给农户个人，农户的生产实行的是自主经营、自主决策的，不再按照生产队的集体要求。因此这是一种土地制度层次的深度变革，即由集体委托农户经营土地，这种变革给农户本身创造出极大的生产热情和自由决策的动力。小岗村生产队实行“包干到户”的当年，粮食生产取得重大丰收，总产量6.6万多公斤，是过去20年的总和，超出国家额度8倍多，这种做法使得小岗村一下子摘掉“讨饭队”的帽子。次年，凤阳县的农业生产也取得明显的效果，粮食总产量突破2亿公斤，比上一年的增长48%，“大包干”生产责任制迅速推向全国，多年压抑的生产力得到集中释放，凤阳县粮食产量以每年近一个亿的速度递增，到1984年出现了“卖粮难”的现象，彻底解决了农民的温饱问题。

第二阶段，改革全面推进的探索阶段（1984～1992年）。这个阶段是乡镇企业快速发展的时期，也是农村改革的单项突破向城乡综合改革的全面推进的探索阶段。从1984年10月党的十二届三中全会到1992年10月党的十四大，是我国经济体制不断深化改革的阶段。这一时期凤阳县从第一阶段的农村改革走向城市经济体制改革，取消农产品统购统销，放活农产品流通和农村生产要素，发展乡镇企业，转移农民就业，培育市场机制和多元化市场主体。实行计划经济和市场经济结合，凤阳把农业“大包干”的经验做法，引向工厂、企业和流通领域，开展了农户之间的资金合作，使得农户在筹集了大量资金之后，组建了农产品加工等乡镇企业。这样的企业一方面在农业的生产领域进行拓展，另一方面吸纳一部分劳动力从事非农产业生产，全县乡镇企业异军突起，出现了以粮食运销、加工为主的农村商品流通、贸易经营个体工商户。20世纪80年代末，凤阳刘府地区的粮油年运销总量达亿斤，闻名全国。全县45个乡镇建起了28座轮窑场，依托石英石和石灰石资源，兴办了小型水泥厂、石英砂加工厂，还出现了个体或联营的专业运输车队和建筑工程队等第三产业。全县农村一度出现

“家家是工厂，人人是工匠”的景象，也是村村点火、户户冒烟的写照。

第三阶段，农村经济全面向市场化转轨阶段（1992~2003年）。从1992年10月党的十四大到2003年10月党的十六届三中全会这段时间，农业农村经济加快向市场经济体制全面转轨，特别是在小平同志南巡讲话的指引下，凤阳按照社会主义市场经济的方向推进改革，制定了“强化工业，调整农业，开发旅游业，带动发展第三产业”的发展战略，重点是推进财税、金融改革等。但随着国家在农村经济发展和城市经济发展方面推行了分割的政策，坚持城市导向性的发展道路，忽视了农民和农村经济的发展，在这样的政策导向下，随着农村经济发展起来的乡镇企业也由于农村金融、资金上的管制导致发展停滞不前，农村剩余劳动力开始向城镇、沿海城市中寻找工作，而户籍制度的存在严重地束缚了劳动力的流动，农民只有依靠农业生产作为主要收入来源，影响了非农劳动和进城务工的收入持续提升。针对存在的问题，凤阳推行了相关政策：一是改革农村土地使用权，建立农村土地合理流转机制。放宽土地政策，允许土地向种田能手集中，对全县30万亩“四荒”（荒山、荒滩、荒水、荒坡）进行了公开租赁和拍卖。二是对农业“大包干”全面实行合同制管理，推行了土地承包合同、提留统筹合同、农民负担监督卡等管理制度，保护农民的合法权益。三是改革农村小城镇户籍管理制度，加快农村劳动力的合理转移，大量农民工进城务工，当时全县小城镇人口达20万，是大包干以前的1倍以上。四是开展了农村税费改革试点，先后取消了农业税和农林特产税；全面建立了乡镇财政体制，完成了撤区并乡和县乡机构人事改革，农村经济得到进一步发展。

第四阶段，新农村建设和统筹城乡经济社会发展的新阶段（2003年至今）。中央连续发出多个一号文件，先后提出“以工促农，以城带乡”，“工业反哺农业，城市支持农村”，“多予、少取、放活”等指导方针，十分重视“三农”问题。凤阳县是农村改革的前哨，在农业政策上享有一定的优越性。新农村建设离不开农业的现代化，在农业生产现代化过程中，凤阳县探索培育产业基地，实行因地制宜、分类指导的方针，紧密围绕每一个村落的农业生产实际，推出“一村一品，一乡一业”、“一村一组大学生”、“引博工程”等思路。坚持以工业化理念经营农业，大力培育农业产业化龙头企业。解决新农村建设资金缺乏问题，实施了鼓励民营企业家回乡创业政策，引导农民开展各类生产合作和金融互助合作，引进外地一些金融机构到凤阳开办业务，不断拓展农村金融服务渠道。从 2005 年到 2008 年，先后选聘了 22 名博士到凤阳挂职，面向全国招聘 77 名大学生担任村官带领农民发展现代农业。加大乡村基础设施建设力度。凤阳在农田水利、食品安全、县乡道路、农网改造、饮水安全、农村能源、广播电视村村通等方面做了大量卓有成效的工作，农村基础设施建设大为改观。与此同时，凤阳还先后开展了以乡镇机构、农村义务教育和县乡财政管理体制改革为主要内容的农村综合改革，探索建立农村工作新机制，初步建立了强农惠农政策体系和统筹城乡发展的体制框架。在全县城乡逐步建立健全了社会保障体系，先后实施了农村居民最低生活保障、农村“五保户”供养、新型农村合作医疗、城乡卫生服务体系、城乡义务教育经费保障、失地农民保障等制度。从 2003 ~ 2008 的 6 年间，凤阳经济发展加速、经济运行质量不断提高，GDP、财政收入、固定资产投资年均增速分别达 13.5%、22.8%和 55%。

三、农村金融发展情况

改革开放以来，我国经济体制经历了由计划经济向市场经济的转变，农村经济市场化程度日益加深。与经济体制转变相适应，农村金融部门也经历了若干的发展阶段。

1. 农村金融发展阶段及特点。

(1) 体制转轨时期的专业银行体系阶段 (1979～1993 年)。在 1949～1978 年计划经济时期，我国实行的单一银行体系，农村地区只有人民银行、农村信用社两家金融机构。改革开放后，随着家庭联产承包责任制的实行以及农村工业化的发展，农民收入有了较大提高，这为农村经济的商品化、货币化和信用化提供了必要条件。农户、乡镇企业以及农村各种经济联合体提出了多种融资要求，单一的银行体系已不能适应其要求，多元化的农村金融组织体系便成为了客观的必然。这一时期金融体制改革主要是拆分中国人民银行，分离其管理和经营职能，成为统管全国金融业的中央银行。逐步恢复和设立了农、中、工、建四大国有商业银行。1978 年成立了建设银行办事处，1980 年改为县支行，同年，农业银行从人民银行脱离出来，1984 年成立工商银行，农行设立后，农村信用社的管理权由人民银行划归农业银行。至此，全县已由 1 家人民银行发展为 3 家专业银行（当时人民银行和工商银行合署办公)。1983 年，国家对农村信用社进行了全面改革，恢复了农村信用社合作金融组织地位。

(2) 专业银行体系向商业银行体系过渡阶段 (1994—1996 年)。1994 年，党的十四大确定了我同社会主义市场经济体制，随着市场经济体系改革的逐步深入，1996 年国务院《关于农村金融体制改革的决定》明确提出“建立和完善以合作金融为基础，商业金融和政策性金融分工协作的农村金融体系”的目标，我国农村金融组织体系开始全方位、多层次、宽领域的建构。为了适应农业银行向商业银行转轨的需要，1994 年 4 月国务院决定成立农业发展银行，承担农村的政策性金融业务。1996 年根据国务院《关于农村金融体制改革的决定》，农村信用社与农业银行脱离行政隶属关系，由农村信用社县联社和中国人民银行承担对农村信用社的业务管理和金融监管，坚持按照合作制原则进行改革。四大国有银行开始向国有商业银行迈进。基于盈利最大化的经营目标，农业银行倾向于贷款给非农客户，所有机构网点和贷款权限逐步开始向城市收缩。期间（以农行为例），农行网点开始萎缩，1989 年农行 29 个营业网点，1999 年 24 个营业网点，到现今仅有 4 个营业网点。同时，欠发达地区资金向大城市、发达地区转移，县域金融表现为大力吸收存款，系统内上存资金增加，信贷投放不足。

（3）建立市场经济体制时期的商业行体系阶段（1996 年至今）。这一阶段，按照农村金融改革的进程，又分为三个时期：一是规范发展时期。1996 年底，农村信用社与农行脱钩，接受人民银行（2003 年银监会）的金融监管和行业管理，并按合作制原则进行了规范化改革，强化了支农服务功能。二是深化改革时期。国家启动了国有商业银行的股份制改革，工、农、建股改后上市，农行股改正在进行。2003 年 6 月，国务院下发了《关于深化农村信用社改革试点方案》，按照“明晰产权关系、强化约束机制、强化约束机制、增强服务功能、国家适当支持、地方政府负责”的总体要求，启动了新一轮农村信用社改革，以组建省级联社和改革县级联社产权制度为主要内容，政府通过给与保值补贴、央行票据、税收减免返还等有效的扶持政策。三是改革创新发展时期。为扩大农村金融的有效供给，国家先后启动了邮政储蓄银行改革、放宽农村金融准入条件、加快农村金融产品和服务方式创新。2008 年 4 月 28 日，安徽凤阳县利民村镇银行正式挂牌开业，注册资本金 4100 万元。2008 年 5 月 29 日，中国邮政储蓄银行凤阳县支行挂牌成立。2009 年 4 月 29 日，全国首家县级农民资金互助合作社联合会宣布成立。2009 年上半年，凤阳县全面启动农村金融产品和服务方式创新工作。

2. 存贷款变化和信贷投放领域。截至 2009 年 5 月末，凤阳县各项存款 597813 万元，比 1978 年增加 596608 万元，其中，农村存款 195841 万元，比 1978 年增加 195792 万元。各项贷款 316863

万元，比1978年增加611604万元，其中农业贷款87557万元。主要投放领域是：工业贷款主要投向水泥、石英砂、玻璃行业，农副产品收购贷款39608万元，基本建设贷款32180万元，个人住房消费贷款32141万元，农业贷款87557万元。主要信贷内容：一是为农民购买生产资料提供及时、足额的信贷资金支持。二是真诚提供服务，推动农村产业结构调整。在满足农户生产、生活资金需求的基础上，根据地方产业结构调整部署，加大对农业产业结构调整支持力度，对种养业、优质高效农业发展，优先给予信贷资金支持。例如：对大溪河、枣巷、黄湾、官塘等靠近花园湖、高塘湖沿岸的渔民提供信贷支持，对这些地区发放养殖类贷款400多万元。三是支持农业深加工，提高经济效益。粮食以小麦、水稻为主，县农村金融及时投放贷款支持面粉、大米加工企业，帮助他们收购粮食、农副产品深加工，有效解决了其资金需求问题。四是大力支持农民生产生活的资金需要。

3. 国家扶持政策对农村金融的影响。近年来，国家主要对农村金融（主要是农村信用社）货币与财税政策的扶持。凤阳县货币与财税政策扶持情况是：中央银行置换票据1591.50万元，保植贴补息补贴71.4万元，企业所得税免征3906万元，营业税补助738元，减免有关费用1.36万元。国家扶持政策的影响结果是：农村信用社资金实力明显增强，盈利能力显著增加，信贷支农力度加大。存贷款情况：截至2009年5月末，全县农村信用社各项存款余额204356万元，较2002年末上升155286万元，较2008年末上升39134万元，增幅分别为316.46%和23.69%。各项贷款余额153368万元，较2002年末上升113183万元，较2008年末上升19648万元，增幅分别为281.65%和14.69%。

4. 当前凤阳县金融工作中存在的主要问题。一是县域金融资本使用不足、流失严重。截至2010年5月末（剔除农发行），全县金融机构各项存款595949万元，各项贷款274955万元，存贷比

46%，扣除准备金及其他因素，应该还有26~28个亿元可用资金，也就是说，可用资源还有不少。从2009年新增情况看，存款新增71470万元，贷款新增43230万元，新增存贷比只有60.48%。二是基层服务体系不健全。目前国有商业银行大部分网点集中在县城，全县15个乡镇有64个金融网点，其中信用社占42个，一些偏远地区金融服务处于“真空”。三是中小企业贷款抵押瓶颈问题难以突破。各金融机构在支持中小企业发展方面，普遍存在办法不多、措施不新等问题。四是信用环境急需改善。社会公众的诚信观念有待增强，部分企业财务制度不健全，会计信息失真，信用等级低，从而影响信用度。五是大额“三农”贷款不足，影响农业产业结构的改善和调整。

5. 推动农村金融产品创新的主要做法。

（1）加强创新工作的领导。成立了分管县长任组长的县农村金融产品和服务方式创新工作领导小组，全面负责领导、指导、督促、协调创新工作。

（2）制订农村金融产品和服务方式创新方案。在对各家金融机构有针对性的调研和征求意见的基础上，形成了《凤阳县农村金融产品和服务方式创新试点方案》。

（3）大力推广农户小额信用贷款和农户联保贷款。一是扩大农户经济档案的建档面。按户在信贷业务管理系统录入基本信息，建立农户经济档案。符合贷款条件的农户建档面力争达到90%以上。二是各信用社加强农户小额信用贷款信用等级评定工作，对已授信的农户发放贷款证。三是提高授信额度。信用等级优秀的，最高授信额提高到3万元；信用等级较好的，最高授信额提高到2.5万元；农户联保贷款：各信用社对联保小组进行最高额授信，然后根据联保小组协议对联保小组成员发放贷款，联保小组由居住在贷款人服务区域内的借款人组成，一般不少于5户。农户小额信用贷款。截至2009年5月末，完成农户小额信用贷款18850户，金额

30431 万元。

（4）探索基于订单与保单的金融工具。截至 2009 年 5 月末，农业银行发放公司加农户贷款 4 户，贷款金额 12 万元，全部为今年 4 月份发放。凤阳利民村镇银行发放农业订单贷款 1 户，金额 100 万元。

（5）创新服务返乡的外出务工人员和回乡大学生创业和再就业的金融产品。截至 2009 年 5 月末，凤阳利民村镇银行发放创业贷款 1 笔，金额 20 万元。

（6）2009 年 4 月 29 日，成立了全国首家县级农民资金互助合作社联合会。该联合会目前有 120 多个农村合作经济组织，有益补充了我县农村金融体系。仅 2009 年 4～5 月，金融部门为支持农民互助资金组织的发展，对其放款 75.5 万元。

第二节 农民资金互助社发展情况

农村金融是现代农村经济的核心。当前，农村金融资金的严重流失、农村金融的服务缺位与农村金融市场的旺盛需求构成的矛盾，使得农民“贷款难、难贷款”现象日益突出。农民资金互助合作社是一种新型的合作经济组织，对解决农村贷款难、推动农业发展、促进农民增收有着重要作用。

一、农民资金互助社发展历程

凤阳县的农民资金互助合作社发展，走过了萌芽、试点、发展壮大等阶段。

1. 萌芽阶段。2006 年 9 月，临淮关镇的 12 户村民自发组建了凤阳县第一家农民资金互助合作社——濠州农民资金互助合作社。当时入社资金共3万元，每股2000元，开办社员互助业务，开创了凤阳县农民金融互助的先河。经过近两年的运营，该社目前入社居民18户，入社资金增长到6万元。到目前，累计发放贷款12人次，已有9人次归还，利息收入近1000元。与此同时，在凤阳县其他乡镇也出现了类似的农村金融组织，如小溪河镇燃灯村黄庄农民资金互助合作社、西泉镇宫庄村农民资金互助合作社、小岗利民食用菌合作社和资金互助合作社。上述合作社都以从事种植、养殖、农资供应、农副产品收购、加工、经营和服务为基础，通过社员的合作与联合，聚集农村闲散资金，为社员提供小额资金担保和互助。

2. 试点阶段。为引导资金互助合作社健康发展，探索解决农村经济社会发展过程中的资金瓶颈问题，加快推进新农村建设步伐，2008年6月份，凤阳县在全县范围内开展了农民资金互助合作社试点工作，倡导农户开展金融合作、资金互助。凤阳县成立了试点工作领导小组，成员由县农委、发改委、财政、审计、人行、工商、民政、质监、信用社等单位主要负责同志组成。领导小组多次深入实地调查研究，召开座谈会，充分征求群众意见，讨论制定了试点工作方案，及时召开了全县动员大会，要求各乡镇、各部门充分认识试点工作的重大意义，支持、帮助试点工作。全县试点工作进展顺利，资金运行平稳。

3. 发展壮大阶段。为全力支持农民资金互助合作社的工作，保障农民资金互助合作社良性发展，凤阳县委、县政府专门研究出台了相关政策，并加强了农民资金互助合作社的监管。凤阳县委、县政府专门出台的政策包括税收减免、金融授信、贷款支持、资金补助等扶持政策。如工商税务部门对合作社生产经营销售的农业产品和生产资料视同农户自产自销，免征税金；县金融机构把扶持合作社做为信贷支农的重点，降低贷款门槛，给予信贷优惠。县委、县政府还按照工作方案的要求，经过严格考核，拿出 8.7 万元，对 29 个资金运行较好的互助社进行“以奖代补”。严格监管，确保安全。一是加强业务培训。举办农民专业合作社培训班和财务管理培训班，专门邀请中国人民大学农业与农村发展学院温铁军教授、周立副教授、吉林省四平百信合作社姜柏林先生前来授课，阐明明确合作社的服务方向、发展理念和办社原则等，建立相关监管制度，规范合作社财务管理。二是加强内部管理。引导各合作社完善合作社章程等规章制度，坚持按章办事，做到民主、公开和透明，提高农民的合作意识、民主意识，保障合作社健康发展。三是严格考核考评。成立评估领导小组，研究制订考核制度，重点考核合作社的规章制度、资金安全性、周转率、利润率和社会效益等，对管理不善、资金未发挥效益的，责令限期整改；对发现有违规违纪现象的，将依法追究责任并予以取缔。

由于政府的大力支持和有力监管，农民积极响应。截至 2008 年底，全县共成立农民资金互助合作社 57 个，入社会员 1269 户，入股资金 1206 万元，已运作资金达到 811.6 万元。

二、农民资金互助社运行特点

从兴办农民资金互助社的过程看，主要有以下几方面特点：一是办社宗旨和办社原则明确。兴办合作社，主要是为农业产业提供服务，增加农业资金投入，努力提高农民的组织化程度和市场竞争力。合作社坚持以农民为主体，体现了组织上的群众性、管理上的民主性和经营上的灵活性。在办社原则上，坚持政府引导不包办，坚持民办、民管、民受益，坚持以村或合作社内部为活动范围；坚持入社自愿、退社自由，自我民主管理，自我风险控制。二是合作社管理运行较为规范。合作社根据国家有关农民专业合作社法律规定，制定章程和各项管理制度。健全合作社的理事会、监事会和经营管理机构，有符合法律程序要求的正规注册登记手续。如有工商部门批准发给的营业执照正副本，有技术监督部门发给的部门机构代码证书，有金融部门的开户许可证，有税务部门批准的税务证书等。三是坚持生产和资金合作“1+1”的模式。围绕服务生产，致富农民，把生产合作与资金互助有机结合起来，实行“1+1”，发展多种形式的合作互助，带动和推动“一村一品”、“一乡一业”特色农业发展。

三、农民资金互助社存在问题

一是合作社资金规模小。凤阳县已有57家资金互助社，入股资金1206万元，但从总体上看，合作社资金规模小。在全县的57个农民资金互助社中，只有板桥镇3个合作社的入股资金较大，总额达到了789万元，占到了全县资金总额的68.57%。其他合作社资金总体规模偏小，大多仅有4万~5万元。二是农民的贷款额度有限。凤阳县资金互助社股金一般每股300元、500元、1000元，少数为5000元。大多数入户农民借贷额度最大仅有2万~3万元，若想从事农业规模生产，发展现代农业，资金缺口很大。三是覆盖面小，全县有198个行政村、26个农村社区，平均起来，5~6个行政村才有一个资金互助社，显然难以有效解决面上的农户信贷资金需求。

第三节　农民资金互助社联合会发展情况

一、农民资金互助社联合会建立背景

2008年下半年以来，凤阳县县委、县政府在充分尊重农民首

创精神前提下，本着“民办、民管、民受益”的原则下，按照“安全、方便、微利”的经营理念，倡导农民开展金融合作、资金互助，在全县范围内开展了农民资金互助合作社试点工作。在有关部门的大力支持下，试点工作进展顺利，各个农民资金互助合作运行平稳，特别是在大力推广生产合作与资金互助合作相结合的“1+1”模式方面，取得了一定的突破。截至2009年4月，全县各乡镇已组建农民资金互助合作57家，入社农民1269户。其中红心镇、殷涧镇实现了村村都有一个农民资金互助合作社的目标。

由于试点工作尚处于初级阶段，与农村经济发展以及广大农民群众生产资金的要求相比，还存在着较大差距，主要表现在：资金互助合作社的资金总量偏少，覆盖面较窄，辐射力不强；缺少市场信息、缺乏规模信贷资金支持、合作社当家人对如何发挥合作社的作用缺乏必要的知识等。

为落实党的十七届三中全会精神，适应新形势下党中央针对农村金融工作做出的重要决策，进一步扩大农民生产、资金互助的范围和规模，促进凤阳县农民资金互助合作社健康发展，更好的防范风险，建立符合市场经济规律的合作经济组织和运作模式，充分发挥农民资金互助合作社在促进现代农业发展、调整产业结构、提高农民组织化程度和诚信度等方面的作用，推动凤阳县农村经济和社会又好又快发展，凤阳县派人专门赴日本学习日本综合农协，特别是日本的合作金融做法，并着手组建凤阳县农民资金互助合作社联合会。这不仅是凤阳县进一步深化农村金融改革、推进农村经济社会健康发展一件大事，也是我国农村第一家由政府引导、农民自我创办的合作金融组织。

二、农民资金互助社联合会创立过程

2008年6月以来，全县成立农民资金互助合作社57家，入社社员1269户。其中：属于“1+1”模式的有50家，运作业绩较好的是：黄张、武店财农、蒋庄、宋集、大王府农民资金互助合作社，它们都是在产业合作社基础上组建的，尤其是武店财农资金互助合作社和黄张资金互助合作社较为突出。

2008年年底，在政府引导下，开展龙头企业、银行、资金互助合作社三方联动的新型合作金融模式，扩大涉农银行给农业生产的贷款规模，资金互助社通过龙头企业获得原料订单，通过联合会社员提供风险担保，在涉农银行获得贷款，资金和生产合作社有了资金保障，生产得到了发展。通过调查研究，经过4个多月的精心筹备，2009年4月29日，由政府牵头，吸纳了14个县直机关和金融机构、23家龙头企业、57家资金互助合作社作为会员，凤阳县农民资金互助合作社联合会正式挂牌。

2009年4月，金融部门在资金互助社联合会开业当天就给予农民资金互助合作社和社员贷款85万元，其中：信用联社给殷涧镇宋集资金合作社五户社员贷款31万元，给府城镇大王府资金合作社六户社员贷款9万元，邮政储蓄银行给武店镇财农资金互助合作社3户社员贷款15万元。2009年4月25日，信用联社给红心镇蒋庄府资金合作社贷款20万元；2009年4月27日，农业银行给总铺镇联众瓜果资金互助合作社三户成员贷款9万元。

三、农民资金互助社联合会运行与监管

联合会实行会员制和合作制相结合，由每个农民资金互助合作社法人、县龙头企业法人，县财政局、农委、农业银行、信用联社、邮政储蓄银行、利民村镇银行和县担保公司等单位法人组成。联合会采取会员投资入股的方式集资和缴纳会费方式，各互助社和有关会员按一定比例出资，也吸收个人资金和社会其他资金，共同形成联合会的股本金。同时，县财政拿出部分资金，注入联合会，

壮大其规模，增强自身实力，为互助社贷款提供担保。联合会设会员大会、理事会和监事会。会员大会是最高权力机构，由全体会员组成。理事会是会员大会的执行机构，由 9 名理事组成，由会员大会选举产生。监事会是联合会的监督机构，由 5 名会员组成。联合会的运行原则是：入会自愿，退会自由；民主决策，民主管理；自主经营，自我管理；经济参与，利益共享，风险共担。联合会的主要职能有四项：第一，综合服务。通过多种方式的向会员提供生产、技术、市场、农产品推介、展示、展销信息、咨询服务和信息交流，促进互助社共同发展。组织社员参加技术、职业培训，提高发展生产、增强经济能力和管理水平。第二，信贷服务。信贷服务的方式有两种：一是依照行业自律约定，调剂各合作社资金余缺，代为办理结算业务。二是银社合作。第一种方式是由信用社或村镇银行委托资金合作社向农户贷款，使资金合作社成为农村金融的最新客户，再由合作社服务社员，将原来由一对一服务农户改为服务合作社，实现由原来的零售贷款为批发贷款，从而大大降低交易成本和信息成本。第二种方式是由资金合作社将社员的股本金作为担保风险金存入信用社或村镇银行，银行根据股本金大小确定对资金合作社的信贷额度，如果出现呆坏账，则由股本金承担风险，形成农民资金合作社内部约束机制和信用机制。第三，经营服务。协调会员之间的合作关系，实现资源互补，根据市场供需情况，组织生产、经营；组织会员购销所需的生产资料、农产品；组织实施订单农业；组织实施引进、推广新技术、新品种，进行技术交流服务。联合会员按比例出资，与外部洽谈、经营所获赢利，按照会员股份分配。第四，监督管理。依据会员大会决定，由监事会组织对各互助社财务状况、贷款发放等进行监管，并制订行业自律公约，确保健康运行。指导互助合作社提高资金使用效率，增加积累，防范风险。

第四节　农民资金互助社与信用社、村镇银行绩效比较

我们选取2008年凤阳两家正规金融机构信用社和村镇银行同非正规组织农民资金互助社就支农信贷进行比较，从中可以更好地观察两种制度下的支农绩效。

表9-1　2008年度凤阳县农户资金互助社、信用社、村镇银行支农绩效

单位＼项目	申请贷款户数	发放贷款户数	贷款比率	申请贷款数（万元）	发放贷款数（万元）	发放比率	年均利率	如期还款比率	不符合贷款项目率
信用社	22574	16269	72%	116529	80047	68.69%	9.576%	84.01%	10.67%
村镇银行	163	150	91.7%	4850	4128.12	85.1%	5.841%	95%	9.23%
农户资金互助社	360	353	98%	280	271.6	97%	0.9%	100%	2%

从表9-1中分析可以得知：2008年度，凤阳县农户资金互助社贷款比率和发放比率分别为98%、97%，皆超过信用社、村镇银行的相应指标（信用社分别为72%、68.69%，村镇银行分别为91.7%、85.1%），不符合贷款项目率仅为2%，低于信用社、村镇银行的10.67%和9.23%，且如期还款比率高达100%，也就是说无一例不良贷款；而年均利率则分别是信用社、村镇银行的9.4%和15.4%，仅利息这一项，农户贷款成本大大降低。这一方面说明了农户资金互助社的支农力度大大超过了信用社和村镇银行，如果考虑到三者各自的贷款对象条件，农户资金互助社直接支持贷款难的

农户从事专业生产的力度更大；另一方面，也说明了农户资金互助社这种农户合作金融制度设计符合激励相容机制要求，农户资金互助社在村庄文化和道德约束下，呈现良性发展态势。综合考虑，很容易发现农户资金互助社支农绩效优于信用社、村镇银行。

第五节　信用联社、村镇银行与资金互助社博弈分析

农村信用社、村镇银行作为国家直接关于农村的外生金融制度安排的代表，具有合法的制度优势。虽然未能很好地完成国家所赋予的支农职责，但当影响其政治利益和经济利益的行为发生时，首先的反映就是设法阻止或防止新的农民金融获得金融资源，从而对其利益造成损失。农户资金互助社成立之初，农民收入在满足日常生产和生活消费后多余的部分，不再存入农村信用社、村镇银行，而是作为股金交存至农户资金互助社；当需要使用资金进行生产和生活消费时，也是农户资金互助社贷款，也不再像以往那样求助农村信用社、村镇银行。农村信用社、村镇银行除了感受农民“抛弃”失落以外，经济利益受到了明显的损失，久而久之，自然会影响到其既得的政治利益。所以，它们对待农户资金互助社的态度惊人的一致，也就是既不让参加农户资金互助社的农民在农村信用社、村镇银行存款，更不让参加农户资金互助社的农民在农村信用社、村镇银行获得贷款，企图从经济上限制农户资金互助社的发展。这就是凤阳县创立农民资金互助社“1+1”模式（资金+生产）初期面临的困境。

当“1+3”模式，即农户资金互助社联合会成立后，农村信用社、村镇银行作为涉农银行的主体，直接参与到农户的生产经营

中去，在农户资金互助社联合会和政府的担保公司提供的“双重担保”下，向从事专业生产农户提供贷款，既能够保障其经济利益，又无任何风险。这样，它们的态度发生了根本性转变，办理涉农业务的积极性空前高涨。资料显示，仅在2009年4月29日资金互助社联合会成立当天，发放涉农贷款84万元，超过2008年全年资金互助社在官方银行获得的贷款数量。由此显示出内生金融制度与外生金融制度联合的助力机制和成长活力，也印证了两种制度兼容及其联合优势。

第六节　小岗村农民资金互助社案例

一、小岗村基本情况

小岗村位于凤阳县东部，距县城30公里，隶属小溪河镇，“大包干”前隶属梨园公社，当时只是一个有20户、115人的生产队。1993年，小岗生产队与相邻的大严生产队合并成小岗行政村，共112户、486人，承包耕地1800亩。2008年3月份，在全县乡镇行政区划调整中，小岗村与石马、严岗合并，现有23个村民组，849户、3823人，承包耕地8713亩。

二、小岗村发展历程

通过调研和认真思考分析，小岗村的发展大致经历了以下几个阶段：

1. 一夜间的巨变（1978年—1979年）。小岗村地处偏远，生产条件较差，旱灾频繁。“大包干”之前，小岗村十分贫穷，是个典型的“三靠村”：吃粮靠返销、用钱靠救济、生产靠贷款。全村几乎人人讨逃荒、要过饭。1978 年冬，小岗村 18 户农民以“敢为天下先”的精神，在一纸“包产到户”契约上按下了鲜红的手印，实行了农业“大包干”。这一“按”竟成了中国农村改革的第一份宣言，拉开了中国农村改革的序幕，小岗村因此被誉为中国农村改革第一村。农业“大包干”给小岗人带来了新生，农民生产积极性空前高涨。1979 年，小岗生产队粮食总产高达 13.3 万斤，相当于 1955 年～1970 年 15 年粮食产量的总和；油料总产 3.5 万斤，相当于过去 20 年的总和；当年就上交国家粮食 6.5 万斤，是自全国实行合作化 23 年来第一次向国家交售余粮，人均纯收入 400 元，是 1978 年 22 元的 18 倍。小岗人正确的抉择从此告别了贫穷，解决了温饱问题。

2. 二十年的徘徊（1980 年～1998 年）。随着“大包干”在全国的广泛推行，极大的调动了全国广大农民发展生产的积极性，粮食生产获得了迅猛发展。进入 20 世纪 80 年代中后期，随着全国粮食生产出现了结构性过剩，许多乡村积极响应国家号召，寻求新的发展，大力发展农业特色产业、村级企业等，走上了一条强村富民之路。而小岗人由于长期偏重粮食生产，改革开放的前二十年，多次错过了发展的大好良机。可谓“一夜越过温饱线，20 年未过富裕槛”。1979 年一年，小岗村农民人均纯收入就比 1978 年增长 370 多元，增加了 17 倍；而 1980—1992 年，13 年农民人均纯收入才净增 100 元，只有 500 元左右；1998 年仅为 1800 元，远远低于全国平均水平。

3. 近年来的快速发展（1999 年至今）。随着农村经济的繁荣与发展，全国各地先后出现了一批各具特色的新农村。小岗人看到了自身的差距和发展的不足，特别是 2006 年以来，中央做出加快推进社会主义新农村建设战略部署后，激发了小岗人创新发展的活力和动力，继续坚持大胆探索，勇于创新，积极寻求加快发展、建设美好家园的有效途径。一是通过特色农业示范带动，培育发展葡萄特色产业。小岗人坚持在放活土地使用权，着力培育发展特色产业上寻求新的突破。1999 年，小岗村与江苏省张家港市长江村加强交流、开展合作，并缔结为“姊妹村”，希望借助长江村的资源来带动自身的发展。2001 年，长江村流转了小岗村民 80 亩土地，投资建起了葡萄示范园，通过示范引导，使农民学会了种植技术，看到了种植效益。近年来，小岗村葡萄种植业得到了迅速发展，全村 90% 以上的农户种植了葡萄，种植规模达 600 多亩，葡萄种植已成为小岗村的特色主导产业，仅此一项，全村农户人均可增收 2000 元以上。二是引智引才，培育发展双孢菇产业。早在 2005 年，凤阳县就提出了大力实施人才引进工程战略，通过引进大学生到农村创业，探索解决新农村建设人才、信息等瓶颈问题的有效途径。小岗村积极相应这一号召，于 2006 年，从安徽科技学院首批引进三名大学生到小岗村创业，发展双孢菇生产，大学生的落户不仅给村民带去了先进的理念和技术，而且提高了村民发展新产业、对接大市场的信心和勇气。三年来，小岗村先后引进了 13 名大学生，带动了 23 户农民加入创业的行列。双孢菇生产由当初 35 棚发展到目前的 179 棚，年产双孢菇达 180 万斤，可实现产值 400 万元。三是积极招商引资，发展新型工业。近年来，小岗村充分发挥自身的品牌优势，大力实施招商引资，走工业强村之路，先后引进了中国小岗面业、钢构厂、节能电器公司、医疗器械公司等多家企业，并规划建设了小岗新型工业园，采取企业投资和村里统一建设标准化厂房租赁等方式，吸引客商到小岗投资兴业。企业的发展，一方面可增加村级集体收入，同时也可方便村民就地进厂务工，增加他们的工资性收入。广州从玉菜业集团一期发展 2000 亩的蔬菜观光项目、总部在美国的青岛 GLG 集团发展 2000 亩的甜叶菊项目等正在实施。四是着力发展文化旅游业，带动第三产业。小岗村是全国农村改革发源地、“安徽省农家乐示范基地”、“安徽省爱国主义教育基地”，每年前往小岗村参观考察的人员络绎不绝，发展文化旅游业具有良好的条件和基础。通过精心策划，不断挖掘潜力，积极发展小岗村红色旅游、生态农业观光游和农家乐等旅游项目，丰富旅游产品。先后建成了“大包干”纪念馆、当年农家茅草屋、村民文化广场等旅游休闲景点。为使游客吃住在农家，村里专门出台了扶持政策，鼓励村民发展“农家乐”旅游，增加农民的旅游收入。2008 年，小岗村接待游客量达 5 万多人。

三、小岗村农户资金需求情况

为进一步深入分析农村金融存在的问题，我们对小岗村农民作了问卷调查，着重从农户资金需求与信贷获取及其满意度作了测评。

表 9－2　　2008 年小岗村农户资金需求情况调查表

农户姓名	需求资金	资金来源情况		用途	备注	对地方银行满意程度
		信用社贷款（有利息）	亲友借款（无息）			
关正银	20 万元	10 万元	7 万元	蘑菇种植、建房	目前只还了 3 万贷款	一般
马武俊	26 万元	10 万元	7 万元	蘑菇种植		一般
严德奎	14 万元	14 万元	0	买客运汽车		一般
严加奎	13 万元	0	9 万元	建房、买北京现代车		一般
严立华	5 万元	2 万元	2.5 万元	建房、儿子结婚		差
严家乐	4 万元	0.4 万元	2.8 万元	建房	想贷 2 万只贷了 0.4 万元	差
关友松	2 万元	5 万元	1.5 万元	供小孩上学	5 万元贷款替吴夕林所借	差

续表

农户姓名	需求资金	资金来源情况		用途	备注	对地方银行满意程度
		信用社贷款（有利息）	亲友借款（无息）			
温孝勤	8万元	1.6万元	4万元	蘑菇种植、建房	想继续借，信用社借不到	差
陈兴标	2万元	0	0	建房	有贷款没还清	差
严立学	3万元	0	1万元	建房	信用社不给借	差
顾乃芳	5万元	2万元	3万元	建房		差
杨新东	10万元	2万元	1万元	买挖土机和建房		差
严银昌	2万元	0	0	建房	有贷款没还清	差
严德彪	4万元	0	3万元	建房	信用社不给借	差
严德久	5万元	2万元	2万元	葡萄种植、建房		差
严付昌	6万元	2万元	3万元	小孩上学、建房		差
严德友	30万元	10万元	20万元	葡萄种植		一般
严德宽	10万元	4万元	5万元	蘑菇种植、建房		差
严德龙	13万元	5万元	7万元	购买收割机、建房、儿子结婚		差 差
严家红	2万元	1万元	1万元	小孩上学		差
合计	184万元	71万元	79.8万元			

从表9－2中可以看出，小岗村农户对资金需求迫切，且资金主要去向为种植类专业生产。但资金需求主要来源是亲友借款，借款总额为79.8万元，超过信用社贷款的71元。尤其是对地方信用

社的信贷满意度普遍不满意。说明以信用社为主体的正规金融很难满足农户资金需求。

四、小岗村正规金融信贷分析

据县人民银行统计，截至2008年10月末，合并后的小岗村共贷款125笔，贷款余额561.85万元，有112户农民获得了贷款支持。其中，小岗村贷款408.7万元，主要是：（1）用于双孢菇生产91.7万元；（2）委托贷款191.1万元（省财政厅扶持小岗村有偿专项发展资金）；（3）用于其他生产和消费性贷款等125.9万元。从贷款方式看，农村信用社自营贷款370.74万元，占66%；委托贷款191.11元，占34%。从贷款投向看，个人消费性贷款63.9万元，占11.37%；交通运输业贷款33万元，占5.87%；农业产业发展411.95万元，占73.32%；批发零售业贷款3万元，占0.53%；加工业贷款50万元，占8.91%。从贷款质量看，不良贷款67笔、445.7万元，分别占53.6%、79.33%。其中农户小额贷款不良率16.31%，其他农户贷款不良率78.78%，委托贷款不良率高达100%。小岗村贷款不良率接近80%，高出全县农村信用联社平均不良率53个百分点，从所调查的36个农户看，农民家庭资金需求规模313万元，其中从信用社实际贷款101.55万元，只占32%，远远满足不了群众的需求，从亲友家借款133.5万元，占42%。从调查情况看，农民贷款主要用于双孢菇生产、建房、孩子上学等，有的农户甚至用于还款。农民对贷款的需求十分迫切，大多希望能得到金融部门的支持，但是农民无法与金融部门进行较好的沟通和对接，获得贷款支持。主要原因：一是金融部门发放的农户贷款基本用于简单再生产和扩大再生产，而农户用于孩子上学、建房、婚丧、治病等消费性贷款，金融部门基本不予办理；二是目前信用社贷款门槛高，许多农民不了解也无法满足贷款所需条件。

村民在产业发展上又无好的项目，即使少数有也无可抵押的担保物；三是短期小额贷款与农民季节性生产收入不相匹配，短期固定的还款期限一定程度上影响了农民的生产发展；四是农民承受风险能力较弱，信用社认为贷款风险大。当地人民银行和信用社认为，基于政治和当地政府的影响，对小岗村的信贷投放较多，但信贷风险凸显，农民信用意识淡薄，对信贷再投入持否定态度。究竟是官方金融的制度缺失造成农民信贷诚信问题，还是农民自身诚信问题，这是一个非常值得深入研究的问题。下面，我们把小岗村农民对信用社的信贷态度与对自身创办的资金互助社信贷做一个对比，看看两种金融制度安排的结果差异。

五、小岗村农民资金互助社例证

小岗村农民资金互助合作社于 2008 年 9 月开始运营至今。分析小岗村农民资金互助合作社总体经营状况，发现总体经营状况良好，也还有些不足之处需要逐步改进。

1. 业务及操作流程。业务类型分存款、取款、贷款三种类型业务。具体操作简洁、方便：

第一，存款（即流动股金）。规定每笔存款金额不得超过 3 万元。存款时，持个人的有效身份证件和印章到互助社填写个人存款存单两份作备案材料，然后我社向存户发放个人存款账薄一本及存款客户回单一份。

第二，取款。持个人的有效身份证、印章和互助社所发的个人存款账薄，填写个人存款存单两份作备案材料后，互助社在存户的存款账薄扣出所取金额后，发回所剩额存款账和取款回单。

第三，贷款。贷款对象首先是本村村民；其次，人品过硬并有还贷能力，并用于正当经营、生产生活所需；期限最好不超过 6 个月。贷款金额在 1 万元以下，2/3 理事同意即可；一万元以上需要

2/3 理事同意，并要董事长签名。符合以上条件的还需要办理以下手续：（1）出示有效的个人身份证复印件和印章；（2）签订贷款合同，非股东的需要本社股东签定联保合同和个人现有资产作为担保签订担保合同；是本社股东，低于本人股金，则签订以个人股金作担保的担保合同；超过部分由其他股东签定联合担保合同或以个人现有资产作为担保签订担保合同。

2. 取得成果。小岗村村民向资金互助社贷款总人数为 154 户，总股金为 137 万元，其中最高贷款为 2 万元，主要用于住房贷款的人数占 45%，婚丧嫁娶的人数占 20%，用于买农机机械的人数占 4.8%，养殖的人数占 5.2%，用于农业生产经营的占 5%，用于商业经营的占 10%，其他用途的占 10%。目前，到期贷款中，无一笔逾期。业务人员在日常办理的存款业务中，对规范的财务做账程序不断的深入了解，并且日益完善；业务操作技术越来越熟练，程序越来越规范；此外，办公人员在工作中，互相监督互相配合，使“三人三章”制度发挥了积极的作用。

通过资金互助社的实绩可以看出，小岗村农民自身创办的合作金融发展良好，没有发生一笔呆坏账，农民无论是缴纳股金，还是借贷，都十分诚信。但是在信用社的借贷中，却有大量的不良贷款记录。这两种截然不同的结果告诉我们，制度安排决定了农村金融的绩效，并不是村民的信用有问题，根本的问题是如果一项制度安排没有激励相容的机制，制度的运行成本必然是很高的。

第七节　凤阳县农户合作金融制度实验的不同反响

凤阳县农户合作金融制度实施以来，社会各方面给予了高度关注，引起了不同反响。总体看来，持肯定观点的占多数，即认为农户合作金融制度是新型农村合作金融，应该给予鼓励和大力支持，并加强监管。与此同时，来自各方面反对的声音也不在少数，主要来自金融监管和工商管理部门的主体非法论，来自少数学者的小而无用论以及集资论等。

持肯定态度者认为：农户是农村金融需求的主体，农户的金融偏好是金融制度安排的约束前提。农户互助资金社和农户互助资金社联合会是根据党的十七届三中全会关于农村金融和农民互助合作的精神，在凤阳县委、县政府大力支持和引导下，由农户自发成立、自愿加入的农户合作金融组织，具有激励相容的机制，是农村金融制度供给困境解构的最优解。凤阳县农民资金合作组织在实践中的显著成效也是新型农村合作金融论的有力佐证。凤阳县农民资金合作组织建立以来，发挥着重要作用：

1. 解决了贫困农户的长期贷款难问题。农户资金互助组织核心价值是向互助社成员提供资金支持，这些成员多数是从信用社难以贷到资金的。互助社成立后，资金互助的作用充分得到体现。资金互助社规定，凡互助社成员可以免费享有一个月的资金使用权利，资金使用总额超出自己股金的，只要有社员担保即可，其利率低于同期正规金融机构利率。

2. 解决了农村信贷成本最小化问题。过去信用社与农户之间信贷，由于信息不对称，交易成本高，交易额小，交易面广，从而形成了居高不下的管理成本。但资金互助社恰好相反，不仅没有任何交易费用，连同办公场所都是社员免费提供的。这种高度信任和互助的优势，是任何正规机构都难以匹敌的。

3. 为农村信用社培养了新型信贷优质客户。凤阳县现有的41家资金互助社，涉及农户1811家，这些农户如果单独与信用社打交道，毫无疑问，其成本是很高的，但是这些农户在村庄自身的合作金融组织中，得到了信用的锻炼，他们自身结成了信用联盟。因此，这些社员的集合组织，就成为农村新型的信用客户。目前，凤阳县农户资金互助社已发生的所有资金交易，无一例发生违约。实践表明，农户合作金融制度与正规信用社的合作金融制度是激励相容的。

4. 有效遏制了农村资金外流现象。农村资金外流问题一直以来是农村金融的顽症，解决这一问题的出路在凤阳县农民资金互助组织中同样找到了答案，即农户不再仅仅作为资金储蓄者，而是资金互助成员，资金可以在互助社中发挥效用。

由于农户资金互助社或农户资金互助社联合会等农户合作金融组织所从事的是资金交易，按照有关法律规定，应在取得相应的金融许可后，到工商管理部门登记。登记完毕以后，开展业务才是合法的；否则，则扰乱了金融秩序，是非法的。但农户资金互助社实质是农民的自发组织的资金互助组织，从现有条件看，不可能具有金融法规所规定的金融主体资格条件，也谈不上合法登记了。更重要的一点是，农民资金互助社一方面其合法登记受高门槛的法律各项条件约束，另一方面受到银监部门限批约束。基于此，金融监管和工商管理部门就认定其主体非法。《中共中央关于推进农村改革发展若干重大问题的决定》明确规定："允许有条件的农民专业合作社开展信用合作。规范和引导民间借贷健康发展。加快农村信用体系建设。建立政府扶持、多方参与、市场运作的农村信贷担保机制。"也就是说，如果政府加强引导和监管，农户合作金融组织严格自律，在多方参与、市场运作的农村信贷担保机制下，农户合作金融是符合中央文件精神的。

此外，只看到农户合作金融组织初始资金规模小，就断然认为农户合作金融无用的观点未免有失公允。实质上，恰恰是规模化的商业金融，由于在农村的交易成本超过了城市客户，造成了商业金融退出农村。至于那些只观察农户合作金融组织具体运行过程中资金储蓄阶段的资金储蓄行为，没有仔细研究储蓄后和储蓄过程中的资金互助，就认为这又是新一轮农村集资行为，可能会扰乱金融秩序的观点，则更是片面的歧视合作金融的观点。

以现实角度考虑，解决这一问题的根本出路在于国家关于合作金融组织准入政策的放宽。一种形式是将资金互助社纳入农民专业合作法调整范围，使银监部门解脱“管不了又管不好”的责任压力。另一种形式是委托地方政府管理，使地方政府肩负培育支持与政策监管的职责，由于地方政府一方面具有信息对称优势，另一方面还具有熟地管理优势，使资金互助组织作为内生金融制度安排具有现实可能性和操作性。

第十章 结论与政策取向

第一节 结 论

农村金融问题虽然千头万绪，但从家庭承包制这一独特视角下，以农户需求和制度供给为分析对象，本文通过制度供给的绩效研究，可以得出以下基本结论。

一、农村金融问题出路在于制度创新

我国现有的农村金融已经构建了以外生制度为主的制度体系，包括以农业银行为主的商业金融、以农业政策性银行为主的政策性金融、以农村信用联社为主的合作金融，在此基础上，正在通过市场化手段继续加大外生金融制度的供给，如合作金融的改制、村镇银行的创立以及专业贷款公司的准入等。但这些制度都是以外生为主，制度供给成本与运行成本很高；农业银行由于商业制度安排，为降低交易成本退出农村，制度设计的服务三农政治目标函数趋零；政策性银行制度安排上由于专项设定产品，造成经营亏损和支持农户信贷封闭双重困境；农村信用社在制度安排上赋予商业利润和政策惠农双重目标函数，造成制度悖论下的改制困境；村镇银行和贷款公司在制度安排上，都复制了正规银行的设立制度，造成商业成本很高，可持续运营出现问题，甚至面临倒闭问题。总体上看，外生制度安排在满足服务三农的同时获得自身商业利益的特定

目标函数上，是没有绩效的，制度运行的效率也是低下的。

一方面农村金融在制度安排上，外生类的不断供给和调整，另一方面，内生类的制度安排如农户合作金融、基金会、小额贷款组织、社区银行等，难以产生，造成我国金融制度的一维化供给倾向。这种倾向，在制度结构上形成短缺型的不均衡，外生制度无论如何改善都不能带来新的绩效。现实问题是，越是没有绩效，越是加大外生制度的供给，这种以量取胜的制度困境正是我国当前农村金融改革的写照。为什么会出现这一现象？核心问题是金融监管部门的资源垄断偏好和对非正式金融制度的歧视和不信任态度。长期以来，我国实行的计划经济制度，金融资源控制在政府手中，在推进市场经济制度变革中，金融制度的改革一直处于被动状态，或者说金融制度改革处于严格的管制中，农村基金会的短暂历程就是一个典型案例。不仅如此，总是对内生的农村金融制度持怀疑态度，不相信农民自己会办好金融问题，对待农村的民间金融持排斥或打压政策，农村民间金融被冠以“高利贷”或乱集资的罪名，除了正规金融制度一枝独秀外，非正规制度一直被扭曲，处以抑制状态。同时，从维护正规金融自身利益出发，为防止非正式金融发展影响了正规金融的垄断地位，进而影响金融管制部门的垄断地位，对非正规金融的发展采取“管、卡、压”政策，政治上予以歧视，行动上予以管制，长期以来对非正规金融以“集资”之嫌予以取缔，这也是我国农村非正规金融难以发育成长的深层次原因所在。

农村金融问题的出路何在？本文研究证明，这个方程式的唯一解就是制度创新，即内生制度短缺制约农村金融可持续发展。因此安排非正式金融制度，允许非正式农村金融组织合法化，使之与我国农村正式金融制度连接，将外生制度与内生制度联结，使制度不仅在纵向与横向两个纬度上形成合理的制度结构，优势互补，共同服务于农村经济。而在非正规制度系列中，农户合作金融制度是目前我国农村金融面临的首要制度创新。

二、农村金融制度安排必须与农村基本经济制度匹配

根据国际金融代表性的三种理论，即补贴论、市场论和不完全市场论，农村金融在制度安排上先后实行了政策性金融、商业性金融和合作金融制度，尽管这些制度对满足农村金融需求起到了一定作用，但是农村金融供需不对称问题日趋严重。制度经济学一个核心的理论就是——任何一个激励不相容的制度安排都是无效的。本文的研究证明，我国农村金融制度安排，更准确地说，现有的外生金融制度安排就属于激励不相容的制度，当这种制度不断加大供给量，试图解决农村金融的需求时，反而加大了制度运行成本，使制度绩效与效率出现双重失灵。

本书通过研究认为，农村金融制度安排必须找准逻辑起点——农村的基本经济制度。现阶段农村经济的基本制度就是家庭承包制，而这一制度本质也是内生的非正规制度，是激励相容的制度，得到了亿万农户的支持和认同。这一制度安排的成功说明制度本身符合现阶段农村经济的规律和特征，即家庭承包制符合我国现阶段以小农村经济为主要特征的要求。同理，农村金融制度安排也必须符合以小农经济为主要特征的要求。家庭承包制作为农村基本经济制度，任何一项单一的经济制度都必须与之相适应，即制度相容性。金融制度的安排能否激励相容，从家庭承包制度本身来看，内生于农村经济的非正式金融制度安排应是最匹配的，两者都是以农户家庭为基本经济单位，以满足家庭需求为目标函数，以交易成本最小为代价，实现制度的可持续运营。

本文研究结论，家庭承包制是适应我国现阶段的农村经济性质与规律，是内生的具有激励相容的制度安排。现阶段的农村金融制度是政府管制下的单一的外生型，由于内生制度短缺，且两种制度不兼容，造成现有农村金融制度缺乏内在激励机制，与家庭承包制

不匹配，制度供给绩效低下。

三、农村金融制度供给必须适应农户金融偏好

农户是农村金融需求的主体，农户的金融偏好是金融制度安排的约束前提。长期以来，我国农户处于小农经济的生产环境中，家庭作为农户生产与生活的基本单元。农户的金融深深的打上了小农经济和家庭这两个特定的烙印，即既要满足家庭的生存又要兼顾家庭的发展，这就决定了农户金融的偏好，生存第一、发展第二，生存的金融需求是刚性的，尽管缺乏偿付能力，但农户在信贷的需求上占据首选位置，信贷成本缺乏弹性，这就是农村高利贷长期存在的理由。因此，这种信贷产品只能是基于内生的具有信息对称、有长期约束机制的制度安排，外生的制度安排必须采取政策性金融供给，如果采取商业形式必然失灵。相反，在生存得到保障的前提下，生产发展主要是扩大再生产信贷成为农户的主要需求，由于生产的利益目标和风险厌恶，信贷成本具有弹性，这个成本包括利息、时间乃至心理等，使得农户在获取信贷产品时形成投机心理。由于农村金融制度管制，金融产品稀缺，因此商业性金融成为农村金融的逆向选择的最佳产品。这个制度由于缺乏内生制度与之联结，运行成本居高不下。虽然，我国农村金融制度中安排了合作性金融制度，但由于制度已完全失去内生性质，使得这种制度失去合作金融的制度优势。

长期以来，我国农村金融在制度安排上偏好政府供给，且对内生金融制度持有歧视态度，以致采取打压方式，致使内生制度严重短缺。这种制度设计由于没有将农户金融偏好作为制度设计的出发点，没有农户的积极参与，缺乏农户金融行为的激励机制，使得制度供给效率低下。

本书研究结论，农户合作金融制度具有天然的制度优势，具有

信息对称、交易成本低、逆向选择机会少等诸多优点，最主要的是该制度是农户直接参与下的制度模式，适应了农户的金融偏好，具有激励相容的机制，是农村金融制度供给困境解构的最优解。

四、农户合作金融制度安排最大绩效在于内外生制度联合

农村金融可持续发展必须建立农户合作金融制度为主体的内生金融制度与外生制度兼容的制度体系。

内生金融制度安排虽然有天然的交易成本优势，但是受到外在的制度环境约束，缺乏商业化信用优势，信贷规模难以形成。随着农村生产力水平的提高，现代农业的发展，农村家庭的信贷需求越来越得不到满足，为此，对于大额贷款，特别是满足生产合作社的专业产生规模化信贷要求，仅仅依靠合作金融是难以为继的。

而外生金融制度同样在满足农村信贷需求上难以发挥其优势，核心问题就是交易成本过高，商业信用难以发挥。当农村生产专业合作社建立后，由于这一新兴实体并没有纳入商业金融的信贷范畴，随着合作社在开展生产合作基础上开展信用合作后，合作社内源融资对外生金融制度安排形成了竞争效应。这两种制度的冲突不仅没有发挥各自的优势，相反使原有制度资源损耗。这种冲突不是来自制度本身，而是由现有的金融体制造成的。

既然农村金融内外生制度都有各自的优势和劣势，而且两种制度恰好形成制度优势互补，为什么不能建立两种制度的联合？安徽凤阳县的案例已经证明，这两种制度的联合，不仅使各自优势得以发挥，而且形成利益一体化。从两种制度联合的优势看，交易成本可以借助内生制度大大降低，信用可以通过外生制度大大提升，信贷可以通过外生制度实现规模化，从而实现制度运行的绩效。

第二节 政策取向

一、必须制定和实施农户合作金融法

2006年我国颁布了《农民专业合作社法》，这是我国第一部鼓励和允许农民建立合作组织的法律。遗憾的是，这部专门鼓励农民建立合作组织的法律，没有将资金要素列入其中。农民合作除了生产合作外，一个重要的合作内容就是资金合作。没有资金合作，生产合作就不能产生规模效益，就不能产生扩大再生产的意愿。对此，国内许多学者提出了质疑。根本性的问题还是对农民缺乏信任，金融监管部门对金融资源具有垄断偏好。也正是这个致命的法律缺陷，造成了合作法出台后，并没有为农村经济发展带来预期收益。农民在建立合作组织后，资金短缺的瓶颈更加突出，金融问题成为农村经济发展中无法绕过的坎。事实上，一些地方农户已自发的兴办多种形式的资金合作组织，由于没有得到银监部门许可，组织运行成本较高。基于此，尽快出台一部专门的关于鼓励、支持和规范农户合作金融的法律势在必行。

1. 确立新型的"1+1"合作金融制度的合法性。所谓"1+1"合作金融制度就是在现有的农民专业合作社基础上，再兴办一个资金互助社，两社合一称之为"1+1"模式。实际上，就是依托专业生产合作兴办资金合作，使生产与资金有机结合，资金为生产服务，扩大合作规模，提高生产效益。这种合作金融组织与传统的民间金融不同的是，不是单一的金融组织，而是将生产这一要素与资金要素联系在一起，避免了传统民间金融由于缺乏偿付能力带来的风险，同时由于把生产作为前置条件，使得这种金融组织可以

获得可持续发展。

自2007年合作法实施以来，我国农民合作经济组织发展迅猛，这些合作社主要是以农业生产为主要类型。但是一个共同面临的问题仍然是信贷。安徽省凤阳县在地方政府的支持下，允许在原有生产合作社的基础上开展资金合作，即“1+1”模式合法化，不仅大大缓解了资金短缺问题，而且使原有的合作经济组织得到了进一步发展。

实践说明，加快推进“1+1”模式，并使之合法化是推进农村金融创新、实现农村经济可持续发展的必由之路。

2. 确立新型的综合合作金融制度的合法性。“1+1”的农户合作金融模式是农村内生金融制度与生产合作组织结合的基本形式，这种形式代表了农村金融制度的生命力。也可以说，农户合作金融制度是农村金融制度体系的基础，没有这个基础，农村金融的外生和内生制度就无法实现兼容。建立农户合作金融的目的不是农村金融制度创新的全部，农村金融制度创新是一个系统工程。为更好的实现农村合作金融制度创新的优势，必须在农户合作金融制度的基础上构建综合合作金融组织，这个组织是基于农户合作金融制度与正规金融制度的一个联合创新体，是金融内生制度与外生制度的制度联结。这个制度联结模型正是本文的创新所在，也是在安徽凤阳经过试验并被证实的。

从试验案例来看，这一制度创新比农户合作金融制度安排更为艰难。其中最重要的原因就是，正规金融组织对非正规金融组织的歧视意识和排挤态度，甚至认为是非正规金融的组织扰乱了金融市场秩序。但是，经过多方谈判和多次博弈后，这一制度模型的优势得以发挥，参与的各方都获得了较为满意的利益，更重要的是，无论是农户合作金融，还是参与的正规金融部门都在合作中创造了一个新的利益发现机制。

为有效的推进农村金融制度创新，必须确立综合合作金融组织的合法性，鼓励和支持农村各类正规金融组织，如农业银行、农村信用社、村镇银行等与农户资金互助合作社以及农村产业化龙头企业开展多元化合作，通过合作，在信息和交易成本上发挥各自优势，形成利益联合体。本文在总结这一制度模型试验经验时发现，这项制度的安排，不仅要确立这一制度合法化，而且还要各级政府的积极推进。与农户合作金融制度不同的是，从制度变迁和供给形式上看，这一制度创新属于外在的强制性制度变迁。

3. 制定扶持政策。对农户合作金融和综合合作金融制度的安排，必须给予有效的政策扶持。这些政策比照政府扶持农村信用社、村镇银行等出台的有关措施，内容主要包括：（1）减免税收和相关费用。即对合作金融组织运营产生的各类所得税、营业税予以免除，对创立组织产生的各相关部门的行政性收费，如工商登记、技术质量监督局的条码认证费等，予以免除。（2）贴息。对农户合作金融组织从正规金融机构的借贷予以一定数额的贴息，用以扶持合作经济组织发展生产，鼓励扩大规模。（3）奖励。可以对农户合作金融组织开展绩效考核，对发展健康、管理规范、业绩突出的，政府给以一定奖励资金，以激励这些组织更好的健康发展。

无论是农户合作金融还是综合合作金融组织，都是源于农村最底层的农户生产发展需求而产生的，是直接惠农的一种最有效形式。扶持发展这类金融组织，就是扶持农民发展生产，实现农村经济可持续发展，实现新农村建设的目标任务。

二、培育和建设农村合作文化

农村合作金融制度本质上是内生的制度形式，这一制度安排的成功与否取决于参与制度的农户合作态度和行为。温铁军认为，当前农村发展合作金融必须大力培育合作文化，并在多篇文章和讲演

中提到乡村文化和合作文化建设的重要性。

农村的合作文化不是外来的，而是源于本土的乡村文化。这一文化本身就包含了信用文化内涵。但这只是建立合作金融的基础，随着合作组织的扩展，合作内容的增多，合作文化建设就凸现其重要性。合作金融可能没有良好的合作文化而中途夭折，合作金融业可能因少数农户合作文化的冲突问题导致金融风险。为建设好合作文化，地方政府应大力培育和倡导，鼓励和表彰合作文化先进典型，对合作组织中不遵守合作文化的现象要及时妥善处置，为推进农户合作金融健康发展创造良好条件。

三、必须构建农民社会保障体系

1. 医疗保障。本文在前面分析了农户的家庭经济及其金融行为，并发现了农户消费金融需求中相当部分用于医疗支出。凤阳县2006年万户农民问卷调查数据显示，农户的家庭储蓄主要用建房、子女上学、看病（养老）、购买农资等。可以说，在农户的金融需求占据主导地位和优先地位为消费金融，在消费中除了解决住房和子女上学外，看病（养老）成为农户家庭的重要风险支出。目前，农户住房问题，随着收入水平变化而变化，“有钱住洋楼，无钱住茅屋”是农户家庭的生活写照，就是说建房的消费是有弹性的。在子女上学上，随着国家出台9年制义务教育政策，农户家庭这方面的支出大大降低，除了高等教育仍然是农户家庭储蓄目标外，普通教育已经不再成为信贷需求。但是医疗问题非常复杂，2006年我国农村推行了新型合作医疗制度，农民看病难的问题有所缓解，但是无论是看病种类还是看病可报销的比率，都大大低于农民的实际需求，农村因病返贫、因病致困的现象比较普遍。由于正规金融制度安排中对医疗消费信贷予以限制，而农户在医疗消费上属于刚性支出，从而造成对正规金融信贷的逆向选择。解决这一问题的根本出路在构建一个全方位覆盖和对重点人群医疗二次救助的保障体系，避免农户过多风险储蓄和逆向选择。

2. 养老保障。农户家庭养老保障是与医疗保障息息相关的。中国农户家庭的养老与国外不同，由于没有建立农村农户家庭的养老保障，多数农户家庭的养老保障寄托在“养儿防老”上，即依靠子女来赡养老人。随着我国计划生育政策的推行和传统赡养道德意识的淡化，农村家庭养老问题日益突出。农户家庭的“存钱防老”的现象已经普遍。养老通常是和医疗连在一起。这一问题如果不能有效解决，农户家庭的生产型信贷就会受到抑制，扩大再生产的信贷需求就会被养老风险所替代，形成信贷恐惧心理。自古以来在中国农村形成的储蓄习惯，都是与农村缺乏保障体系有关，这与欧美国家农村的储蓄和消费恰好相反，欧美国家由于保障制度的完善，使得消费成为无风险的信贷需求，并且随着保障水平的提高，消费和生产双重信贷需求的欲望不断升高。因此，我国农村农户家庭的养老保障制度建立，不仅是解决农村信贷需求不旺和信贷结构不合理的重要途径，也是促进农村金融可持续发展的重要支撑。

四、必须优化和重构农村金融制度体系

基于对农村金融的现状和问题研究，为更好的推进农村金融的可持续发展，本文结合案例试验体会，提出一个优化和重构农村金融制度体系构想。这个构想是以满足农户需求为目标函数，以制度安排为逻辑出发点，为农村金融在资源配置上提供新的视角。总体思路是，建立一个以内生与外生制度兼容并存、以农户合作金融为基础、以正规大中型金融机构为主，以半正规小型多元化金融组织为辅的立体式金融体系。

1. 农户合作金融制度化。本文已就农户合作金融的合法化问

题作了阐述，这里所说的制度化与合法化是两个不同概念。合法化是指合作金融的地位问题得到保障，而制度化是指农户合作金融要像家庭承包制一样，在广大农村普遍实行。只有制度化了，农户合作金融才能真正发挥作用。从我国国情来看，任何一项制度的全面推广，都离不开政府的支持，因而制度化本身也包含着政府的制度推广问题。凤阳的试验案例也证明，政府仅仅对一项民间制度的许可还不够，还需要为制度的规范化和长效化提供保障，推进农户合作金融事业的健康发展。

2. 正规合作金融商业化。农村信用社作为我国正规合作金融历尽多次制度变迁，已经难以回到真正意义上的合作金融道路了。对此，学术界争论不休，到底是重塑“三性”式的合作金融，还是体制优化？本文研究认为，农村信用社从现有实际出发，只能向商业化方向发展。农信社在实际经营中，非农化和城市化倾向越来越明显；在管理上，克隆商业化的管理模式，对农户信贷的比重较低，偏好工商企业信贷；与商业银行相比，原有的以农村为重点区域、以农民为主要客户的信贷优势正在丧失。无论是现有的组织形式，还是管理体制，都无法恢复到合作金融制度层面上。因此，可以按照其现有的路径偏好，直接向商业金融制度变迁。实际上，不少地方农信社已经这样做了。与商业化农业银行相比，农信社商业化制度变迁后，为了和商业化各类金融机构竞争需要，必须坚持以广大农村为基本阵地，通过培育农村二、三产业和新型农民（各类种养加大户），开拓商业化市场，才能走出制度改革困境。

3. 商业金融组织多元化。张晓山、何安耐（2006）在《走向多元化、竞争性的农村金融市场》著作中指出，“只有采取积极的市场化策略，建立一个竞争性的市场，才能逐步改善农村金融的运营状态，营造良好的信用环境和制度环境，促进农村金融进入一个良性健康的发展轨迹，才能切实解决农业、农民的资金短缺问题，实现社会经济和谐发展的最终目标。”为此，提出了以下建议：(1) 培育多元化金融机构，包括银行、保险、担保等各个方面，以商业性金融为主，辅之以适当的政策性金融的合作金融；(2) 放宽机构准入限制，提倡培育小型的社区金融组织，培育竞争性金融市场；(3) 放宽产品准入限制，开发多样化的金融产品和服务等。

对以上建议，本人表示赞同。需要强调和补充的是，在市场发育不成熟的情况下，必须大力发展农户合作金融，通过合作金融的发展推进金融市场的发展。同时，应大力培育和发展微型金融组织，适应农村金融市场化初期的需要。

4. 政策金融经营惠农化。现阶段我国农村政策性金融主要有农业发展银行担当这一职能，根据中央政府的要求，其职能主要承担粮油棉收购任务和服务于粮油棉的产业化龙头企业。因此，政策性银行与农户没有直接信贷关系，对农户家庭无论是生活还是生产都缺乏金融产品支持。一方面，是在经营体制上，完全依赖中央政策的扶持，成为中央财政的“出纳员”，在粮油棉完全市场化后，其功能弱化，可持续运行受到挑战。而另一方面，农村金融市场发育不足，农村信贷产品短缺，急需政策性金融支持。因此，调整政策性金融边界，扩大政策性金融业务，除了对农村基础设施等公益事业投放外，要将农户合作金融组织纳入支持范围，培育壮大农户合作金融组织。只有这样，才能使农村金融市场不断发育，促进农村生产发展，实现新农村建设目标。

5. 农业保险政策福利化。从广义上说，农村金融应该包括信贷、保险、担保、基金等各类形式。但现阶段我国农村金融制度安排不完善，组织不健全。特别是农业保险发展严重滞后，有效供给不足，这不仅对农村经济发展不利，而且也直接影响了农村金融市场的健康发展。自我国农村推行家庭承包制以来，一家一户农业生产抗风险能力很弱，农业安全和农业规模化问题日趋突出。因此，尽快出台一部《农业保险法》及其相关配套措施，加快建立农业保险组织体系，并将这些保险主体与农户合作金融组织建立合作关系，不仅能很好的解决保险的规模化效益化，而且可以减低农户合作金融的信贷风险，为农村经济健康发展提供有力的保障。

附　录

附录1：凤阳县农民需求调查初步统计结果

一、生产和就业

B02. 您家地里用的种子是在哪里买的？

1. 县城　　　　2. 乡镇

3. 村里　　　　4. 其他

统计结果：县城 14.1%；乡镇 70.8%；村里 14.2%；其他 0.8%。

B03. 您家地里用的种子是在哪些店买的？

1. 种子公司　　　　2. 供销社

3. 农技站　　　　4. 私人

5. 其他

统计结果：种子公司 22.7%；供销社 7.9%；农技站 29.6%；私人 39.7%；其他 0.2%。

B05. 您家是否买过假的化肥、种子或者农药?

1. 买过假化肥　　2. 买过劣质种子

3. 买过假农药　　4. 买过其他假农资/劣质农资

5. 没有买过

统计结果：买过假化肥 13.8%；买过劣质种子 16.9%；买过假农药 14.8%；买过其他假农资/劣质农资 5.5%。

B06. 买到假农资/劣质农资后您是怎么处理的?

1. 退货　　2. 换货

3. 投诉/举报/打官司　　4. 自认倒霉

5. 找卖家赔钱

统计结果：退货 2.1%；换货 5.3%；投诉/举报/打官司 0.8%；自认倒霉 85.7%；找卖家赔钱 6.1%。

B07. 您希望政府在这方面给您提供什么帮助?

1. 加强市场检查，杜绝/减少假货/劣质货上市

2. 严格控制经销商进入农资销售市场

3. 帮助农民鉴别假货

4. 出现假货后主持正义，帮助索取赔偿

统计结果：加强市场检查，杜绝/减少假货/劣质货上市：58.4%；严格控制经销商进入农资销售市场：8.07%；帮助农民鉴别假货：14.98%；出现假货后主持正义，帮助索取赔偿：11.06%。

B09. 您认为买这些农资可否通过邻里或亲戚联合起来去县里或直接去厂里去买?

1. 可以　　2. 不行

统计结果：可以联合：69.91%

B12b. 谁为您提供相关的技术？

1. 县农技员　　2. 乡镇农技员

3. 村农技员　　4. 学校教师

5. 其他

统计结果：县农技员：19.2%；乡镇农技员：19.2%；村农技员：38.5%；学校教师：11.5%；其他：11.5%。

B13. 过去三年中，您家里遭受过什么较大的自然灾害？

1. 旱灾　　2. 涝灾

3. 雹灾　　4. 虫灾

5. 其他

统计结果：旱灾：34.1%；涝灾：58.3%；雹灾：2.5%；虫灾：10.1%；其他：0.3%。

B14. 最近两年种植业/养殖业方面有没有因为价格波动造成的亏损？

1. 有　　2. 无

统计结果：有价格波动造成损失：56.15%

B15. 为了减少市场风险造成的损失，有人提出下述一些措施，您认为哪些措施适合在您村里推行？

1. 政府提供供销信息

2. 政府帮助搞订单

3. 村民成立协会，统一采购农资，统一销售产品

统计结果：政府提供供销信息：29.9%；政府帮助搞订单：26.3%；村民成立协会，统一购销：37.7%。

B16. 您认为您家的耕地需要调整吗?

1. 需要　　　　　　2. 不需要

统计结果：需要调整：78.2%

B17. 如果村里进行土地调整，您支持吗?

1. 支持　　　　　　2. 不支持

统计结果：支持调整：85.79%

B17a. 您为什么支持地块调整?

1. 土地分散　　　　　　2. 好地孬地分配不均

3. 其他

统计结果：土地分散：77.1%；好地孬地分配不均：15.6%；其他：7.2%。

B18. 您认为根据当地的情况，政府可以通过什么措施为村民们提供就业岗位?

1. 招商引资办企业

2. 创造更好的投资环境鼓励民间投资办企业

3. 对劳动力提供技术培训，提高他们的就业能力

4. 其他

统计结果：招商引资办企业：39.3%；创造更好的投资环境鼓励民间投资办企业：24.4%；对劳动力提供技术培训，提高他们的就业能力：42.7%；其他：5.0%。

B19. 您家是否有外出打工的成员?

1. 有　　　　　　2. 没有

统计结果：家中有人外出：54.76%

B19b. 如果有，他们在外出打工时，有哪些困难？

1. 就业信息　　2. 缺少技术/技能
3. 工资拖欠　　4. 没有保障
5. 农忙要回家　　6. 孩子留在家里远离父母
7. 子女在城里上学困难　　8. 其他

统计结果：就业信息：6.5%；缺少技术/技能：36.9%；工资拖欠：16.3%；没有保障：19.2%；农忙要回家：21.7%；孩子留在家里远离父母：12.6%；子女在城里上学困难：4.8%；其他：7.5%。

二、生　活

C1. 您家里的生活用水是

1. 自来水　　2. 压井水
3. 公用的水井　　4. 河水
5. 塘水

统计结果：自来水：2.77%；压井水：77.56%；公用的水井：17.45%；河水：0.6%；塘水：1.44%。

C2. 饮用水有无异味？

1. 苦　　2. 涩
3. 咸　　4. 浑浊
5. 没有异味

统计结果：苦：0.69%；涩：8.31%；咸：12.13%；浑浊：7.64%；没有异味：69.8%。

C2b. 村里有没有人患各种结石病？有多少人患结石病？

1. 没有

2. 有，不多

3. 有，大约一半家庭中有结石病人

4. 有，多数人家有病人

统计结果：没有：28.38%；有，不多：57.66%；有，大约一半家庭中有结石病人：6.51%；多数人家有病人：7.31%。

C3. 您家烧饭用什么燃料？

1. 柴草　　2. 沼气

3. 煤　　4. 电

5. 液化气

统计结果：柴草：82.6%；沼气：1.7%；煤：24.7%；电：16.5%；液化气：14.5%。

C4. 您家厕所是：

1. 露天厕所　　2. 露天粪堆

3. 有顶厕所　　4. 抽水马桶

5. 其他

统计结果：露天厕所：54.45%；露天粪堆：3.95%；有顶厕所：40.72%；抽水马桶：0.46%。

C5. 您家里人平时怎么洗澡？

1. 家里有淋浴/浴缸　　2. 在家里用木盆洗

3. 去公共浴室洗　　4. 其他

统计结果：家里有淋浴/浴缸：5.41%；在家里用木盆洗：90.48%；去公共浴室洗：3.29%。

C6. 您家的垃圾怎么处理？

1. 简单丢掉　　2. 能烧的烧掉

3. 沤肥上地　　4. 本村有垃圾站，有人负责清运

统计结果：简单丢掉：43.0%；能烧的烧掉：21.0%；沤肥上地：42.5%；本村有垃圾站：3.1%。

C6b. 您是否认为每个村子都应该建立垃圾站，由专人负责清运？

1. 是　　2. 否

统计结果：应该：61.63%；否：37.66%。

C7. 本村村民的房屋建的有没有规划？是否按规划建房？

1. 有规划，按规划建房　　2. 有规划，不按规划建房

3. 没有规划　　4. 不清楚

统计结果：没有规划：66.02%

C8. 本村及村周围有没有工业？对生活环境有没有不良影响？

1. 没有工业

2. 有工业，对生活环境无大影响

3. 有工业，对生活环境有明显的负面影响

统计结果：没有工业：75.23%；有工业，对生活环境无大影响：10.14%；有工业，对生活环境有明显的负面影响：14.59%。

C9b. 日常生活用品购买方便吗？

1. 方便　　2. 不方便

统计结果：方便：79.68%；不方便：20.19%。

三、文化活动和治安

D01. 您在空闲时间会怎样消遣？

1. 看电视　　2. 打牌
3. 聊天　　4. 读报/看书/看杂志
5. 其他

统计结果：看电视：68.1%；打牌：24.4%；聊天：30.6%；读报/看书/看杂志：4.1%；其他：5.3%。

D03. 您平时最常看什么电视节目？

1. 电视剧/电影　　2. 戏曲
3. 综艺娱乐节目　　4. 新闻
5. 体育　　6. 农业技术
7. 经济信息　　8. 其他

统计结果：电视剧/电影：55.6%；戏曲：8.6%；综艺娱乐节目：15.8%；新闻：58.2%；体育：2.5%；农业技术：7.3%；经济信息：6.7%；其他：2.1%。

D04. 您的村里有广播吗？

1. 有　　2. 没有

统计结果：有广播：35.3%；没有：64.57%。

D04b. 您村里广播的内容主要有哪些？

1. 通知　　2. 新闻
3. 农业技术　　4. 娱乐节目

5. 其他

统计结果：通知：79.97%；新闻：11.07%；农业技术：3.75%；娱乐节目：1.58%；其他：0.59%。

D05. 您希望有集体性的文化生活吗？

1. 是　　　　2. 否

统计结果：希望：78.58%；不希望：21.35%。

D06. 您觉得在村里有必要建立文艺队、戏班子、放映电影吗？

1. 有必要　　　　2. 没有必要

统计结果：有必要：66.12%；没有必要：33.79%。

D06b. 如果村里建立文艺队、戏班子，您会参加吗？

1. 会参加　　　　2. 不会参加

统计结果：会参加：60.86%；不会参加：39.12%。

D07. 您觉得村里需要妇女协会或老年协会吗？

1. 需要　　　　2. 不需要

统计结果：需要：73.18%；不需要：26.8%。

D07b. 如果有人组织妇女协会或老年协会，您会积极参加吗？

1. 会参加　　　　2. 不会参加

统计结果：会参加：69.39%；不会参加：30.51%。

D08. 如果村里有人组织专业协会或合作社，您会参加吗？

1. 会参加　　　　2. 不会参加

统计结果：会参加：71.17%；不会参加：28.6%。

D09. 村里有无小的偷盗情况？

1. 很多　　2. 有，不太多

3. 偶尔有　　4. 没有

5. 其他

统计结果：很多：16.06%；有，不太多：47.21%；偶尔有：23.02%；没有：13.49%。

D11. 本村有治安联防队（或类似组织）吗？

1. 有　　2. 没有

统计结果：有联防队：10.73；没有：88.61%。

D12. 您们村里的民兵组织有无经常活动？

1. 经常活动　　2. 不经常活动

3. 根本不活动　　4. 其他

统计结果：经常活动：2.84%；不经常活动：25.17%；根本不活动：69.29%。

四、教育医疗

E3. 本村适龄儿童有不上学的吗？

1. 有　　2. 没有

统计结果：有学龄儿童不上学：36.75%；没有：62.68%。

E4. 您了解孩子们不上学的原因是什么吗？

1. 交不起学费　　2. 家里缺劳动力

3. 孩子没兴趣学　　4. 学的东西没用

5. 其他

统计结果：交不起学费：55.1%；家里缺劳动力：11.4%；孩子没兴趣学：39.6%；学的东西没用：2.8%。

E5. 村里有没有孩子因为上网而荒废了学业的？

1. 有　　2. 没有
3. 不清楚

统计结果：有：36.4%；没有：44.59%；不清楚：18.93%。

E6. 您是否参加了新型合作医疗？

1. 是　　2. 没参加

统计结果：参加新型合作医疗：87.05%；没参加：12.92%。

E8. 您认为现在的合作医疗存在以下哪些方面的问题？

1. 宣传不到位　　2. 报销程序复杂
3. 门槛太高　　4. 转院困难
5. 医院用药不规范　　6. 医院药价高
7. 其他

统计结果：宣传不到位：12.41%；报销程序复杂：50.74%；门槛太高：38.82%；转院困难：9.84%；医院用药不规范：17.83%；医院药价高：43.42%；其他：7.41%。

五、农村金融

F1. 您家的存款是存放在哪里的？

1. 邮政所　　2. 信用社

3. 农行　　　　　　　　4. 家中

5. 没有存款　　　　　　6. 其他

统计结果：邮政所：2.11%；信用社：25.72%；农行：6.2%；家中：5.96%；没有存款：59.7%；其他：0.08%。

F2. 您为什么要把钱存在这里？

1. 安全　　　　　　　　2. 方便

3. 利息高　　　　　　　4. 服务好

5. 其他

统计结果：

邮政所：安全：54.2%；方便：49.5%；利息高：2.8%；服务好：1.9%；其他：2.8%。

信用社：安全：70.8%；方便：43.7%；利息高：0.5%；服务好：1.9%；其他：0.6%。

农行：安全：67.8%；方便：47.1%；利息高：1.0%；服务好：4.1%；其他：2.2%。

家中：安全：20.2%；方便：59.3%；利息高：0.3%；其他：7.9%。

F3. 如果缺钱您怎么办？借钱的途径有哪些？其排序分别是哪些？

1. 银行/信用社贷款　　　2. 亲友借款

3. 私人借款　　　　　　4. 典当行

5. 其他

第一位__________　第二位__________　第三位__________

统计结果：银行/信用社贷款：19.38%；亲友借款：69.94%；私人借款：10.08%；典当行：0.41%。

F5. 您是否贷过高利贷（小头利）？

1. 是　　2. 否

统计结果：借过高利贷：20.88%；没借过：78.95%。

F7. 如果村子里的农户把钱放在一起，组成互助金融组织，满足资金需求，这样做您愿意吗？

1. 愿意　　2. 不愿意

3. 要看一看再决定　　4. 其他

5. 不知道

统计结果：愿意：38.03%；不愿意：37.56%；要看一看再决定：15.49%；不知道：8.18%。

F7b. 如果有的农户不还钱怎么办？

1. 找担保人　　2. 找有威望的人调解

3. 打官司　　4. 拿他们家东西抵债

5. 其他　　6. 不知道

统计结果：找担保人：37.0%；找有威望的人调解：17.6%；打官司：14.4%；拿他们家东西抵债：4.9%；其他：8.5%；不知道：17.6%。

六、农民投资意愿

G1. 当地是否需要修路？

1. 非常需要　　2. 需要

3. 不太需要　　4. 不需要

5. 说不清

统计结果：非常需要：48.87%；需要：46.79%；不太需要：2.16%；不需要：1.43%；说不清：0.6%。

G2. 当地是否需要打井？

1. 非常需要　　2. 需要
3. 不太需要　　4. 不需要
5. 说不清

统计结果：非常需要：11.66%；需要：44.22%；不太需要：21.32%；不需要：21.44%；说不清：1.04%。

G3. 当地是否需要修排灌渠？

1. 非常需要　　2. 需要
3. 不太需要　　4. 不需要
5. 说不清

统计结果：非常需要：18.75%；需要：53.5%；不太需要：13.29%；不需要：11.87%；说不清：1.89%。

G4. 当地是否需要修沼气池？

1. 非常需要　　2. 需要
3. 不太需要　　4. 不需要
5. 说不清

统计结果：非常需要：9.04%；需要：34.91%；不太需要：27.76%；不需要：23.94%；说不清：3.56%。

G5. 当地是否需要改水？

1. 非常需要　　2. 需要
3. 不太需要　　4. 不需要
5. 说不清

统计结果：非常需要：15.8%；需要：45.54%；不太需要：18.23%；不需要：17.58%；说不清：2.14%。

G6. 当地是否需要改厕？

1. 非常需要　　2. 需要

3. 不太需要　　4. 不需要

5. 说不清

统计结果：非常需要：15.63%；需要：47.4%；不太需要：17.99%；不需要：15.93%；说不清：2.15%。

七、管理民主

H01. 您是否参加过村干部的选举？

1. 参加过　　2. 没有参加过

统计结果：参加过村选举：59.74%；没有参加过：40.2%。

H02. 您写票的时候有别人在场吗？

1. 有　　2. 没有

统计结果：有人在场：36.43%；没有人在场：63.3%。

H03. 您选的是谁别人知道吗？

1. 知道　　2. 不知道

统计结果：知道：29.36%；不知道：70.31%。

H04. 您们的选票结果是当场公布的吗？

1. 是　　2. 不是

统计结果：当场公布：67.53%；不是：32.1%。

H05. 唱票时候的监督情况?

1. 村民代表监督　　2. 党员代表监督

3. 上级领导监督　　4. 没有人监督

5. 其他

统计结果: 村民代表监督: 47.3%; 党员代表监督: 21.0%; 上级领导监督: 27.3%; 没有人监督: 11.0%; 其他: 6.8%。

H06. 您能通过什么方式了解村里的财务状况的?

1. 村里村务公开栏　　2. 村民大会公布

3. 村干部逐户介绍　　4. 不了解

5. 其他

统计结果: 村务公开栏: 19.8%; 村民大会公布: 2.0%; 村干部逐户介绍: 1.2%; 不了解: 74.9%; 其他: 2.1%。

H07. 如果您想知道村里某笔款项的收支情况, 您能去查看原始单据吗?

1. 能　　2. 不能

3. 没试过　　4. 不关心

5. 其他

统计结果: 能: 9.27%; 不能: 31.54%; 没试过: 37.68%; 不关心: 21.1%。

H09. 如果村里的人对村里的管理有意见怎么办?

1. 找村干部直接反映　　2. 向乡镇政府反映

3. 向县政府反映　　4. 向省政府反映

5. 开村民代表大会　　6. 通过信访, 直接向中央反映

7. 其他

统计结果：找村干部直接反映：36.7%；向乡镇政府反映：18.7%；向县政府反映：9.0%；向省政府反映：1.6%；开村民代表大会：2.8%；通过信访，直接向中央反映：1.3%；其他：29.9%。

H11. 您怎么做好村干部？

1. 经常召开村民大会，听取村民的意见
2. 和乡镇里搞好关系
3. 带头致富
4. 其他

统计结果：经常召开村民大会，听取村民的意见：49.8%；和乡镇里搞好关系：14.0%；带头致富：46.9%。

H13. 您知道发放的标准吗？

1. 知道　　2. 不知道
3. 其他

统计结果：知道：18.04%；不知道：81.47%

H15. 村里修路、修水渠等事方案是怎么定的？

1. 村民们一起讨论定的　　2. 党员们讨论决定
3. 干部们自己决定　　4. 其他
5. 不知道

统计结果：村民们一起讨论定的：30.49%；党员们讨论决定：5.54%；干部们自己决定：38.33%；不知道：22.97%。

H16. 村里修路、修水渠等事，有人征求您的意见吗？

1. 村干部征求　　2. 没有人征求意见
3. 从来不关心　　4. 其他

统计结果：村干部征求：30.94%；没有人征求意见：

54. 65%；从来不关心：12. 79%。

八、乡风文明

K06. 本村有没有不赡养老人的？

1. 有，很普遍　　2. 有，不多

3. 没有　　4. 不清楚

统计结果：有，很普遍：2. 91%；有，不多：38. 97%；没有：48. 77%；不清楚：9. 35%。

K08. 您认为婚丧嫁娶亲友之间请客送礼是一种：

1. 必要的礼尚往来

2. 别人都这样，没办法也只好随俗

3. 完全没有必要，纯属浪费

4. 可以搞，但不应该太铺张

5. 说不清

6. 其他

统计结果：必要的礼尚往来：32. 9%；别人都这样，没办法也只好随俗：43. 6%；完全没有必要，纯属浪费：7. 9%；可以搞，但不应该太铺张：10. 6%；说不清：3. 8%。

K10. 您认为土葬这种风俗怎样？

1. 入乡随俗　　2. 浪费耕地，但是无从改革

3. 应该改革　　4. 天经地义，应该这样

5. 说不清　　6. 其他

统计结果：入乡随俗：37. 0%；浪费耕地，但是无从改革：9. 7%；

应该改革：10.0%；天经地义，应该这样：20.4%；说不清：10.5%。

K11. 你们村里的五保户供养情况如何？

1. 自劳自养　　2. 寄居在亲戚家

3. 村里的敬老院　　4. 其他

5. 不清楚

统计结果：自劳自养：39.3%；寄居在亲戚家：4.5%；村里的敬老院：12.2%；其他：17.4%；不清楚：15.5%。

K18. 您对您们的村子最不满意的是什么？

1. 脏乱　　2. 治安差

3. 贫穷　　4. 路不好

5. 没有集体生活　　6. 其他

统计结果：脏乱：23%；治安差：15%；贫穷：34%；路不好：55%；没有集体生活：4%；其他：8%。

附录2：凤阳县农民资金互助社试点方案和管理办法

凤阳县农民资金互助合作社试点工作方案

为积极探索解决农村经济社会发展过程中的资金瓶颈问题，加快推进新农村建设步伐，提高农民自我服务、自我管理、自我发展的能力，促进农业增产、农民增收，根据2008年中央一号文件和省委、省政府《关于贯彻落实科学发展观促进县域经济又好又快发展的若干意见》（皖发〔2008〕9号）文件精神，结合我县实际，制定本方案。

一、充分认识推进农民资金互助合作社试点工作的重要意义

改革开放三十年以来，农村经济社会发展取得了翻天覆地的变化。但在发展过程中，缺少资金、技术、人才和管理等问题始终没有得到有效解决，尤其是资金缺乏，投入不足，已经成为制约农村经济社会发展的主要瓶颈。2008年中央一号文件中明确指出：要积极发展农民专业合作社，加快农村金融体制改革和创新，积极培育小额信贷组织，引导各类金融机构到农村开展业务。省委9号文件中也要求积极探索发展小额贷款组织和农村资金互助组织。作为农村改革的发源地，我县开展农民资金互助合作社试点工作，不仅创新农村金融，激活民间资本，解决农村经济社会发展中的资金短缺问题，而且对于提高农民的合作意识、信用意识和集体意识，增强农民自我发展、自我积累的能力，建设新农村更具有特殊意义。各乡镇和县直有关单位要高度重视，弘扬“大包干”精神，认真组织实施、全力支持农民资金互助合作社的建立和发展。

二、工作宗旨

通过建立农民资金互助合作社，吸收社员股金，调剂社员之间资金余缺，增加农业资金投入，缓解农村生产资金紧张的矛盾，为农业产业提供服务。

（一）发展方向：坚持农民为主体，实现组织上的群众性、管

理上的民主性和经营上的灵活性。

（二）办社原则：坚持政府引导；坚持民办、民管、民用、民受益；坚持以村或合作社成员内部为活动范围；坚持入社自愿、退社自由，自我民主管理，自我风险控制。

（三）合作社章程和资金管理办法：由社员大会根据国家政策和法律规定制定。

三、资金来源、试点条件和工作步骤

（一）资金来源

1. 社员股金（农民资金互助合作社社员的入股资金，原则上每股不少于100元，每个社员最低入股不少于三股，具体由社员大会通过的章程决定）；

2. 金融部门贷款资金；

3. 社员存入的闲散资金；

4. 社会各界的捐赠资金；

5. 公共积累；

6. 社员可以用小产权房、土地承包经营权融资入股；

7. 社员可以用其他合法财产抵押融资入股。

（二）试点条件

1. 已经成立的合作社；

2. 入社人数应在10人以上；

3. 选出的社长必须作风正派、乐于奉献、群众信得过、愿为民办事，具有一定诚信和一定管理能力。

在上述条件的基础上，各乡镇根据本地合作社建立情况和产业特点，开展农民资金互助合作社试点工作，每个乡镇至少要搞两个试点。试点成功后，总结经验，全面推广。

（三）工作步骤

第一阶段：在深入调查研究、全面了解村情民情的基础上，确定试点村或合作社，利用各种方式宣传开展农民资金互助合作社试点工作的重要意义，提高村民认知度，调动广大农民入社的积极性，根据实际建立试点工作的运行模式。

第二阶段：对试点村、组或合作社入社的成员进行业务培训，确定发起人，认购股金，召开社员大会通过章程和重要制度，选出理事会、监事会，公布资金互助合作社运作模式，登记注册，确定办公地点。

第三阶段：农民资金互助合作社社员股金到账户，正式开始运作。

四、建立保障机制

（一）成立组织，加强领导。县成立农民资金互助合作社试点工作领导小组，县委、县政府主要领导任组长，县委、县政府分管领导任副组长，县委办、县政府办、财政局、农委、审计局、民政局、工商局、发改委、县人行等有关单位主要负责人为成员，领导小组下设办公室，办公室设在县农委，具体负责日常工作的管理。同时，从县领导小组成员单位中选定人员组成评估小组，负责对试点单位资金的运行情况进行定期评估监测。各乡镇要高度重视试点工作，也要成立组织，确定专人，具体负责试点工作。

（二）政策扶持，有序推进。一是免征农民资金互助合作社的税金。二是允许农民资金互助合作社在国家金融政策规定范围内自主确定资金使用费率。三是对经评估监测运行良好的资金互助合作社，由金融部门进行授信。四是给予农民资金互助合作社对内部社员担保权利，向金融机构为其社员融资提供服务。五是允许成员用登记的小产权房、土地承包经营权入股或向金融机构融资，作为入社股金。六是民政、工商部门要简化手续，及时为资金互助合作社办理注册、登记。七是金融机构应予以农民资金互助合作社开设账户，并予以相应的贷款支持。八是县财政对每个资金互助合作社试点给予3000元的资金补助。九是允许和鼓励社会资金支持农民资金互助合作社发展。

（三）健全制度，规范管理。农民资金互助合作社试点工作是一项新工作，各乡镇和有关部门要加强宣传、指导和培训工作，在坚持充分尊重农民意愿的基础上，按照国家有关法律和相关政策规定，帮助制定农民资金互助合作社资金管理办法，完善各项规章制度，以保障农民资金互助合作社健康发展、合作社资金安全运行并发挥效益。

（四）考核评估，奖优罚劣。县领导小组将及时对各乡镇的农民资金互助合作社试点工作进行督促检查，对农民资金互助合作社的各项规章制度、资金安全性、周转率、利润率和社会效益等综合性指标进行考核评估，及时发现和解决试点工作中出现的问题。对资金运行较好，资金增效明显的资金互助合作社和试点乡镇，县委、县政府予以通报表彰，采取以奖代补的方式给予奖励。对金融机构扶持农民资金互助合作社发展并给予贷款支持的，由县财政予以贴息（具体贴息办法另行制定），并根据贷款业绩给予奖励。对管理不善、资金未发挥效益的，责令限期整改；对发现有违规违纪现象的，将依法追究责任并予以取缔。

凤阳县农民资金互助合作社管理办法（暂行）

第一章　总　　则

第一条　为加强农民资金互助合作社的监督管理，规范其组织和行为，保障农民资金互助合作社依法、稳健、安全运行，根据中共中央［2008］1 号文件、《农民专业合作社法》等有关规定，特制定本办法。

第二条 农民资金互助合作社有符合《农民专业合作社法》成立的条件和通过的章程，并载明：社员大会的权力、社员的权力与义务、理事长与监事长的职责、入股和贷款办法、财务会计制度等。

第三条 农民资金互助合作社应坚持安全、为民、方便；坚持入社自愿、退社自由；坚持民主决策、民主管理、民主监督和风险控制的原则。

第四条 为保障农民资金互助合作社的依法正常运行，农民资金互助合作社须到工商部门注册或到民政部门登记，入会成员不得少于 10 人，注册的资金为实缴股本，入股资金总额不少于 3 万元人民币。

第五条 农民资金互助合作社依法开展经营活动受法律保护，任何单位和个人不得侵犯；对由社员股金和积累以及合法取得的其他资产所形成的法人财产，享有占有、使用、收益和处分的权利。

第六条 农民资金互助合作社员入股资金来源合法，依照《凤阳县农民资金互助合作社试点工作方案》的资金来源缴纳股金。

第二章 股权管理

第七条 社员向农民资金互助合作社入股应符合以下条件：

（一）具有完全民事行为能力；

（二）入股资金为自有资金且来源合法；

（三）诚实守信，声誉良好。

第八条 社员向农民资金互助合作社入股，以货币出资为主，其持股数额不受限定，以合法资产或其他方式入股的另由社员大会决定。

农民资金互助合作社应向社员颁发记名股金证，作为社员的入股凭证。

第九条 农民资金互助合作社社员参加社员大会，在决定重大事项需要进行表决时，实行一人一票制，其表决结果不受社员持有的股金数额限制。

社员本人不能出席会议的，可授权其他社员代为行使其表决权。授权应采取书面形式，并明确授权内容。

第十条 社员本人可以持本社股金为社员担保，其担保金额不得超过其所持有的本社股金额。

农民资金互助合作社社员为其他社员担保后，其担保金额已达到本人股金的，不得向农民资金互助合作社要求贷款，被担保人还清贷款后，再行贷款。也可以请其他未贷款或未担保贷款的社员为本人担保贷款。

第十一条 农民资金互助合作社社员的股金和积累可以转让、继承和赠予，但理事、监事持有的股金和积累在任职期限内不得转让、赠予。

第十二条 同时满足以下条件，社员可以办理退股。

（一）社员提出退股申请，入股时间须在一年以上；

（二）农民资金互助合作社当年亏损的，按现值退股；当年盈利的，按原来入社股金和应分配盈余退还。

第十三条 社员资格终止的，农民资金互助合作社应当按照章程规定的方式、期限和程序，及时退还该社员的股金和积累份额。

社员在其资格终止前与农民资金互助合作社已订立的合同，应当承诺继续履行。社员资格终止的当年不享受盈余分配。

第三章 信 贷 管 理

第十四条 农民资金互助合作社把资金存入利民银行和农村信

用社，作为担保资本金，利民银行和农村信用社把农民资金互助合作社的股本金，给予授信、担保，并给予贷款。同时，利民银行和农村信用社可以委托农民资金互助合作社向其成员进行贷款。

第十五条 贷款和存款服务：只面向加入本社的社员提供，严禁非社员借贷和存款。

第十六条 农民资金互助合作社应严格进行借款风险控制。

（一）贷款最长期限一年；

（二）社员贷款额度一般不得超过社员本人的股金，超过社员本人股金的，实行联保的办法，联保的贷款，其联保金额不能超过联保社员股金总额；

（三）资本充足率不低于8%。

第十七条 社员申请贷款实行预约制度，填写贷款申请表，应包括借款人基本情况、贷款用途、金额、期限、担保情况等。

第十八条 理事会应根据社员申请，组成三人信用评估小组，对社员信用记录、担保记录、个人偿还债务情况、担保人的资信情况，进行信用评定与审查。

第十九条 同时符合下列条件的社员可进行信用贷款：

（一）借款额度不超过个人股金和担保人的股金；

（二）与本社贷款无不良记录；

（三）信用评级无不良记录；

（四）担保贷款无不良记录；

（五）担保人本人没有贷款，也没有为其他成员担保贷款。

第二十条 贷款额度不超过社员股金的，由业务员办理贷款手续，报理事长审核批准。

贷款额度超过社员股金以上的，由理事会集体研究决定。

第二十一条 贷款监督由监事会负责组织，贷款监督原则上同步进行，不能同步进行的，应于3日内出据监督意见。

第二十二条 贷款、存款利率以及利率的调整，在国家规定的利率范围内浮动，由理事会制定具体浮动办法，经社员大会同意，理事会在贷款、存款时应严格遵守。

第二十三条 贷款到期符合延期条件的，应及时办理延期手续，延期最长不得超过半年。

第二十四条 贷款逾期，由业务员和担保人负责催收，对于恶意不归还到期贷款的，由担保人承担连带责任，必要的进行法律诉讼。

第四章 监督管理

第二十五条 农民资金互助合作社执行国家的财务制度和会计准则、在监督机构指导下，按照《凤阳县农民资金互助合作社会计制度》，设置会计科目和进行会计核算。

第二十六条 农民资金互助合作社实行内部审计监督，监事会负责对本社进行内部审计，并对理事长进行专项审计、离任审计，审计结果应当向社员大会报告。

社员大会也可以聘请中介机构对本社进行审计。

第二十七条 农民资金互助合作社应按照规定进行年检，并接受社会审计监督。

第二十八条 农民资金互助合作社的以下事务应向社员公开，公开的内容为：社员股金、贷款、投资、融资、盈利及其社员认为须要公开的事项。

第二十九条 监督管理机构根据农民资金互助合作社的股金、贷款、投资、融资和盈利情况，采取差别监管措施，由监管机构另行规定。

第三十条 农民资金互助合作社违反有关法律、法规，监督管理机构应责令其改正；对理事、工作人员的违法违规行为，可责令农民资金互助合作社给予处分，构成犯罪的，移交司法机关，依法追究刑事责任。

第五章　合并、分立、解散和清算

第三十一条　凡农民资金互助合作社合并、分立、解散的，须报县农民资金互助合作社领导小组办公室审查确认。

第三十二条　农民资金互助合作社合并，应当自合并决议做出之日起 10 日内通知债权人，合并各方的债权、债务应当由合并后存续或者新设的机构承继。

第三十三条　农民资金互助合作社分立，其财产作相应的分割，并应当自分立决议做出之日起 10 日内通知债权人，分立前的债务由分立后的机构承担连带责任，但在分立前与债权人就债务清偿达成书面协议另有约定的除外。

第三十四条　农民资金互助合作社因以下原因解散：

（一）出现章程规定的解散事由；

（二）社员大会决议解散；

（三）因合并或者分立需要解散；

（四）依法被吊销营业执照或者被撤销。

在解散事由出现之日起 15 日内由社员大会推举成员组成清算组，开始解散清算。逾期不能组成清算组的，社员、债权人可以向人民法院申请进行清算。

第三十五条　清算组自成立之日起接管农民资金互助合作社，经社员大会受权负责处理与清算有关未了结地业务，清理债权、债务，分配清偿债务后的剩余财产，代表农民资金互助合作社参与诉讼、仲裁或者其他法律事宜。

第三十六条　农民资金互助合作社因解散、被撤销而终止的及时到工商、民政部门办理注销登记，并予以公告。

第六章　附　　则

第三十七条　监督机构：凤阳县农业委员会。

第三十八条　本办法由县农业委员会负责解释。

第三十九条　本办法自发布之日实施。

二〇〇八年七月十八日

附录3：凤阳县农民资金互助联合会组建方案、章程和组织结构

凤阳县农民资金互助合作社联合会组建方案

一、联合会组建的指导思想

认真贯彻落实党的十七届三中全会和胡锦涛总书记9·30视察凤阳小岗的讲话精神，落实科学发展观，不断深化农村综合改革与创新，把农民资金互助合作社发展成为资本充足、运行安全、信息共享、功能健全、服务完善的组织，全面提高我县农民的组织化程度和农民资金互助合作社的服务能力，全面提高我县农民群体参与市场竞争、适应社会主义市场经济发展的能力，促进我县社会主义新农村建设又好又快发展。

二、联合会的组建形式和运行原则

1. 联合会由全体会员组成（建议名单附后），会员大会是本会的最高权力机构。

2. 联合会实行会员制，由每个自愿参加的农民资金互助合作社法人以及我县省、市级农业产业化龙头企业法人、县直有关涉农单位法人组成。

3. 入会自愿，退会自由。会员退出时，按章程规定的程序办理。

4. 民主决策、民主管理。会员参加会员大会，享有表决权、选举权和被选举权，实行一人一票制。

5. 自我服务，自我管理。联合会与资金互助合作社、企业（公司）的社员没有隶属关系，各资金互助合作社、企业（公司）仍然是自主经营、自我服务、自我管理的法人机构，联合会不干涉会员单位的经营和自身管理活动。

6. 经济参与，利益共享，风险共担，会员按章程规定的方式缴纳会费和风险资金。

7. 联合会会员大会设名誉会长若干人，由县领导担任。

8. 联合会设理事会，对会员大会负责，由二十六人组成，理事长一人，副理事长三人，常务理事二十二人，理事会任期五年，可连选连任。理事会职权由章程规定。

理事会设立秘书处，秘书长一人，主持日常工作。

9. 监事会是联合会的监督机构，由五人组成，监事长一人，副监事长一人，监事三人。监事会职权由章程规定。

三、联合会的资金筹集

1. 联合会采取会员会费和风险保证金方式缴纳资金，每个会员每年缴会费1000元，用于管理费用；每个会员每年缴纳风险保证金2000元，用于会员自身的担保贷款和经营风险资金，风险保证金属于缴纳资金的会员，会员自身没有发生担保贷款和经营风险时，联合会不能动用。

2. 财政扶持资金。主要为资金互助合作社提供贷款担保。

3. 接受他人捐赠。按捐赠者的约定处置。

四、联合会的主要职能

依法为会员提供信息、信贷服务、业务培训、经营、管理与协调等项服务，具体如下：

1. 信息服务。通过多种方式不定期的向社员提供生产、技术、市场、农产品推介、展示、展销信息、咨询服务和信息交流，努力促进联合会各单位实现信息共享，共同发展。

2. 信贷服务。一是依照行业自律约定，帮助资金互助合作社调剂资金；二是财政部扶持资金为会员提供信贷担保；三是组织各资金互助合作社对社员进行信用评定，协调金融部门对资金互助合作社进行信用评定。

3. 业务培训。组织会员参加技术、职业培训，提高发展生产、增强经济能力和管理水平。

4. 经营服务。协调会员之间的合作关系，实现资源互补，根据市场供需情况，组织社员购销所需的生产资料、农产品；组织实施农业项目；组织实施引进、推广新技术、新品种，进行技术交流服务；指导各会员单位提高资金使用效率，增加积累，防范风险。

5. 管理、协调服务。依据会员大会决定，由监事会组织对资金互助合作社的财务状况、贷款发放及使用等进行监管，并制订行业自律公约，确保健康运行。

五、联合会的部门设置与职责

理事会设立五个部门及其职责（暂定）

1. 秘书处：受理事长委托主持日常工作。

2. 信息与培训服务部：通过多种方式不定期的向会员提供生产、技术、市场、农业项目信息；组织会员参加技术培训和管理培训，提高发展生产和经营管理水平。

3. 项目服务部：组织实施农业项目及项目评审；组织会员购销所需的生产资料、农产品；组织实施订单农业；组织实施引进、推广新技术、新品种，进行技术交流服务。

4. 金融服务部：一是依照行业自律约定，帮助资金互助合作社调剂资金；二是为会员提供项目贷款担保服务；三是组织各资金互助合作社对其社员信用评定，协调金融部门对资金互助合作社信用评定。

5. 管理与协调服务部：依据会员大会决定，由监事会组织对各资金互助社财务状况、贷款发放、使用等进行监管；与各会员单位协商，制订行业自律公约，指导各会员单位提高资金使用效率，增加积累，防范风险，确保健康运行。

六、建议给予联合会的扶持政策

一是免征联合会的税金；二是允许联合会在国家金融政策规定范围内自主确定资金使用费率；三是给予联合会对内部会员担保的权利，为其会员融资提供担保服务；四是有关部门要简化手续，及时为联合会办理注册、登记；五是金融机构应予以联合会开设银行账户并予以相应的贷款支持；六是金融机构为各农民资金互助合作社、联合会贷款，由县担保公司提供担保，县政府将根据贷款数额给金融机构一定的奖励。

七、实施步骤

1. 宣传发动，会员填写登记表。
2. 起草、修改联合会章程，待会员大会通过。
3. 到民政局办理登记手续。
4. 确定联合会办公地点。
5. 召开联合会成立大会，通过章程，选举产生理事会、理事长、监事会、监事长、秘书长等。
6. 联合会开始运转。

凤阳农民资金互助合作社联合会章程

第一章 总 则

第一条 为保护会员的合法权益，增加会员收入，促进本会发展，依照《中华人民共和国农民专业合作社法》、《农村资金互助社管理暂行规定》和有关法律、法规、政策，制定本章程。

第二条 本会由各农民资金互助合作等相关法人机构发起，于 年 月 日召开设立大会。

本会名称： 合作社联合会，会员出资总额 元。其中：

本会法定代表人：

本会住所： 邮政编码： 。

第三条 本会以服务会员、谋求全体会员的共同利益为宗旨。入社自愿，退社自由；民主决策，民主管理；实行自主经营，自我管理；经济参与，利益共享，风险共担，盈余按照出资比例返还。

第四条 本会以会员为主要服务对象，依法为会员提供农业生产资料的购买，农产品的销售、加工、运输以及与农业生产经营有关的技术、信息、信贷等服务。主要业务范围如下：

（一）提供信息服务，实现信息共享。协调会员之间的合作关系，通过多种方式不定期的向会员提供生产、技术、市场信息、咨询及业务服务；组织农产品展示、展销、信息发布，实施农产品推介工作，开展促销服务，努力促进互助社共同发展。

（二）开展信贷服务，建立风险补偿机制。一是调剂各合作社资金余缺，办理代理业务和结算业务；二是与金融机构恰谈，向银行业金融机构融入资金为农民资金互助合作提供信贷支持；三是通过联合会的担保公司为农民资金互助合作社提供贷款担保服务。

（三）提供业务培训。组织社员参加技术、职业培训，提高发展生产、增强经济能力和管理水平。

（四）组织采购、供应会员所需的生产资料；组织收购、销售会员生产的产品；开展会员所需的运输、加工、包装等服务；引进新技术、新品种，开展技术培训、技术交流和咨询服务。

（五）严格监督管理。由监事会组织对各互助社财务状况、贷款发放、财务约束等进行监管，加强风险防范，确保健康运行。

第五条 本会对由会员出资、公积金、财政补助、他人捐赠以及合法取得的其他资产所形成的财产，享有占有、使用和处分的权利，并以上述财产对债务承担责任。

第六条 经会员大会讨论通过，本会投资兴办与本会业务内容相关的经济实体；接受与本会业务有关的单位委托，办理代购代销等中介服务；向政府有关部门申请或者接受政府有关部门委托，组织实施国家支持发展农业和农村经济的建设项目；按决定的数额和方式参加社会公益捐赠。

第七条 本会及全体会员遵守社会公德和商业道德，依法开展生产经营活动。

第二章　会　员

第八条　具有农民资金互助合作社法人资格，或其他机构法人资格；能够利用并接受本会提供的服务，承认并遵守本章程，履行本章程规定的入会手续的；入会（股）资金为自有资金且来源合法；达到本章程规定的入会（股）金额起点；诚实守信，声誉良好；可申请成为本会会员。

第九条　本会会员的权利：

（一）参加会员大会，并享有表决权、选举权和被选举权；

（二）利用本会提供的服务；

（三）按照会员大会决议享有本会盈余分配权；

（四）查阅本会章程、会员名册、会员大会记录、理事会会议决议、监事会会议决议、财务会计报告和会计账簿；

（五）对本会的工作提出质询、批评和建议；

（六）提议召开临时会员大会；

（七）自由提出退社声明，依照本章程规定退出本会。

第十条　本会会员大会选举和表决，实行一人一票制。

第十一条　本会会员的义务：

（一）遵守本会章程和各项规章制度，执行会员大会和理事会的决议；

（二）按照章程规定向本会出资；

（三）积极参加本会各项业务活动，接受本会提供的技术指导，按照本会规定的质量标准和生产技术规程从事生产，履行与本会签订的业务合同，发扬互助协作精神，谋求共同发展；

（四）维护本会利益，保护本会会员共有财产；

（五）不从事损害本会会员共同利益的活动；

（六）不得以其对本会或者本会其他会员所拥有的债权，抵销已认购或已认购但尚未缴清的出资额；不得以已缴纳的出资额，抵销其对本会或者本会其他会员的债务；

（七）承担本会的亏损。

第十二条 会员有下列情形之一的，终止其会员资格：

（一）主动要求退社的；

（二）会员组织破产、解散的；

（三）被本会除名的。

第十三条 会员要求退社的，须在会计年度终了的六个月前提出（法定）。退社会员的会员资格于该会计年度结束时终止。资格终止的会员须分摊资格终止前本会的亏损及债务。

会员资格终止的，在该会计年度决算后____个月内（注：不应超过三个月），退还记载在该会员账户内的出资额和公积金份额。如本会经营盈余，按照本章程规定返还其相应的盈余所得；如经营亏损，扣除其应分摊的亏损金额。

会员在其资格终止前与本会已订立的业务合同应当继续履行。

第十四条 会员有下列情形之一的，经会员大会讨论通过予以除名：

（一）不履行会员义务；

（二）给本会名誉或者利益带来严重损害的。

本会对被除名会员，退还记载在该会员账户内的出资额和公积金份额，结清其应承担的债务，返还其相应的盈余所得。因前款第二项被除名的，须对本会作出相应赔偿。

第三章 组织机构

第十五条 会员大会是本会的最高权力机构，由全体会员组成。

会员大会行使下列职权：

（一）审议、修改本会章程、组织合作方式、选举办法和各项规章制度；

（二）提名、建议选举通过誉会长、名誉监事长；

（三）选举和罢免理事长、理事、秘书长、副秘书长、监事长、监事会会员；

（四）决定会员出资标准及增加或者减少出资；

（五）审议本会的发展规划和年度业务经营计划；

（六）审议批准年度财务预算和决算方案；

（七）审议批准年度盈余分配方案和亏损处理方案；

（八）审议批准理事会、监事会提交的年度业务报告；

（九）决定重大财产处置、对外投资、对外担保和生产经营活动中的其他重大事项；

（十）对合并、分立、解散、清算和对外联合等作出决议；

（十一）根据理事会的提议聘用经营管理人员和专业技术人员的数量、资格、报酬和任期；

（十二）听取理事会关于会员变动情况的报告。

第十六条 本会实行会员制和合作制组成联合会，由每个农民资金互助合作社法人、有关机构法人和相关部门组成，会员任期三年，可以连选连任。

第十七条 本会每年至少召开一次会员大会，会员大会由理事会负责召集，并提前十五日向全体会员通报会议内容。

第十八条 有下列情形之一的，本会在二十日内召开临时会员大会：

（一）百分之三十以上的会员联名提议；

（二）监事会提议；

（三）理事会提议。

理事会不能履行或者在规定期限内没有正当理由不履行职责召

集临时会员大会的，监事会在十五日内召集并主持临时会员大会。并建议改选理事会。

第十九条 会员大会须有本会会员总数的三分之二以上出席方可召开。会员因故不能参加会员大会，可以书面委托该农民资金互助合作社副理事长列席会议。

会员大会选举或者做出决议，须经本会会员表决权总数过半数通过；对修改本会章程，改变会员出资标准，增加或者减少会员出资，合并、分立、解散、清算和对外联合等重大事项做出决议的，须经会员表决权总数三分之二以上的票数通过。

第二十条 本会设理事长一名，为本会的法定代表人。理事长任期三年，可连选连任。

理事长行使下列职权：

（一）主持会员大会，召集并主持理事会会议；

（二）签署本会会员出资证明；

（三）签署聘任或者解聘本会经理、财务会计人员和其他专业技术人员聘书；

（四）组织实施会员大会和理事会决议，检查决议实施情况；

（五）代表本会或受其他会员书面委托签订合同等。

第二十一条 本会设理事会，对会员大会负责，由九名会员组成，理事长一人，副理事长二人，理事六人，理事会会员任期三年，可连选连任。

理事会行使下列职权：

（一）组织召开会员大会并报告工作，执行会员大会决议；

（二）制订本会发展规划、年度业务经营计划、内部管理规章制度等，提交会员大会审议；

（三）制定年度财务预决算、盈余分配和亏损弥补等方案，提交会员大会审议；

（四）组织开展会员培训和各种协作活动；

（五）管理本会的资产和财务，保障本会的财产安全；

（六）接受、答复、处理执行监事或者监事会提出的有关质询和建议；

（七）根据会员大会决议：决定会员入社、退社、继承、除名、奖励、处分等事项；

（八）根据会员大会决议：决定聘任或者解聘本会经理、财务会计人员和其他专业技术人员。

第二十二条 理事会会议的表决，实行一人一票。重大事项集体讨论，并经三分之二以上理事同意方可形成决定。理事个人对某项决议有不同意见时，其意见记入会议记录并签名。理事会会议邀请监事长、经理和名会员代表列席，列席者无表决权。

第二十三条 理事会设立秘书处、综合部门、担保公司、经营部门。

本会设秘书处，秘书长一人，主持日常工作。设副秘书长两人，协助秘书长日常工作。

秘书处、综合部门、担保公司、经营部门的具体职责由理事会制订。

综合部门、担保公司、经营部门的人员，由理事会根据业务发展情况确定。

第二十四条 本会现任理事长、理事、秘书长、经理和财务会计人员不得兼任监事。

第二十五条 本会理事长、理事、秘书长、经理和管理人员不得有下列行为：

（一）侵占、挪用或者私分本会资产；

（二）违反章程规定或者未经会员大会同意，将本会资金借贷给他人或者以本会资产为他人提供担保；

（三）接受他人与本会交易的佣金归为己有；

（四）从事损害本会经济利益的其他活动。

理事长、理事和管理人员违反前款第（一）项至第（四）项规定所得的收入，归本会所有；给本会造成损失的，须承担赔偿责任。

第二十六条　本会设监事会，由五名监事组成，设监事长一人，监事长和监事任期三年，可连选连任。监事长列席理事会会议。

监事会行使下列职权：

（一）监督理事会对会员大会决议和本会章程的执行情况；

（二）监督检查本会的生产经营业务情况，负责本会财务审核监察工作；

（三）监督理事长或者理事会会员和经理履行职责情况；

（四）向会员大会提出年度监察报告；

（五）向理事长或者理事会提出工作质询和改进工作的建议；

（六）提议召开临时会员大会；

（七）代表本会负责记录理事与本会发生业务交易时的业务交易情况。

第二十七条　监事会会议由监事长召集，会议决议以书面形式通知理事会，理事会在接到通知后五日内就有关质询作出答复。

第二十八条　监事会会议的表决实行一人一票。监事会会议须有三分之二以上的监事出席方能召开。重大事项的决议须经三分之二以上监事同意方能生效。监事个人对某项决议有不同意见时，其意见记入会议记录并签名。

第四章　财务管理

第二十九条　本会实行独立的财务管理和会计核算，严格按照财政部制定的农民专业合作社财务制度和会计制度核定生产经营和管理服务过程中的成本与费用。

第三十条　本会依照有关法律、行政法规和政府有关主管部门的规定，建立健全财务和会计制度，实行每月五日财务定期公开制度。

本会财会人员应持有会计从业资格证书，会计和出纳互不兼任。理事会、监事会会员及其直系亲属不得担任本会的财会人员。

第三十一条 会员与本会的所有业务交易，实名记载于各该会员的账户中，作为按交易量（额）进行可分配盈余返还分配的依据。

第三十二条 会计年度终了时，理事会按照本章程规定，组织编制本会年度业务报告、盈余分配方案、亏损处理方案以及财务会计报告，经执行监事或者监事会审核后，于会员大会召开十五日前，置备于办公地点，供会员查阅并接受会员的质询。

第三十三条 本会资金来源包括以下几项：

（一）会员出资；

（二）每个会计年度从盈余中提取的公积金、公益金；

（三）未分配收益；

（四）财政扶持补助资金；

（五）他人捐赠款；

（六）其他资金。

第三十四条 本会会员用货币出资。

第三十五条 本会会员认缴的出资额，须在一个月内缴清。

经理事长审核，会员大会讨论通过，会员出资可以转让给本会其他会员。

第三十六条 为实现本会及全体会员的发展目标需要调整会员出资时，经会员大会讨论通过，形成决议，每个会员须按照会员大会决议的方式和金额调整会员出资。

第三十七条 本会从当年盈余中提取百分之五的公积金，用于扩大生产经营、弥补亏损或者转为会员出资。本会每年提取的公积金，按照会员出资依比例量化为每个会员所有的份额。

第三十八条 本会从当年盈余中提取百分之二的公益金，用于会员的技术培训、合作社知识教育以及文化、福利事业和生活上的互助互济。

第三十九条　本会接受的财政补助和他人捐赠，均按本章程规定的方法确定的金额入账，作为本会的资金（产），按照规定用途和捐赠者意愿用于本会的发展。在解散、破产清算时，由财政直接补助形成的财产，不得作为可分配剩余资产分配给会员，处置办法按照国家有关规定执行；接受他人的捐赠，与捐赠者另有约定的，按约定办法处置。

第四十条　当年扣除生产经营和管理服务成本，弥补亏损、提取公积金和公益金后的可分配盈余，经会员大会决议，按照下列顺序分配：

（一）按会员出资比例返还，返还总额不低于可分配盈余的百分之________（注：依法不低于百分之六十，具体比例由会员大会讨论决定）；

（二）按前项规定返还后的剩余部分，以会员账户中记载的出资额和公积金份额，按比例分配给本会会员，并记载在会员账户中。

本会接受国家财政补助和他人捐赠形成的财产不量化到会员。

第四十一条　本会如有亏损，经会员大会讨论通过，用公积金弥补，不足部分也可以用以后年度盈余弥补。

本会的债务用本会公积金或者盈余清偿，不足部分依照会员账户中记载的财产份额，按比例分担，但不超过会员账户中记载的出资额和公积金份额。

第四十二条　监事会负责本会的日常财务审核监督。根据会员大会的决定本会委托审计机构对本会财务进行年度审计、专项审计和换届、离任审计。

第五章　合并、分立、解散和清算

第四十三条　本会与其他社合并，须经会员大会决议，自合并决议作出之日起十日内通知债权人。合并后的债权、债务由合并后存续或者新设的组织承继。

第四十四条 经会员大会决议分立时，本会的财产作相应分割，并自分立决议作出之日起十日内通知债权人。分立前的债务由分立后的组织承担连带责任。但是，在分立前与债权人就债务清偿达成的书面协议另有约定的除外。

第四十五条 本会有下列情形之一，经会员大会决议，报登记机关核准后解散：

（一）本会会员人数少于五名会员；

（二）会员大会决议解散；

（三）本会分立或者与其他农民专业合作社合并后需要解散；

（四）因不可抗力因素致使本会无法继续经营；

（五）依法被撤销。

第四十六条 本会因前条第一项、第二项、第四项、第五项情形解散的，在解散情形发生之日起十五日内，由会员大会推举名会员组成清算组接管本会，开始解散清算。逾期未能组成清算组时，会员、债权人可以向人民法院申请指定会员组成清算组进行清算。

第四十七条 清算组负责处理与清算有关未了结业务，清理本会的财产和债权、债务，制定清偿方案，分配清偿债务后的剩余财产，代表本会参与诉讼、仲裁或者其他法律程序，并在清算结束后，于____日内向会员公布清算情况，向原登记机关办理注销登记。

第四十八条 清算组自成立起十日内通知会员和债权人，并于六十日内在报纸上公告。

第四十九条 本会财产优先支付清算费用和共益债务后，按下列顺序清偿：

（一）已发生交易所欠款项；

（二）所欠员工的工资及社会保险费用；

（三）所欠税款；

（四）所欠其他债务；

（五）归还会员出资、公积金；

（六）按清算方案分配剩余财产。

清算方案须经会员大会通过或者申请人民法院确认后实施。本会财产不足以清偿债务时，依法向人民法院申请破产。

第六章 附 则

第五十条 本会需要向会员公告的事项，采取＿＿＿＿＿方式发布，需要向社会公告的事项，采取＿＿＿＿＿方式发布。

第五十一条 本会根据发展情况，由理事会负责制订股权管理办法，经会员大会通过后实施。

第五十二条 本章程由设立大会表决通过，全体设立人签字后生效。

第五十三条 修改本章程，须经半数以上会员或者理事会提出，理事会负责修订，会员大会讨论通过后实施。

第五十四条 本章程由本会理事会负责解释全体设立人签名、盖章。

附录 4：凤阳县农民资金互助合作社联合会工作总结

（2009 年 4 月——2010 年 12 月）

凤阳县委县政府为积极探索解决农村社会发展过程中合作社的

资金瓶颈问题，加快社会主义新农村建设的步伐，提高农民的自我服务、自我发现、自我发展的能力，促进农业增产增收，以实践科学发展观为指导，继续弘扬“大包干”精神，倡导农民开展金融合作、资金互助，大力推行生产合作与资金互助合作相结合的“1+1”模式，在全县范围内开展了农民资金互助合作社试点工作。

自2008年试点以来，我县农民资金互助合作社有57家，入股资金1915.1万元，会员1755户。为加强对农民资金合作社的管理、协调、引导农民资金互助合作社进入市场和依法融资。县农民资金合作社联合会2009年4月成立以来，在县委县政府的领导与支持下，在全体会员的努力下取得了一定的成效，现将有关情况汇报如下：

一、主要成效与做法

坚持以资金互助合作社促进生产合作社发展，将生产合作社与市场密切联系，带动资金运转，发展农村产业，带动农民增收致富（即：“1+1”模式）。

1. 运行规范，稳步发展。57家资金互助合作社资金运做基本良好，借贷手续规范，目前没有不良贷款；为社员提供统一生产资料服务、统一销售农副产品服务，降低了生产成本，深受社员的欢迎。较好的有：小岗葡萄、燃灯黄张、阳光大庙东陵、西陵、总铺联众瓜果、武店财农蛋鸡、财农蔬菜、府城大王府、板桥吉利果、临淮瑞星、濠州、红心蒋庄、李武、殷涧宋集、官塘龙坝，西泉蔬菜。以上17家资金互助合作社和产业合作社分别给社员提供订单农业服务、提供统一生产资料服务、统一销售农副产品服务；提供担保贷款服务；还利用股金贷款给社员、解决社员急需的生产资金。

2. 改善了农村金融渠道单一、农民贷款难的问题。农民资金互助社的创立，解决了部分农民长期以来由于缺乏抵押物造成的贷款难问题。由于资金互助合作社贷款周期短、小额、无息或低息，社员需借用资金，不需要任何抵押手续，有的10天以内的予以免息；有的一个月内的予以免息，还有半年内的予以免息；有的借款1个月按6厘利，3个月按7厘，最高利率9厘；大多数低于信用社月利率9厘，充分体现了资金互助合作社成员互帮互助的精神。临淮镇濠州农民资金互助合作社月利率9厘、东陵农民资金互助合作社月利率9厘、黄张农民资金互助合作社月利率6~9厘。财农资金互助合作社给社员4000元无息借款，支持建钢管蔬菜大棚。

3. 开发了新的金融模式，为农村金融可持续发展开辟了新的路径。在探索农民资金互助合作社发展过程中，尝试了两种合作模式：

一是由金融机构委托资金互助社向社员贷款，使资金互助社成为金融机构的最新客户，将原来由一对一服务农户改为服务资金互助社，再由资金互助社服务社员，从而大大节约了交易成本和信息成本。一年多来，金融机构通过资金互助社向社员或资金互助社贷款3087万元，截止目前为止，还贷率100%。

二是由资金互助社将社员的股本金作为风险担保金存入金融机构，金融机构根据股本金大小确定对资金互助社的信贷额度，如果出现呆坏账，则由股本金承担风险，从而大大激励了农民资金互助社内部约束机制和信用机制的形成。

4. 增加了农村信贷投入，实现了农民、企业和金融机构三方多赢的局面。新型合作金融制度的创立，促进了农村信贷的投放，不仅社员受益，附近农民也受益，龙头企业和金融机构也分享了资金互助合作社带来的效益。燃灯社区8户农民最初筹资2400元，成立了燃灯村黄张种植资金互助合作社，与当地牧业公司签订供应玉米秸秆青储饲料的合同，农户每亩玉米增收了400多元，资金互助合作社也取得服务收入3万元，当年每个社员每股分红1200元。龙头企业由于饲料就地收购，节约了5.1万元（510亩地，每亩节约运输成本100元）成本。资金互助合作社还利用100多亩集体土地作为实验基地，引种了经济效益较高的葛藤、杭白菊、甘蔗等经济作物，取得了良好效益。目前，已从刚成立时的8户社员发展到102户，入股资金从最初的2400元发展到了32万元。

5. 促进了土地流转。农民资金互助合作社的发展，有力地带动了当地产业结构的调整，也促进了土地的流转。2009年下半年以来，大庙东陵村农民资金互助合作社与当地村民签订土地流转合同500亩，发展蔬菜大棚产业；武店财农资金互助合作社流转土地580亩，用于蔬菜种植基地建设；黄张种植资金互助合作社承包村100多亩集体土地作为实验基地。大王府农民资金互助合作社流转土地300亩，西泉蔬菜合作社流转土地510亩。

6. 积极争取、落实项目。为推动资金互助合作社的发展，联合会多措并举，千方百计为资金互助合作社发展争取政策性扶持资金。截止到2010年12月底，全县16家合作社共获得国家、省、市、县级项目扶持资金共达215万元。如府城镇大王府村蔬菜专项资金互助业合作社在县农委、财政局和农业综合开发办的支持下，争取了国家财政农业综合开发农业产业化项目无偿资金45万元，扩建了精品瓜菜基地建设100亩，正在建9座冬暖式大棚。十家资金互助合作社获得10万元信息项目。为解决蛋鸡合作社鸡粪污染问题，联合会联系能源办为其提供国家沼气项目资金60万元，为武店财农资金互助合作种植冬季大棚蔬菜的社员提供沼液，作为肥料，生产出绿色蔬菜。武店财农资金互助合作社主动争取国家财政支持35万元、省共青团支持青年创业13.6万元。

7. 密切联系、协商，争取金融部门给予资金互助合作社授信、贷款。资金是资金互助合作社发展的有力保障，为增加资金互助合作社的发展，联合会积极寻求四家银行（农行、信用联社、邮政储蓄、利民村镇银行）的支持。2010年年初到现在，县联合会根据全县资金互助社种植、养殖、加工及其他四类型，从56家资金互助合作社申报的42个发展项目中，筛选出32个资金互助合作社发展项目，分别推荐给农行、邮政储蓄、信用联社、村镇银行，建议给予授信考察。

截止到2010年底，通过金融机构考察，对全县30家农民资金互助合作社进行授信，授信总金额达2326.5万元，实际使用授信2172万元。

8. 帮助资金互助合作社与市场对接，发展定单农业，打造凤阳农产品品牌。通过联合会帮助和资金互助合作社的共同努力，订单合同得到了发展，初步形成：生产定单到社员，销售定单到超市的局面。

武店财农资金互助合作社的大棚蔬菜销入合肥合家福连锁超市、合肥周谷堆批发市场、凤阳好又多超市；与江苏李龙公司签订常规蔬菜常年供销合同；与合肥华泰集团签订订单合同，每天供应3~4吨鸡蛋；还与伊利集团、合肥青松食品厂签订了鸡蛋常年供销合同。武店财农资金互助合作社蔬菜和鸡蛋年销售额达2300万元。

小溪河镇燃灯村黄张资金互助合作社，与当地大明牧业公司签订供应1600亩玉米秸秆青储饲料的合同，可为农民增收近160万元，2年来，黄张农民资金互助合作社发展迅速，社员从最初的8户发展到现在的102户，入股资金从最初的2400元，发展到如今的32万元。年销售收入120万元。燃灯黄张农民资金互助合作社社员去年每亩平均增加收入860元。

板桥吉利果资金互助合作社与上海华然食品公司签订花生、蚕豆每月100万元合同，全年签订1200万元合同。

大王府村、东陵村的无公害大棚蔬菜已进入蚌埠大学城、安徽科技学院等高校。

在发展农民资金互助合作社的过程中，涌现出了："凤阳县大王府牌无公害蔬菜"、"凤阳县武店财农无公害蔬菜"、"凤阳县小岗村葡萄"、"凤阳县总铺巨峰葡萄"等自主品牌。

9. 示范引路，带动发展。近年来，联合会主要做好培育典型，示范引路工作，在全县树立十家县级示范合作社、推荐市批准五家市级示范合作社、推荐省批准省级示范合作社两家、推荐给国家正在审核示范合作社一家。

用以上典型合作社，去指导全县农民资金互助合作社，带动农民资金互助合作社发展市场需要的农产品，引导农民资金互助合作社进行信用合作。

10. 加强监督，规范运行，实行政府监督与行业自律相结合运行机制。

一是明确办社宗旨和办社原则，坚持产业合作和资金合作的"1+1"模式。农民资金互助合作社是农民资金合作组织，不能办成金融机构和从事社会金融服务的组织。兴办生产和资金互助合作社，主要是为农业产业提供各种服务，增加农业资金投入，努力提高农民的组织化程度和市场竞争力。在办社原则上坚持政府引导不包办；坚持民办、民管、民受益；坚持以村或农民资金互助合作社内部为活动范围；坚持入社自愿、退社自由，自我管理，自我风险控制。

二是规范合作社的管理。农民资金互助合作社根据国家农民专业合作法有关规定，制定章程和各项管理制度。健全农民资金互助合作社的理事会、监事会和经营管理机构，有符合法律法规程序要求的注册登记手续。

三是加强稽核制度。资金互助社联合会根据与农民资金互助合作社的约定，制定了《凤阳县农民资金互助合作社管理暂行办法》、《凤阳县农民资金互助合作社评估办法》的行业自律规定，明确了对资金互助社成员的业务培训、稽核，定期开展专项检查的事项。

11. 积极培训，提高资金互助合作社负责人和会计素质。

一是组织会长、监事长培训。2009 年 5 月，联合会推荐组织 10 名发展较好的资金互助合作社监事长赴安徽财大培训，学习相关政策法律法规；7 月 17 日，联合会组织带领全县 52 名资金互助合作社负责人赴滁州市党校进行培训；10 月、11 月，相继组织 6 名资金互助合作社社长到山东、河南学习；2010 年 3 月全县选送 2 名合作社带头人赴日本参加学习培训；4 月农业部第一期农村实用人才带头人培训班在凤阳召开，我县选派 6 名农村带头人；近期，我们已经推荐 3 名合作社带头人赴山东威海参加农村合作社带头人培训。

二是培训会计。采取集中与分散培训相结合的方式，去年 5 月集中对 57 家农民资金互助合作社会计已培训一次，于 11 月份又分片培训一次，实现了统一会计科目、账本，基本达到做账要求。

三是帮助资金互助合作培训。主要是组织教员讲课和提供示范培训基地，目前，已在大王府、东陵、武店三个资金互助合作社建立了示范培训基地。

12. 互相学习、互相交流。凤阳县农民资金互助合作社受到了来自多方的关注，自联合会成立以来，接待了：国家农业部、国家财政部、人民银行总行、工商银行总行、省和市等相关部门领导；江苏省盐城市、大丰县，山西省运城市，河北省琢州市等外省、市相关人员；安徽省合肥市、芜湖市、阜阳市、淮南市、安徽财经大学、安徽师范大学等省、市调研人员 26 批，共达 600 人次。（如 2009 年 6 月 17 日河北省琢州市市委常委、农工委书记赵西坡等一行 10 人前来调研；6 月 19 日，山西运城市农业局局长带领各县副县长、相关乡镇党委书记等一行 42 人前来参观学习；12 月 17 日芜湖市农委副主任周浩、安徽师范大学教授、博导蒋玉珉一行等；2010 年 3 月人民银行总行王小亚局长一行 6 人来凤阳调研）。

为更好的互相交流、互相学习，取长补短，发现不足，总结经验，借鉴吸收其他地区的先进思想和经验，有利于理清思路，2009年10月，联合会建立了自己的网站（www. fengyangca. com），有利于外界了解我县农民资金互助合作社的发展情况和模式，可以增进了解，避免或减少误会，有利于扩大凤阳县合作社农产品的影响力，有利于提升“凤阳品牌”的美誉度和知名度。

二、存在的困难和问题

1. 发展不平衡。规范的和经营较好的不多，一般化的占多数，还有一部分发展思路不明确，发展潜力不足，只停留在创办初期，如，村两委主要干部任资金互助合作社社长的，基本没有运作。

2. 会计人员业务差，做不好账。

3. 农民资金互助合作社缺乏固定资产，农民资金互助合作社的法人地位得不到金融部门的认可，难以向金融部门提供有效的担保；农民资金互助合作社农业产业发展与目前金融部门短周期、高利率的金融产品难以衔接，农民资金互助合作社发展后劲不足。

4. 资金互助合作社整体人员文化素质不高，难以及时有效的获悉国家相关扶持政策，信息的不对称客观上造成了一些国家扶持政策资金没有落到切实需要发展的合作社上。

5. 资金互助合作社所在地政府没有指导、帮助。有些乡镇负责人没有认识到指导、帮助资金互助合作社发展的重要意义，是目前调整农村生产关系的重要组成部分，是帮助农民致富、建设新农村的重要工作。

6. 目前，国家尚无金融政策给予资金互助合作社基准利率支持，资金互助合作社资金紧张，运行缓慢。

三、建议

凤阳县是中国改革开放的发源地，同时也是全国农村金融改革的试点地。目前，凤阳县的农民资金互助合作社已经得到国家和本省金融部门的率先试点认可，在全国都有一定的影响力，但我县的资金互助合作社发展还处于初级起步阶段，为了尊重广大农民群众的首创精神，调动农民发展积极性，增强合作社发展后劲，建议：

1. 为鼓励先进，激励后进，促进凤阳县农民资金互助合作组织整体发展上水平，每年评选出 3 ~ 5 个发展较好的资金互助合作社、支持资金互助合作社的金融机构、帮助资金互助合作社解决困难的龙头企业给予一定奖励，以促进资金互助合作社更好更快发展，同时给予资金互助合作社、龙头企业优先申报省、市级扶持项目，以鼓励先进，激励后进，促进凤阳县资金互助合作组织整体发展上水平。

2. 进一步对会长、监事长和会计培训。每年至少举办会长、监事长和会计培训班一次。同时，组织部分发展好的资金互助合作社，去外地考察、学习。

3. 对发展好的专业合作社，合作社有要求加入联合会的，经考查，提交联合会会员大会同意，可以加入联合会。

4. 对发展运行存在问题的合作社，由工商、民政部门予以注销。

5. 金融部门对资金互助合作社给予倾斜，继续做好授信、使用授信、贷款工作，在 2009—2010 年的基础上授信、使用授信各增加一倍，尤其是要提高使用授额度，要达到 80% 以上。

6. 在有关会议上进一步宣传指导、帮助资金互助合作社发展的重要意义，对已经建立的资金互助合作社，乡镇要确定一名负责人，经常性的帮助解决困难，督促发展，引导规范。

7. 向国家有关部门汇报，争取政策支持。目前，国家尚无金融政策给予基准利率支持，为推动、引导“1+1”模式的资金互助合作社的发展，建议给予基准利率支持，把农民资金互助合作社真正做为农村金融的补充。

凤阳县农民资金互助合作社联合会秘书处

2010年12月30日

参 考 文 献

外文文献：

1. Adams, Dale W. and Fitchett, Delbert A: "Informal Finance in Low - Income Countries. Boulder, San Francisco and Oxford," Westiview Press, 1992.

2. Alchian. A Demsetz. H. Production: "Information Costs and Economic Organnization." American Economic Reviews. 1972. 62.

3. Allen, Franklin and Douglas Gale: "Financial Intermediaries and Markets", the Wharton Financial Institutions Center, 2003 (5).

4. Allen, Franklin, Jun Qian and Meijun Qian: "Law, Finance, and Economic Growth in China", the Wharton Financial Institutions Center, 2002 (12).

5. Barzel, Y.: "Economic Analysis of Property Rights." Cambridge: Cambridge University Press, 1989.

6. Bell C.: "Interaction between Institutional and Informal Credit Agencies in Rural India." World Bank Economic Review, 1990, 4 (3): 297 - 327.

7. Besley, Timonthy , Sanjay Jaim and Charalambos Tsangarides: "Household participation in formal and informal institutions in rural credit markets in developing countries: evidence from Nepal", The World Bank, Wonld Development Report, 2001.

8. Bose P.: "Formal - informal Sector Interaction in rural credit markets." Journal of Development Economics, 1998 (56): 265 - 280.

9. Chayanov, A. V. : "The Theory of Peasant Economy, Madison", University of Wisconsin Press, 1986.

10. "Cooperative Financing and Taxation", Cooperative Information Report. 1995.

11. Ernest Aryeetey. "Informal Finance for Private Sector Development in Africa" . A background paper prepared for the African Development Report 1998. www. afdb. org/knowledge/publications/pdf/r_financel1999. pdf.

12. Fukuyama, F. Trust: "The Social Virtues and the Creation of Prosperity", Interational Creative Management, Inc. U. S. A. 1995.

13. Heiko Schrader: "Informal Finance and intermediation." University of Bielefeld, Sociology of Development Research Centre, Working Paper No. 252.

14. Hurwicz, L. : "On informationally decentralized systems," in Radner & Mcguire, Decision and Organization. North – Holland, Amsterdam, 1972.

15. Hurwicz, L. : "The design of mechanisms for resource allocation", American Economic Review 1973, 63 (2) pp. 1 –30.

16. Joseph E. Stiglitz, Andrew Weiss. : "Credit rationing inMarkets with Imperect Information" . The American Economic Review. vol. 71, pp. 393 –410, June 1981.

17. Kellee Tsai: "Beyond Banks: The Local Logic of Informal Finance and Private Sector Development in China." Presented at the Conference on Financal Sector Reform in China September, 2001.

18. Mark J. Garmaise, Tobias J. Moskowitz. : "Informal Finance Networks: Theory and Evidence." NBER Working Paper 8874, 2002.

19. Maskin, E. : "Nash equilibrium and welfare optimality", paper presented at the summer workshop of the Econometric Society in Par-

is, June 1977.

20. Myerson, R.: "Multistage games with communication", Econometrica, 1986 (54): 323 – 358.

21. Pinakl Bose.: "Formal – informal Sector Interaction in Rural Credit Markets." Journal of Development Economics 1998 (56): 265 ~ 280.

22. Pischke, W Adams, Donald.: "Rural Financial Management in Agriculture." The Interstate Printers & Publishers, inc., 1988.

23. Popkin, S.: "The Rational Peasant: the political Economy of rural Society in Vietnam," Berkeley: University of Califorlia Press. 1979.

24. Stiglitz, and Weiss, (1981): "Credit rationing in markets with imperect information." American Economic Review 71, 93 ~ 410.

25. Stiglitz, and Weiss, (1986): "Credit rationing and collaterl in Edwards," J., Franks, J. Mayer, C., Toynbee, A. J., A Study of History. London: Oxford University Press, 1956.

26. Yaron, Jacob.: "How Can RFI Performance Be Assessed?" In: Yaron, Jabcob. Successful Rural Finance Institution. World Bank DisCussion Paper150, Washington 1992.

中文文献：

1. 爱德华·肖：《经济发展中的金融深化》，社会科学出版社，1988 年版。

2. 白钦先等：《各国农业政策性金融体制比较》，中国金融出版社，2006 年版。

3. 曹力群："农村金融改革与农户借贷行为研究"，《中国农村研究》，2001 年第 2 期。

4. 曹啸：《金融体系的内生演进与制度分析》，中国金融出版社，2006 年版。

5. 陈锡文："土地承包权、宅基地和农民房产不能抵押"，《新华网》，2008 年 10 月 22 日。

6. 陈超："关于发展我国农村合作金融的思考"，《金融与经济》，1999 年第 1 期。

7. 陈国进："日本金融制度变迁的路径依赖与适应效率"，《金融研究》，2001 年第 12 期。

8. 陈浪南、谢清河："我国小额信贷研究"，《农业经济问题》，2002 年第 3 期。

9. 陈松林："农业信贷资金供需格局新变化的实证分析"，《经济研究参考》，2001 年第 10 期。

10. 陈耀芳、邹亚生：《农村合作银行发展模式研究》，经济科学出版社，2005 年版。

11. 陈颖、王胜邦："小额信贷机构监管的国际经验和中国实践"，《新金融》，2006 年第 7 期。

12. 成思危：《改革与发展：推进中国的农村金融》，经济科学出版社，2005 年版。

13. 程恩江等："我国农村信用社经营状况、补贴及其政策含义：以江苏为例"，《金融研究》，2003 年第 3 期。

14. 崔满红：《中国欠发达地区金融、企业、政府协调机制研究》，中国财政经济出版社，2005 年版。

15. 丁为民：《西方合作社的制度分析》，经济管理出版社，1998 年版。

16. 丁洲锋、孙习样、聂鸣："小额信贷支农探讨"，《宏观经济研究》，2006 年第 1 期。

17. 杜晓山、孙若梅："中国小额信贷的实践和政策思考"，《财贸经济》。

18. 杜晓山、刘文璞：《小额信贷原理及运作》，上海财经大学出版社，2001年版。

19. 范迪军："家庭承包制视角下农户合作金融的制度安排"，《经济参考报》，2009年2月27日。

20. 范迪军："欠发达地区更需金融支持"，《农民日报》，2008年8月18日。

21. 范迪军："欠发达县域新农村建设困境与出路"，《华东经济》，2007年第10期。

22. 范恒森："金融制度学探索"，中国金融出版社，2000年版。

23. 方贤明："社会主义市场经济中的农村合作金融组织"，《金融研究》，1998年第3期。

24. 冯兴元、何广文、杜志雄等：《中国乡镇企业融资与内生民间金融组织制度创新研究》，山西经济出版社，2006年版。

25. 傅晨："新一代合作社：合作社制度创新的源泉"，《中国农村经济》，2003年第6期。

26. 傅晨：《中国农村合作经济：组织形式与制度变迁》，中国经济出版社，2006年版。

27. 高连和：《构建农户融资保障新机制的理论探讨》，《理论探讨》，2006年第1期。

28. 葛兆强："中国金融制度变迁的经济学分析"，《山西财经大学学报》，2000年第2期。

29. 庚力："有关中国小额贷款组织试点问题"，《农村金融改革与小额信贷研讨培训班资料》，2006年。

30. 郭家万：《中国农村合作金融》，中国金融出版社，2006年版。

31. 郭郛："农村金融资源非农化的治理"，《东北财经大学》，2004年第5期。

32. 郭明奇："小额信用贷款与农村信用体系建设"，《金融研究》，2002 年第 10 期。

33. 郭田勇、郭修瑞："开放经济下中国农村金融市场博弈研究"，经济科学出版社，2006 年版。

34. 韩俊等：《中国农村金融调查》，上海远东出版社，2007 年版。

35. 何广文、冯兴元等：《农户信贷、农村中小企业融资与农村金融市场》，中国财政经济出版社，2005 年版。

36. 何广文、欧阳海洪："把握农村金融需求特点，完善农村金融服务体系"，《中国金融》，2003 年第 11 期。

37. 何广文：《合作金融发展模式及运行机制研究》，中国金融出版社，2001 年版。

38. 何敏峰："完善农户小额信用贷款制度的政策建议"，《金融实务》，2005 年第 6 期。

39. 河北省农村小额信用贷款课题组："农村小额信贷可持续发展的思考"，《经济与管理》，2004 年第 10 期。

40. 黄仁宇：《十六世纪明代中国之财政与税收 1974》，生活·读书·新知三联书店，2001 年版。

41. 胡金华："试论农业产业化与农业信贷的关系"，《老区建设》，2003 年第 5 期。

42. 胡金炎："非正规金融与小额信贷：一个理论评述"，《金融研究》，2004 年第 7 期。

43. 黄心田、易法海："小额信贷的制度核心、类型及启示"，《中国软科学》。

44. 江曙霞、罗杰等：《中国金融制度供给》，中国金融出版社，2007 年版。

45. 蒋定之："探索农村信用社改革发展之路"，《中国金融》，2008 年。

46. 焦瑾璞等：《农村金融体制和政府扶持政策国际比较》，中国财政经济出版社，2007 年版。

47. 赖斌：“农村合作金融体制改革的模式选择与制度创新”，《西南金融》，1998 年。

48. 李春来：“中国农村信贷制度的演变及其适应性”，《当代经济研究》，2004 年第 10 期。

49. 李恩兹：《合作金融概论》，西南财经大学出版社，1997 年版。

50. 李辉：“实现小额信贷可持续发展的思考”，《辽宁大学学报（哲学社会科学版)》，2005 年。

51. 李建军：《中国地下金融规模与宏观经济影响研究》，中国金融出版社，2005 年版。

52. 李锐、李宁辉：“农户借贷行为及福利效果分析”，《经济研究》，2004 年第 12 期。

53. 林业亨：“从国外经验看我国农业合作金融的发展模式”，《农业经济》，1999 年第 2 期。

54. 刘恒保：“推进我国农村合作金融改革的思考和建议”，《经济参考》，2000 年第 8 期。

55. 刘玲玲、杨思群等：《中国农村金融发展研究》，清华大学出版社，2008 年版。

56. 刘民权等：《中国农村金融市场研究》，中国人民大学出版社，2006 年版。

57. 刘岩等：“合作金融的制度分析”，《东北财经大学学报》，2000 年第 5 期。

58. 刘世定：“低层政府干预下的软风险约束与农村合作基金会”，《社会学研究》，2005 年。

59. 卢现祥：《新制度经济学》，武汉大学出版社，2004 年版。

60. 罗必良：《新制度经济学》，山西经济出版社，2005 年版。

61. 罗春玲、谢家智：“农村金融体系的制度创新”，《金融与保险》，2005 年第 4 期。

62. 马忠富："农村信用社改革成本及制度创新"，《金融研究》，2001 年第 4 期。

63. 马忠富：《中国农村合作金融发展研究》，中国金融出版社，2001 年版。

64. 茅于轼："兴办小额贷款的几点经验"，《农村金融研究》，2006 年第 2 期。

65. 梅金平、欧阳高晖等："农村信用社产权改革的制度经济学思考"，《财贸经济》，2004 年第 6 期。

66. 农业银行总行农业信贷部："农村经济新形势与农业信贷新思路"，《农村金融研究》，2001 年第 6 期。

67. 史清华、陈凯："欠发达地区农民借贷行为的实证分析"，《农业经济问题》，2002 年第 10 期。

68. 四川金融学会传川南片区课题组："关于我国合作金融的研究"，《四川金融》，1998 年第 3 期。

69. 宋宏谋：《中国农村金融发展问题研究》，山西经济出版社，2003 年版。

70. 宋晓东："浅谈农业信贷需求的制约因素及对策"，《中国农村信用合作》，1999 年第 8 期。

71. 苏亮瑜："农户金融服务需求实证研究"，《南方金融》，2007 年第 3 期。

72. 孙若梅：《小额信贷与农民收入：理论与来自扶贫经济合作社的经验数据》，中国经济出版社，2003 年版。

73. 孙若梅："小额信贷在农村信贷市场中作用的探讨"，《中国农村经济》，2006 年第 8 期。

74. 谭崇台：《发展经济学》，上海人民出版社，1989 年版。

75. 唐寿宁："对非正规金融部门的解释与再解释"，《中国社会科学季刊（香港）》，1997 年（香港）秋季卷。

76. 王爱俭：《20世纪国际金融理论研究：进展与评述》，中国金融出版社，2005年版。

77. 王慧敏：“谈我国农村合作金融体制的现状”，《经济师》，2000年第3期。

78. 王家传、张乐柱：“农村信用社经营目标与发展模式再探”，《中国农村经济》，2003年第10期。

79. 王景富：“农村信用社推广农户小额信用贷款的实证研究”，《金融研究》，2002年第9期。

80. 王群林：《中国农村金融制度——缺陷与创新》，经济管理出版社，2006年版。

81. 王锐、张韶华：“县域金融服务中的信贷制度安排”，《上海金融》，2004年第4期。

82. 王曙光：《草根金融》，中国发展出版社，2008年版。

83. 王曙光：“农村金融市场开放和民间信用阳光化：央行和银监会模式比较”，《中共中央党校学报》，2007年第2期。

84. 王曙光：《农村金融学》，北京大学出版社，2007年版。

85. 王曙光：《农村金融与新农村建设》，华夏出版社，2006年版。

86. 王双正：“我国农村小额信贷问题研讨述评”，《现代经济探讨》，2005年第11期。

87. 温铁军、姜柏林：“把合作金融还给农民”，《中国农村金融》，2007年第10期。

88. 温铁军：“市场失灵+政府失灵”：双重困境下的“三农”问题，《读书》，2001年第10期。

89. 温铁军：“农村合作基金会的兴衰史：1984—1999年农户信用与民间借贷课题分析报告之二”，《中国改革》。

90. 温铁军：《我们到底要什么?》，华夏出版社，2004年版。

91. 韦伯：《儒教与道教》，江苏人民出版社，1995年版。

92. 习杨威："浅析我国小额信贷存在的问题及对策"，《广西金融研究》，2007 年第 9 期。

93. 谢丽霜："西部欠发达地区农户融资需求分析与政策选择"，《改革与战略》，2007 年第 2 期。

94. 谢平、陆磊："金融腐败：非正规金融行为交易的特征和体制动因"，《经济研究》，2003 年第 6 期。

95. 徐联初："中国金融前沿问题研究"，中国金融出版社，2005 年版。

96. 徐召红："我国农村信用社小额信贷可持续发展问题研究"，《北京交通大学硕士学位论文》，2006 年。

97. 许玉晓："我国农业信贷制度低效问题探析"，《海南金融》，2007 年第 9 期。

98. 杨如彦：《中国金融制度创新报告》，中国金融出版社，2006 年版。

99. 易纲："推动农村金融改革再上新台阶"，《中国金融》，2008 年第 1 期。

100. 曾赛红、郭福春：《合作金融概论》，中国金融出版社，2007 年版。

101. 张功平：《合作金融概论》，西南财经大学出版社，2000 年版。

102. 张杰："解读中国农贷制度"，《金融研究》，2004 年第 2 期。

103. 张杰：《中国金融制度选择的经济学》，中国人民大学出版社，2007 年版。

104. 张军："储蓄差异及贷款需求的满足——一个经济外向型村庄农户金融活动分析"，《中国农村观察》，2000 年第 3 期。

105. 张晓山、何安耐等：《走向多元化、竞争性的农村金融市场》，山西经济出版社，2006 年版。

106. 张余文：《中国农村金融发展问题研究》，经济科学出版社，2005年版。

107. 张秋云、程工等：《金融组织与调控机制的思想演进》，社会科学文献出版社，2006年版。

108. 章轲："新农村建设受困资金匮乏 专家建议加大创业支持"，《第一财经日报》，2007年7月5日。

109. 赵明光、张平："农业信贷资金供需格局的新变化"，《西南金融》，2001年第7期。

110. 中国人民银行：《农村信用合作社农户小额信用贷款管理指导意见》，2001年第12期。

111. 周忠明："小额信贷的风险控制"，《金融纵横》，2003年第11期。

后记

农民特别是贫困农民贷款难，已是全世界不争的事实。孟加拉尤努斯因为创建了给穷人贷款的银行而获得了诺贝尔和平奖。中国能不能复制孟加拉模式给穷人贷款？从我国国情出发，能否创新一个金融制度和组织，向贫困农民发放贷款？这正是本书研究的目的。

出版这本书的真正动因，源于安徽凤阳农民发起并正在健康成长的事业——农民资金互助社和资金互助社联合会。

凤阳是一个神奇的地方，这个名字不仅与历史传奇的明朝开国皇帝朱元璋联系在一起，与家喻户晓的凤阳花鼓联系在一起，而且更与30多年前震惊华夏的农业“大包干”联系在一起。在这里，我有幸做了7年的地方“父母官”。“为官一任，造福一方”。在主政这块神奇地方的时候，被问及最多的话题是：30年前凤阳农民创造了“大包干”，今天这里的农民富裕了吗？

让农民富起来，这是政府的责任。如何让农民富起来，加快农民从传统的温饱“就业型”向现代“创业型”转变，这更是政府应有的责任。实践中，破解这一难题的焦点问题最终被锁定，农民不缺乏创业致富的激情，农民需要的是致富创业的资金。

2005年的一天，凤阳县武店镇农民到县政府上访，状告农信社不贷款，农民渴望致富的“双孢菇”现代农业愿望难以实现。然而政府与农信社协调多次未果，随之一系列深层次的问题也凸显出来：政府要不要干预金融？农民没有抵押品能不能贷款？农民现代农业没有保险，一旦出现信贷风险谁来埋单？带着这些问题，我求教著名的“三农”专家温铁军，并有幸成了中国人民大学研究农村金融的博士后。2008 年中央十七届三中全会召开，明确了创新农村金融的政策，允许有条件的农民专业合作社开展信用合作，这是一个利好的政策机遇。据此，县政府出台了鼓励农民生产合作社开展资金互助的试点政策，得到了农民的积极响应。试点经验显示，农民资金互助的开展，不仅有效缓解了信贷难问题，还有利地促进了生产合作。在全县全面推广经验之时，却遭到了来自地方金融机构的抵触，理由是农民自己搞金融，不仅减少了金融机构的储蓄，还影响了信贷利润。为此，地方金融机构对参与资金互助的合作社不予开户，而且实行信贷管制。一时间，农民资金互助社处于尴尬的地位。如何将两者的利益博弈变成利益共同体？经过多次协调，在政府的主导下，通过引入涉农企业参与，终于在农民资金互助社与金融机构的合作上，各方形成共识，创立了农民资金互助社联合会。由于这种性质的联合会乃全国首创，自成立之日起，即引起社会各界关注。这一实验与创新成效如何？本人博士后课题对此进行了深入研究。

人民是创造历史的真正动力。这一实验与其说是本人的研究成果，不如说是凤阳人民敢于改革创新的成果。

如今我虽离开了那片热土，但时刻挂念那里勤劳而富于变革的农民，感谢他们积极投身了这场以农村金融为主题的制度变革。尽管当时存在一些不同的声音，甚至有的执法部门认为这是未经许可的金融产物，应当限时取缔。但是随着时间的推移，越来越多的是支持的声音，特别是省、市政府和农业部给予了极大的支持和关心，使这一改革创新得以生存和发展。

我们期待着这一新鲜事物健康成长！

琴瑟之音，不同而和；学术之音，不同而和。由于研究知识和能力所限，无论是理论研究的深度，还是课题实验的广度，都存在着许多不足。我真诚期待聆听更多智者的声音，为我今后的研究提供思想启迪，也为中国农村金融的创新贡献更多的智慧。

回首博士后学习与研究，心存无限感激，感激那些在我学习期间给予我无私关心和热心帮助的人。

首先要深深地感谢我的合作导师温铁军，温老师亲自到凤阳调研考察，彰显“用脚做学问”的务实品质和大师风范。他对学术问题的探索精神与严谨态度，对课题研究的求实作风以及心系“三农”的草根情怀，使我深受教育，终生受益。

感谢中国人民大学的白南生老师、郑风田老师、周立老师，他们对我的研究课题提供了大力支持，徐力老师、谷辛老师、孔然老师等为我的学习事务给予了热心帮助。

感谢在博士后报告撰写期间，王平博士、李华俊博士、李刚博士、朱道才博士、曹汝华博士和姜柏林老师等提出的诸多建议。

感谢北京大学陈平教授、王曙光教授，他们对本人的研究问题作了有益的探讨和帮助。

感谢中国农业大学、北京外国语大学、安徽财经大学、合肥师范学院以及日本东亚经济论坛、中国宏观经济年会、安徽城市经济协会，为本人提供了学术研究与交流的机会。

感谢中国农村改革发祥地凤阳县，为本人提供了终生难忘的学习与实践的舞台，那里朴实的人民，敢于改革的人民，热爱生活的人民，赋予我克服困难、追求真理的不竭动力。

这里，还要特别感谢中央农村工作领导小组副组长、办公室主任陈锡文，感谢他长期以来对凤阳农村改革的关心和支持，感谢他在百忙之中看了拙作并亲自作序。

还要感谢我的家人，感谢我的妻子，给予多年的理解与支持，无怨无悔支撑起家庭事务，让我全身心投入自己热爱的事业。感谢我的儿子，他的日渐增长的生活独立能力与学习进取精神，既让我愧疚，又让我欣慰，更让我骄傲。

在此还要对支持和帮助本书出版的中国财政经济出版社的陆广德、李冰老师和各位亲朋好友（恕不一一列举），深表感谢！

2011年11月